災害と外国人犯罪流言

関東大震災から東日本大震災まで

郭基煥

松籟社

目次

凡例

・註番号は★1、2……で表し、註記は各章末に記載した。
・引用文中の〔……〕は引用者による中略を表す。
・引用文中の〔 〕は引用者による補足を表す。
・引用分中の傍点は引用者による強調を表す。

災害と外国人犯罪流言——関東大震災から東日本大震災まで

序章　非常事態下における犯罪流言

第一節　繰り返される流言

近代以降の日本では大地震や戦争によって社会が非常事態に陥るたびに、極めて高い頻度で外国人[★1]を犯罪や反社会的行為の主体として語る噂、すなわち「外国人犯罪流言[★2]」が発生している[★3]。大火災や津波、爆撃、食糧不足の衝撃とともに、特定の外国人を火災や爆撃と等価的なもう一つの禍として語る妄想の言説が徘徊する。実例をあげよう[★4]。

①　近所で鮮人が炭俵を山のようにつんで、その上へ石油をまいて、火をもうちょっとで

つけようとした。

② B29には朝鮮人が乗り込んで、誘導しているそうだ。

③ 関東大震災の時は朝鮮人の犯罪者が跋扈したらしいからなぁ。

④ がれきの下に埋まっている人を探す仕事をしている人から、指輪をしている指が切られていたりなど、部分的に切断されている死体をいくつも見た事、そして夜になると、中国系の人達が死体が身につけている金品を探している事を聞きました。

①は一九二三年九月一日に発生した関東大震災から一か月以内の時点で、東京市内の尋常小学校に通う児童が綴方（作文）の授業で書いた文章の一部である。もちろん、関東大震災時に朝鮮人による放火事件など一件も起きていない。朝鮮人が火と呪術的な関係を持っているわけではない。地震発生直後に大火災に見舞われた関東で、火をつけていたのではなく、火から逃げ回っていたのが朝鮮人である。この自明の事実を反転させた流言によって、火からだけではなく、流言を信じて朝鮮人への暴行を始めた日本人からも逃げ回らなくてはならなかったの

が、関東大震災時の朝鮮人である。②は太平洋戦争末期の流言である。朝鮮人が米軍爆撃機に同乗しているという荒唐無稽な内容だが、日本各地で発生し、拡散している。

朝鮮人をターゲットとする流言は、太平洋戦争の敗戦と植民地支配の終わりと共に終わったわけではない。③は二〇一一年の東日本大震災時にツイッターに掲載されていたツイートである。一世紀近く前の関東大震災時の流言を引き合いに出す「再生産流言」であるが、関東大震災時の流言の「再生産流言」は、第二次世界大戦の末期にも流れている。④は東日本大震災後に筆者が行ったアンケート調査の自由記述欄に書かれていたものである。津波浸水地域で遺体を傷つけ金品を盗ったなどという事実は、もちろん一件も確認されていない。その一方で、内容を信じてしまえば、犯罪をしたと語られた外国人に激しい怒りや嫌悪感、恐怖などの否定的な感情をもつのは当然である。したがって、現実の脅威は、語られている「中国系の人達」ではなく、語っている日本人である。関東大震災時の朝鮮人犯罪流言が朝鮮人に対する暴力を誘発したのと同じように、④の流言は「中国系の人達」への暴力を誘発しかねない。日本人を潜在的な被害者として語る外国人犯罪流言は、日本人を外国人に対する加害行為の手前にまで連れていく。

外国人犯罪流言を聞いたとき、どの程度の人がそれを信じるのだろうか。社会学者の野口道彦の研究を紹介しておく。[★5] 平時に発生した外国人犯罪流言を対象にした研究であるが、目安にはなるだろう。調査は一九九七年に三重県で発生した流言に関して実施された。「ショッピングセンターのトイレで小学生の女の子が外国人数名に強姦され、母親はショックを受けて自殺した」「散歩中に老夫婦が外国人数人によって襲われ、夫の見ている前で、妻が強姦された」などの内容である。外国人が「強姦」をしているという語りは、外国人犯罪流言の典型である。[★6] 警察は該当する事案が一切生じていないことを、ビラを配って市民に伝え、新聞もデマ[★7]であることを報じて、ようやく収束したという。流言についてアンケートを実施したところ、流言を聞いた人のうちで「デマだと批判的に受け止めた」のは、二三％に過ぎないという結果だった。[★8]

筆者が行った調査では、東日本大震災時に外国人犯罪流言を聞いた人の八割以上が事実だと信じたという結果が出ている（第六章）。第一章および第二章で詳細な分析を加えるが、関東大震災時に広がった朝鮮人放火流言も、信じなかった人は極めて限られていた。「流言は智者に止まる」と言うが、日本では外国人犯罪流言の虚偽性と暴力性を認知しうる「智者」は、例外的存在である。流言を信じるのは愚か者だけだと考えるとすれば、それこそが愚かな考えである。傲慢な自信は、流言拡散への事前の対策の必要の認識と、災害時に情報に対して批判的な距離を取る必要の認識とを、共に遠ざけることによって、流言の発生と拡大のリスクを拡大させる結果しかもたらさない。

戦後においても、非常事態時には、朝鮮人や中国人を非人間的な凶悪犯罪と結びつけて語る流言が拡散している。現在では、平時にもネットの中を外国人犯罪流言が徘徊している。今日、国際交流や多文化共生を掲げる諸団体の中には、災害時の多言語情報提供システムの構築に力を入れている組織が少なくない。その一方で、災害時に日本人が暴力主体となりうる外国人犯罪流言への対策を実施している組織は聞いたことがない。

昨今では、在日コリアンの集住地区への放火事件も起きている。特定の外国人への憎悪発言だけではなく、憎悪に基づく物理的な行為としての犯罪が発生しているのである。そういう中で、「本邦外出身者に対する不当な差別的言動の解消に向けた取組の推進に関する法律」、いわゆるヘイトスピーチ解消法が存在するといえ、関東大震災時の朝鮮人に対する虐殺事件を歴史の闇に葬り去ることに熱心な歴史修正主義者が、政治の世界で確かな足場を築いている。

現在の状況は、一〇〇年前の惨禍の再来を予告している。日本社会は、一九二三年九月の日本人の残虐さを自らたぐり寄せようとしている。憂鬱な予想が本書を執筆した動機である。

第二節　外国人犯罪流言へのアプローチ

非常事態下で発生する外国人犯罪流言は、災害時の諸々の流言の一つと、諸々の差別言説の一つの、二つの側面を併せもっている。そのどちらか一方のみの枠組みや観点で、この現象を充分に理解することはできない。非常事態下の外国人犯罪流言の拡散には、ミクロな人間関係における権力作用や先入観を形作った歴史的な背景、あるいは、共時的な社会構造の分析という差別研究の手法だけでは捉えきれない非常時固有の条件が深く関わっている。次章以降で実例に即して論じるが、日常の崩壊に伴う不安や恐怖、コミュニケーションの活発化、利他的行為の連鎖、信頼できる情報の不足などである。非常事態下の外国人犯罪流言は、差別言説としても特異的な差別言説である。

外国人犯罪流言を、災害時に発生する流言の一つとしてのみ扱うことも適切なアプローチではない。東日本大震災時に生じた「放射能にはイソジンが効く」という流言と、「中国人が遺体の指を切り、指輪を取っている」という流言は、同じ災害時特有の条件に促された流言だとしても、根本的な違いがある。外国人犯罪流言は、暴行を誘発しかねない。仮に身体への暴力に至らなかったとしても、流言自体が言葉による人格への侵害であり、ターゲットにされた外国人に精神的な被害を与える。現実の被害を考えれば、外国人を犯罪者だと語る流言は、常にすでに、語られている外国人に対する犯罪と言いうる。裁く法が存在しない犯罪である。

外国人犯罪流言が他の流言と異なるもう一つの点は、ネイションの歴史と深いかかわりをもっていることである。外国人犯罪流言の淵源は、ネイションの歴史によって作られた特定の外国人に対するイメージや妄想である。外国人犯罪流言は、妄想の森から這い出てくる言葉の群れである。また、言葉の群れは、非常事態の収束後に消滅するわけではない。多くは森に帰る。妄想は堆積し、次の外国人犯罪流言の土壌となるのである。先にあげた③は、流言と妄想の循環の一例である。

非常事態下の外国人犯罪流言は、非常時に固有の条件と差別言説としての側面との両面から分析する必要がある。そして、過去の外国人犯罪流言を理解することが、現在の差別言説の解体を促し、未来の

図序 -1　外国人犯罪流言の構造

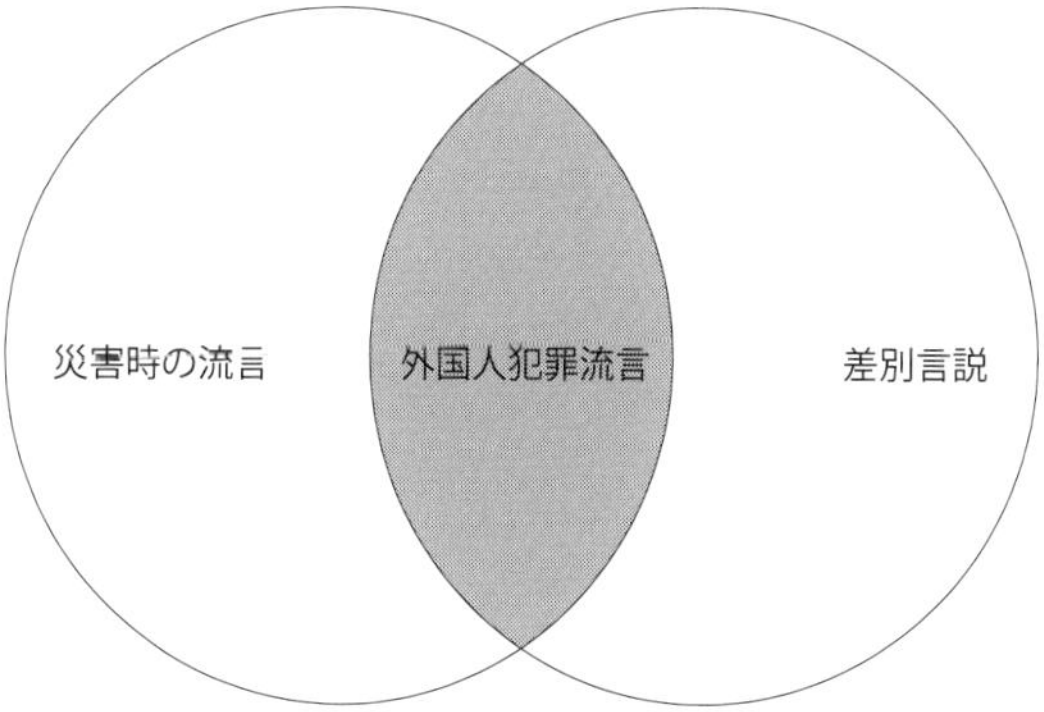

流言の発生を抑止する最も確実な方法の一つであり、前提的な作業である。

本書では、非常事態下で発生した外国人犯罪流言を時系列順に取り上げ、実態、発生メカニズム、結果の三点を軸に考察する。

第一章から第四章までは、関東大震災時における朝鮮人犯罪流言を扱う。流言が実際の暴力へと繋がった事態の重大さのため、本書のかなりの割合を占める。第一章と第二章は、流言と暴行の現場のミクロな構造に、第三章は、歴史的な背景に焦点を当てる。第四章は、事態が沈静化したあと、震災時の流言がどのように記憶され、忘却されていったかに焦点を当てる。

第五章は、関東大震災以降、太平洋戦争敗戦までの流言を対象にする。第六章は、戦後に起きた巨大災害である阪神淡路大震災時と東日本大震災時の外国人犯罪流言を扱う。

終章は、東日本大震災時の流言が、日本人を自画自賛する言説など他の言説群と互いに噛み合いながら一つの構造を形成している点を論じ、この言説間の構造の中に外国人犯罪流言の発生と拡散の要因を探り、今後の流言の見通しについて論じる。

次章以降、膨大な量の外国人犯罪流言の実例が登場する。生理的な拒否感をもたらすような残酷な内容も少なくない。読む際には次の点を念頭に置くことを願う。外国人犯罪流言は外国人の現実でなく、日本人の集合的な意識を映し出すということである。流言における外国人の残酷さは、日本人の意識における闇の深さの現れである。

★1　本書では、一九一〇年から一九四五年までの大日本帝国による朝鮮半島植民地支配期における朝鮮人も外国人に含める。この期間中の朝鮮人は、法的には日本人とされていたが、社会的には日常生活の場や職場などの場面で、日本人と差別的に区分されていたし、民衆の一般的なまなざしの次元でも、新聞などのメディアでも、しばしば日本人の他者として表象されていた現実を踏まえてのことである。なお、朝鮮半島では一八九七年から「大韓帝国」に国号が変わったために、日本の新聞は一八九七年から「併合」までの期間中は、朝鮮半島の人たちを原則的に「韓国人」または「韓人」と記している。ただし、同期間中も「朝鮮人」が用いられていることがある。本書では、煩雑さを避けるため、当時の新聞などの引用を除き、大韓帝国期の朝鮮半島の人々も朝鮮人と呼ぶこととする。

★2　本書では、真偽や出所が不明で、限られた期間に変容しつつも一定の同一性を維持したまま急速かつ広範囲に伝播する情報を流言と呼ぶ。基本的には噂のことであり、中でも顔見知りの人たちの範囲を越えて流布した噂を指す。流言という言葉を使うのは、噂という言葉が世間で使われるときに帯びるニュアンスやイメージが、この現象を知的に無前提的に考察する際の障害になるからである。たとえば、「煙のないところに噂は立たない」という広く知られた諺は、関東大震災時の朝鮮人犯罪流言が無辜の朝鮮人の殺害に繋がった歴史を想起すれば明らかなように、噂をめぐる現象に対する致命的な誤解をもたらす。「煙のないところには噂は立たない」という諺は、真偽不明の情報を無責任に流布する人を正当化するためのレトリックに過ぎない。本文にあげた四つの例からもわかる通り、妄想さえあれば、噂は立つ。本書では、先入観をもたずに考えるために、噂ではなく、流言という言葉を用いる。

★3 三〇〇〇人以上の死者を出した一九三三年の昭和三陸地震では、外国人犯罪流言が発生したことを示す記録がない。管見の及ぶ範囲では、これが明治から今日までの大規模地震発生後に外国人犯罪流言が発生しなかった唯一の事例である。

★4 ①は第一章第四節、②は第五章第四節、③は第六章第二節、④は第六章第四節参照。出典は各々の該当箇所で示す。

★5 野口道彦（二〇〇〇）「鈴鹿市の流言と外国人差別」『同和問題研究』（二二）

★6 一九九〇年代には、中東系の人々が強姦をしているという外国人犯罪流言が日本各地で発生している。一九八八年のイラン・イラク戦争停戦後から来日イラン人が急増したことが背景にある。このときは、発生するたびに警察やメディアは流言が事実ではないことを周知し、当の地域では一応は沈静化するものの、すぐに別の地域で発生する繰り返しだった。廣井脩（二〇〇一）『流言とデマの社会学』文藝春秋、六一―一三頁も参照。

★7 「デマ」（デマゴギー）は古代ギリシャにおける扇動政治家デマゴーグによる民衆操縦のための宣伝や扇動が原義である。原義に従い、狭義では相手の評判を落としたり、信用や人気を失わせたりする目的をもって故意に流布した虚偽情報のことを指すが、日本では一般に、意図とは無関係に、結果的に他者を中傷する内容を含む情報のことを広く「デマ」と表現することがしばしばである。野口の記述も野口が引用した新聞の記述も後者の用法に従っている。

★8 野口道彦（二〇〇〇）前掲論文、六五頁。

第一章　関東大震災後の子供たちの作文における朝鮮人表象

一九二三年に発生した関東大震災では、朝鮮人に関して「放火をしている」「井戸に毒を投げている」などの根も葉もない犯罪流言が広がった。流言により朝鮮人への恐怖と憎悪が広がる中、各地に結成された自警団や警察、軍などによって、無数の朝鮮人が暴行を受け、数千もの人が殺害される事態が発生した。[★1]軍の兵舎から「くれてやるから来い」と言われた自警団が、保護収容されていた施設から朝鮮人を引き取りに行き、殺害するという残忍な事件も起きている。[★2]このようなことがなぜ、どのように起きたのか。第一節でこれまでの研究蓄積に基づいて朝鮮人関連の流言と暴行についての概要を紹介したうえで、第二節から第五節までで震災後に子供たちによって書かれた作文を基に、特に朝鮮人が主題になっているエピソードを精読することを通して、この問題にアプローチする。なお、第二章では、同じ作文を基に、朝鮮人に対する日本人の言動が主題となっているエピソードを精読する。第一章と第二章は、災害発生後の生活世界のミクロな情況の構造に焦点を当て、残虐行為の発生の要因を探ろうとするものである。

第一節　火と朝鮮人

関東大震災は、明治から今日に至る日本の歴史の中で最も甚大な被害をもたらした自然災害で、死者・行方不明者は一〇万人以上である。被害の主因は火災だった。地震が九月一日の午前一一時五八分に発生したため、炊事を元とする火災が各地で発生したのである。東京で最終的に鎮火したのは三日の朝である。火災因の犠牲者は全犠牲者の九割以上を占める。最も被害の大きかった東京市と横浜市では、全世帯の六割以上の家屋が全焼している。避難者で密集状態だった東京市本所区（現東京都墨田区）の陸軍被服廠跡で発生した火の竜巻（火炎旋風）は、短時間のうちに三万八〇〇〇人もの命を奪った。★3

「富士山に大爆発ありて今尚大噴火中なり」「東京湾沿岸に猛烈なる大海嘯〔津波〕襲来して

人畜の死傷多かるべし」「更に大地震の来襲あるべし」などの災害の再来に関する流言[★4]と共に広がったのが、朝鮮人をめぐる事実無根の犯罪流言である。流言は、朝鮮人への暴行と、その果ての殺害という取り返しのつかない結果をもたらした。未曾有の火災を辛うじて生き延びた日本人避難者たちが、一転して、同じ火災を辛うじて生き延びた異民族の避難者に対する暴力の主体へと化けたのが関東大震災である。

警視庁発行の『大正大震火災』によれば、警察では地震発生から三時間が経った頃に朝鮮人が「放火をしている」との流言を把握している。[★5]この時点では「社会主義者及び朝鮮人の放火」と社会主義者も並記されているが、社会主義者に関する流言は急激に減っていく。その一方で、朝鮮人に関する流言は、時間を追うごとに増えていった。記録されている流言の件数は、二日の夜から三日の朝までがピークである。[★6]

地震発生後から、多くの市民が公園、広場、学校、寺院などの施設や知人・親類の家に避難をした。野宿をしていた避難者や、自宅の庭に布団を敷いて寝ていた避難者も少なくない。余震が続き、火も完全には消し止められていない中で、避難者たちの間では、互いを気遣う言葉や生存のための情報が行き交った。また、互いに傷の手当をしたり、食料を譲り合うなどの利他的行為が連鎖した。災害時ユートピア[★7]（disaster utopia）と言われる状態が発生していたのである。第二節以降で示すように、朝鮮人犯罪流言の拡散と自警団による朝鮮人への虐殺は、利他的精神の高揚した災害時ユートピアの状況下で生じている。

『大正震火災誌』に記録されている朝鮮人犯罪流言は、放火のほかに、爆弾投下、井戸や池への投毒、毒薬撒布、婦女暴行、殺人、強盗、略奪、殺戮、駅・交番・火薬庫・会社への襲撃、地域への襲来、銃や機関銃の携行あるいは使用などである。いずれも虚偽情報だったが、虚偽性を見抜いた「智者」は限られていた。そのため、ほとんどの人が朝鮮人に恐怖心を抱いた。震災から一年と経たない頃に実施された、ある尋常高等小学校の調査結果[★8]では、震災時のことで「一番、恐ろしかったこと」として最も多くの児童があげていたのは、火災でも、火炎旋風でもなく、朝鮮人（四一％）である。[★9]

流言が広がると、瞬く間に地域住民主体の自警団が各地に結成された。地域在住の在郷軍人や青年団員を核にした自警団の多くは、武装して警戒に当たり、方々に「詰め所」を設けて誰《すい》何《か》した。朝鮮人か否かを判別するために、特定の発音をさせたり、代々の天皇の名前を言わせたりすることもあった。「あたかも自分達が国家権力の一部を委任せられたかのごとく、誇やかに自任した」[★10]、この「民衆警察」を中心に、朝鮮人の追跡や捕縛、連行、暴行、そして殺害が行われた。殺害の道具として竹やりやとび口、棍棒、猟銃などが用いられている。死に瀕している朝鮮人をさらに殴打していた事例も記録されている。多くの殺害や暴行が、衆人環視の下で行われた。朝鮮人を殺したあと、「万歳」を唱えたり、勝ち鬨の声をあげたりした事例も

記録に残っている。[★11]

この間に、治安当局は流言にどのような対応をしていたのか。警視庁の対応は、九月二日までと三日以降で大きく異なる。吉河光貞の『関東大震災の治安回顧』には、「不逞鮮人襲来の流言に対する警戒」には前段階と後段階の「二段階が存在したもののごとくであった」と記されている。[★12]前段階に当たる二日に、警視庁は各警察署に次の指令を出している。「災害時に乗じ放火その他狂暴なる行動に出づるもの無きを保せず、現に淀橋、大塚等において検挙したる向きあり。ついてはこの際、これら不逞者に対する取締を厳にして警戒上、違算なきを期せらるべし」。[★13]各警察署は、各交番に同じ指令を出したことだろう。この日、各地で巡査がしきりに「朝鮮人襲来に警戒せよ」などと住民に対して注意喚起を行い、それに応えるように自警団の活動が活性化する。警視庁は、同日の一八時過ぎにも渋谷、世田谷、品川などの各警察署に対して署員を沿道に配置し、神奈川方面からの「不逞鮮人」襲来に備え、「もし不穏の徒あらば撃滅すべし」と警戒体制をとるよう指示している。吉河の言う流言に対する警視庁の警戒の前段階は、流言を抑止するのではなく、東京の隅々にまで流布する役割を果たしたのが現実である。治安当局自らが虚偽情報に翻弄され、致命的な過ちをおかしたのである。

同じ頃、警視庁の臨時警戒本部は、「不逞鮮人」として巡査や自警団によって逮捕され、連行されてきた人たちを取り調べた結果、ことごとく「暴行の事実疑わしく」、特に「集団的妄動」

などは形跡さえないことを知った。[★14]三日になって、臨時警戒本部は流言防止へと方針を転換した。吉河の言う「後段階」である。しかし、臨時警戒本部の決定事項には「四　朝鮮人、内地人のいかんにかかわらず、不逞行動をなすものは、厳重取り締まること」が含まれている。[★15]「不逞行動」は一件も確認されていないにもかかわらず、依然として「不逞行動」の存在を前提にしており、「後段階」も「前段階」の認識を引きずっていたのである。同日の朝六時には「不逞鮮人の妄動の噂盛なるも、右は多くは事実相違し訛伝に過ぎず、鮮人の大部分は順良なるものにつき〔……〕」というビラが配られているが、このビラが流言の鎮静化に効果があったとは考えにくい。「鮮人の大部分は順良」という文言は、多くの市民が流言を信じている以上、むしろ「一部には「不逞鮮人」がいる」というメッセージとして流通するからである。実際にも自警団による朝鮮人への誰何と暴行は、このビラの配布のあとも続いた。五日には流言を抑止すべく内閣告諭が出されるが、これも先のビラと同様に効果が疑わしいものだった。「今次の震災に乗じ一部不逞鮮人の妄動ありとして鮮人に対しすこぶる不快の感を抱く者ありと聞く。鮮人の所為、もし不穏にわたるにおいてはすみやかに取締の軍隊又は警察官に通告してその処置にまつべきものなるに〔……〕」というもので、依然として「一部不逞鮮人の妄動」を肯定していたのである。「有りもせぬ事を言い触らすと処罰されます。朝鮮人の凶暴や、大地震が再来する、囚人が脱監したなぞと言伝へて処罰されたものは多数あります。時節柄皆様注意して下さい」と誤ったメッセージが流通する余地のない警告が発布されたのは、九月七日である。国家が民衆の間に広がった流言と暴行に重大な責任を負っていることは明白である。

吉河の言う「後段階」では、民衆による朝鮮人への暴行から朝鮮人を保護する名目で、警察のみならず、軍も朝鮮人の検束を実施している。「不逞行動をなすもの」への厳重取り締を決めた九月三日の臨時警戒本部は、「五　朝鮮人の収容保護を迅速にし且内鮮人間の融和を計ること」も決めている。震災後の治安維持や避難者の救護や支援、必要物資の配給などの対策の統括の役割を担った内閣総理大臣を総裁とする臨時震災救護事務局も、三日に「一般朝鮮人の保護」を決定している。「第四　朝鮮人にして容疑のなき者に対して、これを保護するの方針を採り、成るべく適当なる場所に集合避難せしめ、いやしくも容疑のある点は悉くこれを警察または憲兵に引渡し適当処分すること」という内容である。この方針に基づき、三日以降、警察と軍は朝鮮人を検束するようになった。注意すべきは、民衆の暴行からの保護のためとしつつも、警察と軍が個々の朝鮮人の意向とは無関係にすべての朝鮮人を収容所に連行したことである。当時の子供の書いた作文によれば、警察による強制的な連行は、民衆に朝鮮人の犯罪を信じさせる結果もまねいていた（第二章第一節第一項参照）。警察に捕まえられているのだから、犯罪をしていたのだという誤った推論を生んだのである。

警視庁を管轄する内務省警保局は、地震発生から数時間以内に各新聞社に対して「人心の不安を増大さるる如き風説は努めて避けられ〔……〕徹底的にご配慮をあい願いたく」と報道規制に乗り出している。翌日には「朝鮮人に関する記事は特に慎重に御考慮の上、一切掲載せざるようご配慮あい煩わしたく、なお今後、如上の記事あるにおいては発売頒布を禁止せらるる趣にそうろうじょう御注意あいなりたく」と朝鮮人関連の記事の掲載禁止措置を取っている。関東大震災時の朝鮮人犯罪流言に関する新聞記事の分析をした大畑裕嗣と三上俊治は、政府の禁止措置について「流言の伝播と暴行を促進した官憲の動きを隠蔽する意図もうかがえる」と論じている。[★16]

流言の抑止ではなく拡散の役割を果たしてしまった治安当局が早い段階で自らの失態を隠蔽することに躍起になっていたことは、臨時震災事務局警備部による九月五日付「朝鮮問題に関する協定　極秘」に、「第二、朝鮮人の暴行又は暴行せむとする事実を極力捜査し、肯定に努むること」、「風説を徹底的に取調べ、之を事実として出来得る限り肯定することに努むること」と記されていることからもうかがい知ることできる。[★17]臨時震災事務局警備部は、流言が広がったのは一部に朝鮮人による犯罪があったからだと民衆に納得させるためのアリバイ作りを始めたのである。当局は、一部に朝鮮人による犯罪があったために流言が広がったと日本人民衆に信じさせようとしただけではなく、朝鮮人自身にも信じさせようとしていた。九月二〇日付の『大阪朝日新聞』[★18]朝刊は、保護の名目で習志野に収容されていた朝鮮人三七〇余名に対して向けられた、朝鮮総督府による次の「諭告」を紹介している。「御安心なさい。今回の大震災にあたってもっとも遺憾なることは同胞の大困惑に乗じて不逞の企をなした者があり、これがため種々の浮説を生み民衆の激昂をかったことである。〔……〕」

　朝鮮人関連の記事が解禁されるのは、一〇月二〇日である。司法省は同じ日に『震災後に於ける刑事事犯及之に関連する事項調査書』で「鮮人の犯罪」を発表している。その際に、次のような声明を出している。「〔震災時に朝鮮人による不法行為があったとさかんに宣伝されたが、詳しく調べたところ〕一般鮮人は概して純良であると認められるが、一部不逞鮮人の輩があって幾多の犯罪を敢行し、その事実喧伝せらるるに至った結果、〔……〕無辜の鮮人、又は内地人を不逞鮮人と誤って自衛の意をもって危害を加えた[★19]」。臨時震災事務局警備部の方針に従い、今度は司法省が、一部に不逞鮮人がいたために流言が生じたのだと発表したのである。事態がほぼ収束した後に当局が行ったことは、流言を再生産し、お墨付きを与えることだった。

　司法省の発表が朝鮮人記事の解禁と同一日だったのは、偶然ではない。自警団による朝鮮人への暴行の記事が掲載される日に朝鮮人による犯罪の記事を掲載することで、国家が重大な責任を負っている自警団などの暴行の残虐さを中和させる意図である。司法省の発表後の各紙は、自警団による暴行と朝鮮人による犯罪記事の両者を同一日の朝・夕刊か同一紙面上に掲載している。一〇月二一日付の『東京朝日新聞』朝刊は、「関東一円にわたる朝鮮人殺し真相」

という主見出しの下に「本所を襲った朝鮮人の一団」という小見出しをつけ、当局の発表を鵜呑みにした、朝鮮人による犯罪の記事を掲載している。自警団が朝鮮人を殺した事件である「関東一円にわたる朝鮮人殺し」の主見出しの下で、朝鮮人がおかした犯罪についての記事が掲載されているのである。奇妙な紙面構成は、朝鮮人による犯罪が朝鮮人への暴行を生んだのだという治安当局が企図したシナリオを忠実に表現している。

朝鮮人による犯罪に関する司法省の発表には、当時からジャーナリストの石橋湛山や人権弁護士の布施辰次による批判があった。[★20] 発表された犯人の九割近くが、氏名または住所が不詳となっているか、所在不明、逃亡、死亡となっていたからである。[★21] 体裁を成さない犯罪リストは、国家が朝鮮人の犯罪を捏造しようとした痕跡であると考えるのが合理的だろう。さらに、少なくとも形式的には不備のない犯人による犯罪は、窃盗（一一人）、横領（一人）、窃盗横領（一人）、贓物（不法に入手した財物）の運搬（一人）と、いずれも軽微な犯罪である。[★22] 流言で語られていた犯罪は、放火、投毒、爆弾投下などの凶悪犯罪に限定されている（本章第三節参照）。だからこそ、朝鮮人に対する暴行が発生したのである。しかし、形式的に不備のある犯罪を除いた場合、当局が発表したリストには、流言で語られていた凶悪犯罪はただの一件もない。関東大震災時の朝鮮人犯罪流言は、一片の客観的な事実を含まないまま、もっぱら日本人による朝鮮人への妄想を燃料に、制御すべき当局が火に油を注ぐことで世界史的にも類例のない速度で拡散し、ついには虐殺を引き起こすまでに至ったのである。

第二節　作文集の成り立ちと分析方法

一　作文集の成り立ち

一九六〇年代から本格的な収集がなされてきた関東大震災時の朝鮮人虐殺についての証言には、どこで、いつ、何が起きたかという事件に関する客観的事実に関する情報だけではなく、証言者を含めて事件の現場に居合わせた人が情況をどのように感じ、理解し、定義していたかなどの主観的経験に関する情報が豊富に含まれている。次節以下では、これまで事実の発掘と裏づけのために読まれてきた証言を、主観的経験の理解を主眼に読んでいく。資料とするのは、震災から間もない頃に子供たちによって書かれた『子供の震災記』★23（以下、『震災記』）と『震災記念文集――東京市立小学校児童』★24（全七巻。尋常小学校一年から六年までの六巻と高等小学校一・二年の一巻。以下、『記念文集』）の二つの作文集である。作文には、ほとんどの時間を家族と共に避難することに費やしていた子供の目を通して、内側から見た震災時の生活世界の様相が書き留められている。この点で、当時の情況の主観的もしくは間主観的な経験の理解には適切な資料である。まず、二つの資料の成り立ちについて記しておく。

『子供の震災記』

『子供の震災記』は、東京高等師範学校附属小学校（現筑波大学附属小学校）に通う児童の「綴方」（作文）を同校教員有志と考えられる「初等教育研究会修身研究部」が編集した文集である。学区のない附属小学校であるため、児童は東京全市に散在している。全校児童がおよそ八〇〇人であるのに対し、[★25] 掲載されている作文は七四本である。作文の多くは、朝鮮人への暴行についての報道が解禁された一〇月二〇日以前に書かれていると考えられる。[★26] 被災当事者による、震災に関して最も早い時期に書かれた作文集と考えて差し支えない。掲載された全七四本の作文のうち、朝鮮人に関する記述があるのは、およそ半分の三六本である。

『震災記』には、当局による検閲前の版と後の版がある。[★27] 検閲後の版では、朝鮮人に言及した記述は例外なく手が加えられている。[★28] 実例はすでに詳しく紹介されているので、[★29] 一例だけあげておく。

検閲前：その日はあんまり地震はありませんでしたけれど、今度は朝鮮人でずいぶん騒ぎました。／「ほら、朝鮮人が逃げたからおっかけろ」なんて言って、朝から晩まで、棒を

もって、あっちへおっかけたり、こっちへおっかけたりします。[★30]

検閲後：その日はあんまり地震はありませんでした。／「ほらかっさらいが逃げたからおっかけろ」なんて言って、あっちへおっかけたり、こっちへおっかけたりします。

検閲前の「朝鮮人で騒いだ」という記述は検閲後にはそっくり消え、「朝鮮人が逃げた」は「かっさらいが逃げた」に変わっている。朝鮮人に関わる記述は、この方式でくまなく書き換えか削除がされている。[★31] 分析の対象とする資料は、もちろん検閲前の版である。

『震災記念文集——東京市立小学校児童』

各巻の「序」によれば、『記念文集』は、震災翌年の春に上野で開かれた「震災復興展覧会」[★32]に展示された東京市立小学校児童の絵画などの作品群のうち、綴方部門に展示された作品を東京市学務課が編集したものである。「凡例」によれば、展示された作文のすべてが収められている。全学年を合わせると、作文の数は二二五六本である。[★33] 市内一九六校の小学校の児童の作文から選抜されているので、単純に計算すれば、一つの小学校から一二本程度が選ばれていたことになる。

『記念文集』の「序」を書いた永田秀次郎東京市長が「震災復興覧会」にあたって各種公共団体、学校や会社などに送った出品依頼状には、資料に関して「世界を驚かすべき能率を以て復興しつつある現東京市に少なくとも現代科学と永年の経験とを提供し所謂復興参考資料としていただく必要を感じた」と書かれている。[★34] 市長から学校に伝えられた「復興参考資料」の収集という目的が、採択の基準として作用していたと考えても無理はないだろう。

作文が書かれた時期は、震災翌年の一月から三月頃までの間だったと推測される。[★35] 『震災記』よりも数か月後であることに注意が必要である。

『記念文集』の作文で朝鮮人に関する記述がある作文は一〇七本で、二〇〇〇本を超える全体の五%に満たない。[★36] 『震災記』に比して著しく割合が低いのは、先に述べた採択の基準も関係していると推察される。「世界を驚かすべき能率を以て復興しつつある現東京市」に「現代科学」と「永年の経験」を提供する資料として、日本人の残虐行為が書かれている作文はふさわしくないと選考委員が考えたとしても不思議ではない。

『記念文集』では、朝鮮人は〇〇人とすべて伏字が使われている。また、朝鮮人に関する記述を含む作文は、記述が極端に少ない場合を除いて、すべて『朝鮮人虐殺関連児童証言史料』[★37] に収録されている。『記念文集』からの引用に際しては、『朝鮮人虐殺関連児童証言史料』を参照することとする。

二　作文の分類と分析の方針

本節以下では、いくつかの観点に沿って作文の内容の分析をする。また、内容の類似するエピソードがどれほどあるかを適宜示す。

二つの作文集のうち、朝鮮人に関する記述がある作文の数は一四三本である。各々の作文は、朝鮮人に関わるエピソードが一つのみ書かれている場合もあれば、複数書かれている場合もある。[★38] 分析の便宜を考え、時間的な間隔と出来事の影響関係の有無や強弱を基準に抽出したところ、全体で一九三件のエピソードが見出された。作文一本当たり、一・三件程度のエピソードが含まれていることになる。『震災記』は一・七件、『記念文集』は一・二件と大きな違いがある（表1―1）。

一九三件のエピソードは各々の主題によって、四つに分類した。第一に、朝鮮人が主題となっている朝鮮人主題型である。「朝鮮人が火をつけて回っていると聞き、怖くなった」のように、主に朝鮮人関連の情報（流言）に接したときの様子が記されているエピソードである。この型に含まれるのは一〇三件である。第二に、朝鮮人に対する日本人の行動が

表 1-1　作文とエピソードの数

	作文	エピソード	作文1本あたりのエピソードの数
『震災記』	36（25.2%）	61（31.6%）	1.7
『記念文集』	107（74.8%）	132（68.4%）	1.2
計	143（100%）	193（100%）	1.3

主題となっている日本人主題型である。たとえば、「青年団の人が朝鮮人を追いかけていった」という記述が含まれているエピソードである。この型のエピソードは二七件である。第三に、主題が朝鮮人から日本人へと切れ目のないままに移行する混合型である。たとえば、「朝鮮人が火をつけて回っていると言うので、青年団の人が追いかけていった」という記述が含まれたエピソードである。この型は六二件である。最後に、日本人が朝鮮人を救済する様子を記述した救済型である。この第四の型に属するエピソードは、一件のみである。

以下では、朝鮮人が主題として含まれている朝鮮人主題型および混合型のエピソードを総称して朝鮮人言及型と呼び、日本人が主題として含まれている日本人主題型、混合型および救済型の三つの型のエピソードを総称して日本人言及型と呼ぶこととする。朝鮮人言及型のエピソードは全体で一六五件であり、日本人言及型のエピソードは九〇件である（混合型は朝鮮人言及型にも日本人言及型にも含まれていることに注意。表1―2）。第二章における以下の節の分析対象は、朝鮮人言及型エピソード一六五件である。日本人言及型エピソードの分析は、第三章で行う。

表 1-2　エピソードの分類

	朝鮮人主題型103	混合型62	日本人主題型27	救済型1
朝鮮人言及型	165			
日本人言及型		90		

子供が書いた作文を当時の生活世界の情況を理解する資料とすることには、少なくとも二つの制約がある。一つは記述場面の場所、時間、登場人物と当人との関係などの客観的情報が乏しいことである。もう一つは、ある情況を前にしたときに生じた感情や衝動などの内面的な反応について直接、言及していない場合が多く、言及している場合でも、たいてい詳しくないことである。この傾向は、低学年になるほど著しい。

読み手の私たちにとって制約となるこれらの特徴は、書き手の子供たちがある情況で受け取った印象をそのまま文章にしていることの結果である。客観的情報も内面の反応も、書き手を直接に知らない私たちにとって必要な情報であるが、子供たちはこの点について無頓着である。子供たちの作文の書き方は、互いに慣れ親しんだ場所で生じた出来事について親友に話すときの話し方に似ている。注意してほしいのは、誰かが聞いていることを前提としない親友同士の会話は、当人たちの常識や共有された文脈、さらに、それらを生み出した社会を如実に映し出すことがあるという点である。閉ざされた会話に社会は映し出されるのである。この構造が子供たちの作文にも存在する以上、子供たちの朝鮮人をめぐる作文からは、朝鮮人と朝鮮人に対して行った日本人の言動についての家族や地域社会、さらに日本社会全体の「本音」を読み解くことができるということになる。

以下の分析では、記述されている情況を理解するのに、作文以外の情報を利用するよりも、作文内部の情報を利用し、文脈や文の間の構造を把握することを優先する。なお、本書で「状況」ではなく、「情況」という表現を用いているときは、客観的に観察される出来事の様相ではなく、書き手を含めた当事者が感じ取った周囲の様相を意味する。

作文を対象にした分析結果から想定される当時の社会の状況は、第六節「まとめ」で言及する。

第三節　朝鮮人犯罪流言

一　語りのフレーム

作文で言及されている朝鮮人犯罪の流言には、しばしば同一のフレームが用いられている。典型的な例をあげる。

① うちのじどうしゃのうんてんしゅが「朝鮮人がつけびをするそうだ」といって来た。みんながびっくりして、しょせいがうちのまわりをまわった。「どどん」という音がしたのは、朝鮮人がだん丸をなげたのだそうだ。僕はこわかったから、うちの中をまわってい

た。[★39]（尋常小学校三年「しんさい十日間日記」『震災記』、一三頁）

② 三日に伯母さんから「朝鮮人が火をつけて歩く」という話をきいて僕は驚いた。するとその夜、「わあっ」というさわぎがあちこちから起こり、同時に「ぢゃんぢゃん」と半鐘がなり出した。間もなく「ずどん」とピストルの音がした。〔……〕お父さんはちょうちんをもって門外にでていらっしゃったが、間もなく帰って来て「今晩、鮮人が悌ちゃんの家のえんの下へ入ったので、皆がさわいでいたのだ」とおっしゃった。その中に朝鮮人は逃げてしまったらしい。さわぎはしずまってしまった。また朝鮮人がやって来て火をつけるかもしれないとの心配から、門へかぎをかけてねた。僕も安心してねた。その夜は一番、こわかった。（尋常小学校五年「僕らのそうなん」『震災記』、三二九―三三〇頁）

①の「朝鮮人がつけびをするそうだ」と②の「朝鮮人が火をつけて歩く」には、三つの共通点がある。第一に、場所が特定されていないこと。第二に、朝鮮人という集団名のみが示されていること。犯人に関して、名前も職業も性別も語られていないのである。第三に、述部（動詞）が「するそうだ」「つけて歩く」と付け火が繰り返しなされており、これからも続くことを示す様態（言語学で言うところのモード）で語られていることである。「付け火をした」のよう

に特定の時間に行われ、すでに完了した一度の出来事であることを示すモードでは語られていない。

①と②に共通する、場所も犯人も時間も特定されないまま情報が伝えられるという形式上の特徴は、付け火に限らず、投毒や爆弾投下などに言及する流言においてもしばしば見られる。★40この語りの形式は「いつ、どこで、誰が」という要素が重視されるニュース報道の標準的な形式の対極にあり、「水は一〇〇度で沸騰する」「鳥は空を飛ぶ」のように、物質や動植物などの自然科学の対象に関する普遍的な法則や本質を語るときの標準的な形式と同一である。この本質化のフレーム★41によって伝えられる流言には、「朝鮮人なるものは犯罪をするものだ」というメタ・メッセージが含まれている。以下では、本質化のフレームが用いられた流言を本質化型と呼ぶ。

①と②には、本質化型の流言以外に、「朝鮮人がだん丸をなげた」（①）、「鮮人が悌ちゃんの家のえんの下へ入った」（②）という流言がある。これらの語りは集団名のみが記されている点では本質化型と同じだが、他の点では異なっている。モードは特定の出来事の完了を示す形態である（「投げた」「入った」）。場所は、②では明示的に特定されており、①では明示されていないものの、特定の場所が想定されている。本質ではなく、実際に生じた出来事として言及した以上、実際に生じた出来事ではなくても、その出来事は必ず特定可能な場所でなされたと

生活世界の常識では理解される。したがって、完了のモードと場所の特定は必然的にセットになる。

注意すべきは、犯罪が起きた場所として示されているのが、「ここ」や「すぐそこ」と語りうる、伝達者と受け手の居場所からごく近い地点だという点である。また、犯罪が起きた時間として示されているのは、「ちょうど今」や「ついさっき」と語りうるような、伝達の時点と同時か直前の時点である。出来事の場所と時間が、伝達の地点と時点から近接しているのである。この近接性の特徴をもった流言は、必然的に聞き手に対する警告として機能する。「ついさっき、すぐそこで朝鮮人が犯罪をした。私たちも危ない」という警告である。以下、このフレームが用いられた流言を警告型と呼ぶ。

本質化型流言と警告型流言のメッセージは、少なくとも二通りのロジックで噛み合う。「朝鮮人は犯罪をするものだ」（果たして）「朝鮮人がさっき、すぐそこで犯罪をした」のように、本質化型の情報は、警告型の情報に妥当性を保証する形で接続しうる。同時に「朝鮮人は犯罪をするものだ」（実際のところ）「朝鮮人がさっき、すぐそこで犯罪をした」のように、警告型の情報も、本質化型の情報に妥当性を保証する形で接続しうる。本質化型も警告型も、言説空間の外部に存する現実との関係においては、矛盾をはらんだ虚偽情報に他ならない。しかし、本質化型と警告型との相互の関係、すなわち言説空間の内部においては、補完的・循環的であり、無矛盾的なのである。

したがって、人が本質化型流言を受け入れている中で警告型流言が伝えられると、即座に情報が現実味を帯びる。警告型を聞いた後で本質化型を聞いたときも同じである。さらに、本質化型流言を受け入れている場合には、一つの警告型流言が結果的に虚偽だとわかった後も、その流言が偶然的にまたは例外的に間違っていただけだと判断されてしまうため、現実によって流言の虚偽性が暴露される可能性が奪われることになる。二つの作文集でも、本当だと信じた朝鮮人襲来の情報が事実無根の噂に過ぎなかったことを示す現実に遭遇しながらも、いつまでも朝鮮人襲来の情報を信じ続ける情況が示されているエピソードは少なくない。

作文集に記されている流言の多くは、本質化型か警告型である（①②のように一つのエピソードに両方が記されている場合もある）。本質化型流言と警告型流言が情報の受け手に与える心理的影響は明らかである。自分たちも被害者になりうるという恐怖と、朝鮮人への恐怖や警戒心である。また、恐怖や警戒心によって、情報の真偽を吟味する余地を奪うことである。本質化型流言と警告型流言は、考えるより、逃げるか、戦うように促すのである。

次に、流言で朝鮮人に帰属させられていた犯罪の種類を、事例の多いものから確認していく。

二　放火

朝鮮人言及型の一六五の全エピソードで、朝鮮人に帰属させられていた犯罪のうちで最も多かったのは付け火（「放火」と類型化）の四二件で、朝鮮人言及型エピソードの約二五％である（表１―３参照）。

放火が朝鮮人に最も多く帰属させられていことは、九月一日の地震発生直後に大火災が発生したことを反映している。関東大震災時には、当時の人々にとって経験のなかったガスや薬品による爆発が多発した。日本人の被災者たちは、未経験の現象を朝鮮人犯罪と結びつけて解釈

表 1-3　朝鮮人に帰属させられた犯罪

	実数	割合*2
放火	42	25%
地区侵入	40	24%
投毒	19	12%
爆弾使用	14	8%
家宅侵入	11	7%
その他	5	3%
交戦	4	2%
武器所持	4	2%
武器使用	4	2%
殺人	4	2%
さわぐ	4	2%
逃亡	4	2%
爆弾所持	3	2%
悪いこと	3	2%
暴行	2	1%
合計*1	163	(99%)

*1　1件のエピソードに複数の行為が記されている場合や具体的な行為が記されていない場合があるため、合計は朝鮮人言及型の総数と一致しない。
*2　朝鮮人言及型 165 件に対する割合。

し、伝え合ったのである。★42 ①では、「どどん」という音を朝鮮人が「だん丸」を投げた音だという解釈が示されると、書き手は即座に信じている。②の書き手は、「ずどん」という音を反射的に「ピストルの音」として受け取っている。

避難が困難な異郷暮しの朝鮮人が、未曽有の大火災に見舞われている中で、自ら火をつけて回ったり、爆弾を投げたりするだろうかと流言に批判的な距離をとる「智者」は、①②には登場しない。①②では、流言が伝えられると同時に朝鮮人への恐怖が広がる。そのあとは、朝鮮人の犯罪を前提にした解釈と行動が、しばらく連鎖的に持続している。人々は流言を聞いた直後から、朝鮮人犯罪を前提にした集団的妄想の社会空間へと飛躍しているのである。★43 ②では、家族の誰かが朝鮮人の付け火を恐れて門に鍵をかけると、書き手は安心して眠っている。施錠が朝鮮人の付け火への対策である限りでは、襲来する朝鮮人がいないのだからまったく無意味であるが、②の家族においては有意義な行動として意味づけられている。

集団的妄想の社会空間では、ありえない行為が当たり前の行為になる。③は、書き手も含めた家族が避難中に頼りにしていた「お父さん」と別れる場面である。すでに集団的妄想の社会空間に飛躍している家族にとっては、朝鮮人を殺すことは逸脱的な行動ではない。仕事に出かけることと等価的な「正常」な行動である。

③　お父さんはざいごう軍人のなかまで、○○○○人をころすので、私やお母さんや、おばあちゃんや、よね子や、とみ子などは、お父さんにわかれました。（尋常小学校二年「九月一日のじしんと火事」『記念文集』、三〇五頁）

三　「地区侵入」およびその他の犯罪

朝鮮人犯罪として「放火」に次いで多く記されているのは、居住地か避難先の地区に「朝鮮人が侵入してきた」「侵入しつつある」と語る「地区侵入」である。全体で四〇件で、「放火」とほぼ等しい。ほとんどは警告型の流言である。

次の④では、在郷軍人が地区への侵入を伝えている。

④　夜になって、やっとねようとすると、ざいごう軍人が来て、「朝鮮人がたくさんはいって来ましたから、気をつけて下さい」と言ったので、急にこわくてたまらなくなって、岩田さんの家へ行って、そこで一夜を明かしました。（尋常小学校四年「大地震」『震災記』、二五頁）

「ざいごう軍人」は、朝鮮人が「たくさん」入ってきた理由や目的を言っていない。ただ「入って来た」とだけ述べて、「気をつけてください」と注意をする。書き手も、来たという情報だけで恐怖している。④の生活世界は、本質化型流言によって「朝鮮人＝危険」という図式がすでに自明のものとして成立している。現実と乖離したこの図式によってのみ意味が与えられる「朝鮮人が来た」という言葉を合図に、生活世界が集団的妄想の社会空間に飛躍する。書き手は、当たり前のように隣人の「岩田さん」の家で夜を明かしている。

④の文章の前後には、書き手が上野にあるもう一つの家のことを心配している様子と、その家の状況について上野からやってきた人から教えてもらったときの様子が記されている。「上野の家はいったんはのこったのだそうですが、家のきんじょへ朝鮮人がばくだんをなげたので、やけたのだそうでした」。書き手は、もう一つの家が朝鮮人が爆弾を投下したために焼けたのだという説明を疑っていない。朝鮮人犯罪を前提にした解釈が持続しているのである。

次の⑤は、避難所となった工場での出来事が記されている。

⑤　はたまた○○人の暴徒が攻め寄せて来たというので、生きた色なく、無心の赤子を抱いて、どうなり行くか、と眼に露を宿して震えている婦人。「お母さん恐いよ！」と母に抱きつき、大声で泣く子供。「泣くと○○人が来るよ」と小さき声で叱るようになだめすかす母親。僕はこれらの人々に同情して思わずもらい泣きした。神は種々なる方法を講じて、かくも弱い者をいじめるもの《マ》の《マ》か、と痛切に神仏を呪った。（高等小学校二年「震災記」『記

念文集』、二七七頁）

避難所は、避難者間の友愛や連帯感と、集団的妄想がもたらす朝鮮人への敵愾心とが、完全に噛み合っている情況であり、集団的妄想に汚染された災害時ユートピアの場である。母親は、朝鮮人を恐れて抱きつく子に「泣くと○○人が来るよ」と「叱るようになだめすかす」。書き手は、母子の姿に「もらい泣き」をし、朝鮮人を「弱いものをいじめる」存在と見なし、日本人の置かれている不条理な境遇に対して神仏を呪う。心理学の概念を用いれば、書き手の母子への同情心が、朝鮮人への敵愾心へと置換（displacement）されているのである。⑤では、災害時ユートピアの状態が、事実無根の朝鮮人犯罪流言を信受させ、朝鮮人への憎悪や敵愾心を昂進させる要因として作用している。

⑤の作文は、集団的妄想に汚染された災害時ユートピアが何を生むのかを如実に示している。⑤のあとには、朝鮮人虐殺の情景が書かれている。「「殺してしまえ！殺してしまえ」と川をとりまいた大勢の人々が各自の武器を取り出して何やら黒きものをたたき且つ突いている。やがて黒きものは鳶口によって道路へ引き上げられた。僕は前へ出てみた。その黒きものは人である。……。酸鼻と言おうか、その人の顔と言わず胴と言わず、切傷突傷又は刺した傷でその所からぶくぶくと生ぐさい血が出て、虫の息である……」

朝鮮人殺傷事件のあとに何が起きたか。「これを見て一同は各自の武器をさし上げて万歳を唱えた」。事後の「一同」の万歳が殺傷事件の本質を示している。日常的な生活世界においては狂気の暴力に他ならない集団的な殺傷が、集団的妄想に汚染された災害時ユートピアの空間においては正義の執行へと意味が変換されているのである。衆人環視の下での朝鮮人殺傷は、暴力をめぐる意味の変換がなければ不可能だったはずである。

書き手は朝鮮人の殺傷をどのように見ているのだろうか。避難所では、朝鮮人を殺傷したあとも、さらに朝鮮人が「運河のように」「攻め寄せて来たから、皆大いに奮闘せよ」というお触れが回る。そのあとの記述はこうである。「僕は棒切れを捨てて、「石塊」を拾った。／僕の心の中には決死という事が刻まれた」。悲壮な覚悟で無辜の朝鮮人と戦う決心をする自分の姿を英雄的に書いた一文は、事件から数か月が経っているはずの執筆の時点でも、書き手の意識が部分的にせよ、集団的妄想の社会空間に残留していたことを示している。また、⑤の作文「震災記」が公に展示されたものである以上、書き手だけが妄想の中に残留していたわけではない。作文を採択した人たちを含めた多くの関係者が、少なくとも意識の一部を集合的妄想に残留させていたと考えるよりない。

次は、朝鮮人が自分の家にも入ってくるのではないかと恐れているエピソードと、書き手が寝ている空間に朝鮮人が入ってきたとするエピソードである。

⑥　そのときおとなりへ朝鮮人が三人入ってきて、「わあわあ」というときのこえが聞こえました。わたくしはお母様に／「お母様、朝鮮人がおうちへはいってきたらどうするの」とおききしても、お母様はだまっていらっしゃいました。（尋常小学校二年「じしん」『震災記』、九頁）

⑦　私は……ハッ……としていきなり布団の中に頭を突っ込んだ。ほんとに苦しい、今までに経験のない驚きであった。そのときの私の目に映っていたものは何だったであろう。あかじみた白いシャツに、白いもも引きをはいて、手に太い棒をついて、暗にも光るものすごい目？／とっさに私の頭の中には「アー〇〇人ッ」と言う三字がひらめいたのである。（高等小学校一年「恐怖の一夜」『記念文集』、三七六頁）

描き出されている朝鮮人は、B級映画のゾンビである。侵入自体を目的として、「私たち」のいる場所に向かってくる。書き手には、何のためにやってくるのかという疑問は生じていない。朝鮮人は、朝鮮人であるが故に侵入してくる。

朝鮮人による家屋や避難先の建物への侵入について書いてある「家屋侵入」のエピソードは、

一一件ある。「地区侵入」と「家屋侵入」をあわせると、五一件（約三〇%）で、「放火」よりも多い。方々に逃げ惑っていたはずの現実の朝鮮人とは正反対の、侵入者としての朝鮮人が、流言において執拗に語られていたのである。

「放火」と「侵入」に次いで朝鮮人の行為として頻繁にあげられていたのは、井戸に毒を投下するなどの「投毒」であり、次いで、火とダイナマイト投下などの「爆弾使用」である。

表1―3の通り、作文において朝鮮人の犯罪として語られていた行為は、窃盗や詐欺などの金銭的な利益のためのエゴイスティックな犯罪を一切、含んでいない。作文集には、「世の中には死んだ人の指輪をとったりお金をとったりする人もあります[★44]」と遺体からの指輪泥棒について言及している作文が二本あるが、興味深いことに、エゴイズムの権化を形象化する遺体からの指輪泥棒犯罪は、朝鮮人によるものとして言及されておらず、「とったりする人もあります」とあるだけである。流言で朝鮮人に帰属させられた犯罪は、奇妙なほど厳密に凶悪犯罪に限定されているのである。これは、朝鮮人犯罪流言を生んだのが、都市社会にはつき物で、エゴ（自己）の存在が前提となる「冷酷なエゴイスト」と朝鮮人を結びつけるのではなく、日本人の命や町や社会の破滅そのものを望む侵入的破壊者と結びつける妄想だったことを示している。流言を生んだこの妄想を一言で言い表していた言葉が、「不逞鮮人」に他ならない。

第四節　朝鮮人の主題化

一　「伝聞」

朝鮮人言及型で、朝鮮人を主題として提示する際の形式は様々である。第四節では、主題化の形式に着目してエピソードの分析を進める。第一項では、朝鮮人関連の情報を口頭で伝達している情況を記したエピソードを扱う。「朝鮮人が火をつけていると青年団の人が言った」「朝鮮人が来たと聞いた」などの仕方で朝鮮人の行動が示され、朝鮮人が主題化しているものである。口頭による伝達（「伝聞」と類型化）は、朝鮮人の主題化の形式として最多である[★45]（表１―４）。

次の⑧～⑪は「伝聞」による主題化のエピソードの例である。

⑧　ちょうせんじんがばくだんをなげたり、いどのなかにどくを入れたり、それからいつどこへ火をつけるかわからないとおっしゃいましたから、その日はほんとうににげるよういをして、私はようふくを二まいきてかばんをかけていました。（尋常小学校二年「じしんとかじ」『震災記』、五頁）

⑨　鮮人が火をつけるから皆でよく用心してくれとか、井戸の中へ毒薬を投ずるから井戸にも番人をつけておけとか、どしどし方々から言いつたえる。私はびっくりしてやっと火事で安心したかと思ったら、また朝鮮人で心配させられるのかと、つくづくいやになってしまった。（尋常小学校六年「東京付近大正大震火災」『震災記』、一九九頁）

⑩　ひで子さんのお母さんが／「朝鮮人が子供をころすんだって」と言いました。もう私の胸はどきどきしてしまいました。（尋常小学校五年「大地震」『震災記』、七一頁）

⑪　ぼくはきょろきょろしているうちに、兵隊さんがきて、「〇〇人がくるからしずかにしろ」

表 1-4　朝鮮人の主題化の形式

類型	実数	割合*1
伝聞	90	55%
朝鮮人騒ぎ	48	29%
噂	16	10%
動機説明	11	7%
公示	9	5%
知覚	8	5%
断言	7	4%
独白*2	1	1%
合計*3	190	（115%）

*1　朝鮮人言及型総数 165 に対する割合。
*2　「〇〇〇〇がこなければよいとおもいました」と記されているケース（尋常小学校一年「シンパイ」『記念文集』294 頁）。
*3　1 件のエピソードに複数の主題化の形式がある場合がある。

いいわれました。○○人が来たら、ぼくはどうしようとかんがえているうちに、皆は門の中へかけこんで、じっとしているから、ぼくもはいって、声をだしませんでした。（尋常小学校三年「震災から今日まで」『記念文集』、三一〇頁）

まず、伝達者が誰かという点について見ていこう。⑧の伝達者は、書き手の自宅に避難に来た近所の人である（引用部分以外の文脈から判断できる）。⑨の伝達者も、文脈から自宅に集まった複数の近所の人である。⑩は、書き手の友人の母親（「ひで子さんのお母さん」）である。⑪は、軍人である。九〇件の「伝聞」のエピソードに描かれた伝達者は、これらの他に、避難のための移動中や避難先などではじめて会った未知の人や、青年団と在郷軍人を含む自警団、「巡査」や「おまわりさん」と記されていることの多い警察、家族または親類、出入りの業者などである（表1—5）。

表1—5の伝達者の各類型は、共通する属性を基準に三つの大分類にまとめることができる。第一に既知の人であり、第二に治安関係者である。最後に未知の人が残る。大分類で伝達者の割合を見れば、既知の人が四三％、治安関係者が三四％である。目を引くのは、治安関係者の多さである。治安関係者が治安に関わる情報を伝えてきたとき、それを疑うことが困難なのは、容易に想像される。

次に、伝達の目的に着目して、情報伝達時の情況を確認しよう。⑨では「用心してくれ」「番人をつけておけ」という言葉、⑪では「しずかにしろ」という言葉が発せられている。これらは、用心や警戒を促す注意喚起の言葉である。このように、情報伝達に注意喚起の言葉が随伴しているエピソードは三八件であり、「伝聞」のエピソード九〇件の四割程度を占める。明示されていない場合でも、居合わせた人たちの間で注意喚起の言葉として機能している場合も少なくない。⑧は注意喚起の言葉が明示されていないが、情報の受け手が情報を理由に（「おっしゃいましたから」）、逃げる用意をしている以上、注意喚起の言葉として受け取っていることは明らかである。この類の

表 1-5　流言の伝達者

類型	実数	割合*3	大分類	実数	割合*4
近所の人	21	27%	既知の人	33	43%
家族・親類	9	12%			
奉公人等*1	2	3%			
友達の親	1	1%			
自警団	17	22%	治安関係者	26	34%
警察	5	6%			
軍人	4	5%			
未知の人	18	23%	未知の人	18	23%
小計	77	100%	小計	77	100%
不明*2	13	—			
合計	90	—			

*1　出入りの業者を含む。
*2　表の類型のいずれとも判別できないもの。
*3, *4　小計に対する割合。

事実上の注意喚起まで含めれば、注意喚起を伴う流言の伝達は「伝聞」のエピソードの大多数を占める。もちろん、⑩の「ひで子さんのお母さん」のように、注意喚起の目的で話したのか、無目的に朝鮮人への恐怖が口をついて出ただけなのかが不分明なケースもある。

⑨や⑪の注意喚起は、命令口調で権威主義的になされている。その語調に家父長主義的イデオロギーの影響があることは明らかである。その一方で、注意喚起をする動機を問えば、誰かを守りたいという感情や、守らなければならないという責任感、共に生きたいという願望などの、「愛」や「他者への善意」が含まれていることを疑うことはできない。注意喚起を促す動機に遡って考える限り、荒唐無稽で憎悪扇動的な朝鮮人犯罪流言を現場で真実として流通させていたのは、「愛」や「他者への善意」だったのである。

悲壮な決意で無辜の朝鮮人と戦う決意をした⑤のエピソードは、朝鮮人犯罪流言が「愛」として流通することの効果を例示している。避難者の母親は、現実には存在しない朝鮮人の襲来からわが子を守ろうとする。自警団は「年寄女子子供を守る」ために朝鮮人を虐殺し、勝鬨の声をあげる。朝鮮人の襲来がないままに夜が明け、情報が流言だとわかったあとも、自警活動を継続する。[★46] ⑤は人を助け、守り、共に生きようとする災害時ユートピアに特有の高揚した「愛」と「他者への善意」が、朝鮮人関連情報が朝鮮人への偏見の現れである現実を見失わせ、朝鮮人への暴力の現実を正義として誤認させ、情報の真偽について現実に即して判断することを不可能にする事態を例示している。避難者たちから現実を遮蔽していたのは、「愛」である。自民族中心主義の「愛」である。

最後に、伝達時の環境について見ていこう。⑪の伝達者は「兵隊さん」であるが、「しずかにしろ」と命令していることからも、「朝鮮人がくる」と伝達した際に見張りをしていたことがわかる。作文集には、「行って見ると、親類の家では「お庭に朝鮮人が入った」と言って、人がいっぱいぼうをもってさがしていきました」（尋常小学校五年「震災後三日間」『震災記』、七五頁）のように、武器に相当するものを手にしている人から朝鮮人襲来情報を聞かされているケースも少なくない。「ほうきをもって」朝鮮人を探しにいく人と⑪の「兵隊さん」に共通しているのは、朝鮮人犯罪を前提にした見張りや警戒をすでに実践している中で、情報を伝えている点である。伝達者が、存在しない朝鮮人の犯罪者を自らの行動と存在によって実体化しているのである。見張りや警戒がすでになされている環境で、情報の真偽を確認することが困難であることは、容易に想像しうる。警戒活動中の兵隊や自警団員に、朝鮮人が本当に来るのかと問うことは、彼らの存在意義や使命感や善意を否定することに繋がる。同じ理由で、近所の人が団結して警戒をしているような、情報が全面的に実体化している環境で情報の吟味をすることも難しいだろう。

⑫　伯父さんの方で、なんだかさわがしい。その時に「いま、はいった、はいった」という声がする。「そら鮮人がいる」というので、みんな伯父さんの家の方へいった。何にもいなかった。この日の夜警は、いつもよりにぎやかだった。だれでも、手には、棒、ステッキ、カマ、ピストル等をもっていた。／「鮮人がどうかしないかしらん」と思った。〔……〕／もしここいらで付け火はないかしらん、と思っていると、お母様おばあ様が、火事の話をしていらっしゃる。（尋常小学校五年「私の心配」『震災記』、二八〇頁）

⑫では、「いま、はいった」と朝鮮人の情報が伝えられたとき、直前に「なんだかさわがしい」とあるように、すでに情報は全面的に実体化している。「なんにもいなかった」と、居合わせた人たちはすぐに情報の誤りに気づくが、その後も武装警備を続け、付け火を恐れ続ける。物騒な武器をもって見張りをする各々の存在が、他の人に対して情報の実体化の役割を果たし、情報の呪縛から逃れられなくなっているのである。

⑬　朝より鮮人さわぎで、驚かされた。角々には在郷軍人だの有志等々が、手に手に棍棒杖を結びつけ、張っている。「それ四つ目の路に入った」「それこっちだ」と夕方まで「あっちだ、こっちだ」「お寺の墓場だ」「いや、こっちで見た」とどったんばったん、人々は大

そうなさわぎだ。「鮮人が火をつけるそうですから、裏口を用心して下さい」「井戸に女が毒を入れるそうですから、張番を置いて下さい」。その度に何だか胸が詰まる様な感じがした。（高等小学校二年「恐ろしき流言」『震災記』、三〇四頁）

⑬に描かれているのは、全面的に情報が実体化されている環境で、朝鮮人の情報が注意喚起と共に伝えられている情況である。「どったんばったん」「大そうなさわぎだ」などの揶揄するような表現から、書き手が自警団員たちの騒々しい警戒活動に違和感を覚え、一歩引いたところから相対化して見ていることがわかる。その境界人（マージナルマン）としての立ち位置は、人々を集団的妄想から覚醒させる可能性を秘めている。しかし、騒々しい警戒活動に疑義をさしはさむこともしないし、情報を疑うこともしないでいるのが[★47]書き手の現実である。「何だか胸が詰まる様な感じ」は、単に伝えられた朝鮮人の犯罪に対する「感じ」である以上に、集団的妄想の社会空間に疑いをもちつつも、内部に留まっていることしかできない境界人の立ち位置がもたらした「感じ」であると解釈される。

二　「断言」と「知覚」、その他

朝鮮人犯罪を、現に自分が目撃した事実か公然の事実として語るエピソードもある（「断言」

と類型化）。序章であげた例を再度あげる。

⑭　近所で鮮人が炭俵を山のようにつんで、その上へ石油をまいて、火をもうちょっとでつけようとした。危機一髪のさい、一人の人が朝鮮人を引っつかんだので、よかったが、その朝鮮人は三人組みになっていたので、一人はつかまったが、二人は逃げた。（尋常小学校五年「地震大火災」『震災記』、三二〇頁）

「断言」に類似したものとして、原理的に聞き分けることができない物音を、朝鮮人の行為が原因で生じた物音であるとして書く仕方がある（「知覚」と類型化）。⑮では化学薬品などの爆発音と思われる音が「朝鮮人が放った爆弾の音」と断言されている。

⑮　夕方になるにつれて、地震からおこった火事がますます赤く見え、おまけに○○がばくだんをなげる音がするので、いっそうこわくてなりませんでした。（尋常小学校四年「九月一日の大地震」『記念文集』、三二六頁）

「断言」と「知覚」の書き方は、実際に流言が語られていたときの形式と同じである。それが括弧で括られた会話ではなく、地の文に書いてある場合、書き手が執筆時においても震災時の流言をそのまま信じていると考えられる。また、朝鮮人を犯罪と結びつけて語ることが間違っていると指摘する他者の存在を想定していないこと、したがって、依然として妄想の社会空間に意識が残留していることを示す。⑭の書き手は、執筆時点においても「鮮人」が火をつけようとしたと信じていると考えざるをえない。

作文には「〇〇〇〇が来ると言うので、大さわぎで男の人は夜警をしたり、家では提灯を消していました」（高等小学校一年、『記念文集』、三六八頁）のように、「と言うので」「ということで」という文節が使用された例が一一件ある。「〇〇〇〇が来ると言うので」という部分は、形としては「伝聞」だが、内容的には「男の人」が「夜警」をしていた動機を説明している（「と言うので」を「と考えて」と書き換えても意味は損なわれない）。このように「と言うので」「ということで」が動機説明のために使われている場合は、「動機説明」と類型化した。他に、鐘やお触れ、通知文などを通して朝鮮人関連の関連情報に触れたことを記す「公示」の形式や、「〇〇人がおしよせてくるだの、うわさはとりどりだった」（高等小学校一年、『記念文集』、三七二頁）のように「～の噂（話、風説、報）を聞いた（が広がった）」という形式で朝鮮人が主題化されている「噂」の形式もある。

三　「朝鮮人騒ぎ」

朝鮮人の主題化の形式として「伝聞」に次いで多かったのは、「鮮人騒ぎ」やその類似的表現（「鮮人の騒ぎ」など）および派生的表現（「朝鮮人でさわいだ」など）を用いた「朝鮮人騒ぎ」の形式で、四八件ある。

流言と暴行の発生から一定の時間が経過したあとに生じたと考えられる「朝鮮人騒ぎ」という言葉は、様々な「騒ぎ」の一つとして事柄を提示する。言葉にできないはずの異様な事柄を、あたかも昨日の天気について語るような軽々しさで語ることを可能にする。

⑯　三日からは火事と地震はおさまりましたが、今度は鮮人さわぎで大へんでした。

（尋常小学校五年「大地震」『震災記』、九六頁）

「朝鮮人騒ぎ」は、どのような出来事として人々に理解されていたのだろうか。『東京朝日新聞』と『大阪朝日新聞』でこの言葉が使われた最初の記事は、地震発生から一か月後の九月三〇日の『東京朝日新聞』の夕刊である。記事で「東大の人気者」として紹介されている「博士」は、こう述べている。「私の最初に感じた事は東京市民も役人もあんまり慌て過ぎるというのであった。鮮人騒ぎはどうだ。所謂大和魂も一緒に焼いてしまったと見える[★48]」。東京市民が「慌てすぎる」ことの結果として「鮮人騒ぎ」が起きたと書かれているので、ここでは「鮮人騒ぎ」が、朝鮮人関連の流言に翻弄された日本人が引き起こした騒動という意味で使われているとわかる。「慌てすぎる」ことを「鮮人騒ぎ」の原因と考える意識は、殺された朝鮮人に対する想像力の欠如を示しているが、いずれにせよ、問題の原因と責任を日本人に帰していることは間違いない。

その一方で、字面のみを見れば、「朝鮮人騒ぎ」は、「朝鮮人による騒ぎ」とも「朝鮮人によって引き起こされた騒ぎ」とも受け取れる。騒ぎの原因や責任、騒ぐ主体を朝鮮人に帰して理解する余地がある。

⑰ この晩からふてい鮮人のために、さわぎが大きくなって、毎晩、眠れない。（尋常小学校五年「大震災記」『震災記』、八五頁）

⑱ かんのんさまへ、にげましたら、また〇〇〇人がさわがせました。（尋常小学校二年（タイトルなし）『記念文集』、二〇五頁）

⑲ その日はあんまり地震はありませんでしたけれど、今度は朝鮮人でずいぶんさわぎま

した。（尋常小学校二年、「大地震」『震災記』、七一頁）

三つの引用文は、いずれも騒ぎの原因と責任を朝鮮人に求めている。「朝鮮人騒ぎ」が純粋に日本人の妄想に起因する日本人が行った「騒ぎ」だという現実が逆転している。「朝鮮人騒ぎ」に対する反応は、恐怖や不安だけではない。作文には、朝鮮人への憎悪と敵愾心がしばしば記されている。

⑳ だんだんとくらくなって来た。朝鮮人のさわぎがはじまった。僕はかるい木刀を持った。（尋常小学校五年「地震」『震災記』、五七頁）

第五節　朝鮮人関連情報への反応

朝鮮人関連の情報に接したあと、書き手たちの心にはどのような反応が生じたのだろうか。文章に明示的に記されている場合に限って、感情や心理などの内面の反応を確認すると、最も一般的な反応は恐怖と不安、驚きだった[★49]（表1—6）。流言で朝鮮人に帰属させられていた犯罪が凶悪な犯罪だった以上、それを信じた子供の心に恐怖などの反応が生じたことは当然のことであろう。その一方で、大きく様相が異なる反応も生じている。以下では、「敵愾心」と「陰謀憶測」の反応を見ていく。

一 内面の反応：災禍の中の権力者視点の取り込み

㉑ とんとんと戸をたたく音、戸を開けば青年の服に身をつつんだ一青年。彼は言うた。「今度は鮮人が爆だんを家々になげこんだり、つけ火をしたりするという風説がございますから、どうぞそのつもりでいて下さい」と。僕の胸先はわき立った。僕は思った。「不逞鮮人等はこの辺に摂政の殿下のまします赤坂離宮、齋藤朝鮮総督のいる家等があるので、ねらっているのだろう」と。（尋常小学校五年「一日の晩」『震災記』、九一頁）

㉑の書き手は、青年団（青年の服を着た青年）から朝鮮人に関する「風説」を聞き、注意するように言われると、陰謀論により独自の解釈をしている。興味深いのは、書き手が採用しているのが当局者の解釈の枠組であることだ。朝鮮人による「摂政の殿下」や「齋藤朝鮮総督」への攻撃は、軍や警察などの国家の治安組織が真っ先に予想し、心配する事象であろう。帝国の秩序にとって「殿下」や「総督」が欠くことのできない存在である以上、当局がそれらに特別

な意味を付与するのは当然である。その一方で、尋常小学校五年の書き手を含めた民衆の生きる生活世界において、「殿下」や「総督」に特別な意味が付与されることはないはずである。★50 興味深いのは、生活世界が混乱に陥ったときに、書き手がかえって当局者という馴染みのない他者の視点と世界に飛躍していることである。㉑のあとには、火で赤く染まった空を眺めたときのことが、「そのおそろしさが想像される」と記されている。文脈上、「想像される」「そのおそろしさ」は、火災を起こした地震ではなく、朝鮮人のことを指している。小さな当局者には、遠くに見える火災が朝鮮人襲撃の凄まじさを示すものとなっているのである。

危機の最中に、書き手が当局者に同一化をしたのはなぜか。「風説」を伝えたのが、国家と地域

表 1-6　内面の反応*1

類型	実数	割合
恐怖*2	48	58%
不安*3	11	13%
驚き*4	11	13%
非難*5	3	4%
覚醒・安心*6	3	4%
苛立ち*7	2	2%
敵愾心*8	2	2%
怒り*9	1	1%
スリル感*10	1	1%
陰謀憶測*11	1	1%
合計	83	100%

*1 作文に明示的に記されている内面の反応（感情や心理）。類型化に際しては、文脈を考慮。
*2 「恐い」「おそろしい」「生きた心地もしない」など。
*3 「不安」「〔朝鮮人が来たら〕どうしようと考える」など。
*4 「驚く」「びっくりする」など。
*5 流言の流布者に対する非難。「ひどいことを言う人がいたもんだ」「〔朝鮮人の〕みんなが悪いことをしまい」など。第二章第三節参照。
*6 犯罪の噂を聞いていたが、犯罪が発生しなかったため、流言の虚偽に気づき、安心。「「噂だけのことだと」と思いすっかり安心」など。第二章第三節参照。
*7 心配事が生じたことへの苛立ち。朝鮮人犯罪流言を聞き、「〔火事がおさまったと思ったら、今度は朝鮮人で心配させられるのかと〕つくづくいやになってしまった」。
*8 本章㉒、㉓参照
*9 朝鮮人犯罪の流言を聞き「〔朝鮮人は〕どうしてそんなことをするのかと思った」。
*10 朝鮮人襲来の流言を聞き、逃げる際に「こわいような、おもしろいような気持ち」。
*11 本章㉑参照。

を媒介する青年団（青年の服を着た青年）だったことが関係しているように見える。青年団が伝える言葉で当局者の世界に飛躍した書き手は、「これこそ多年の思い出となる事であろう」と、警視庁幹部の書いた自叙伝のような書きぶりで「二日の晩」を結んでいる。

次の㉒は、「敵愾心」のエピソードである。「陰謀憶測」のエピソードと類似した当局者の視点への同一化が見られる。

㉒「ドンドンドンドン」。銃声は暗を破って、恐ろしく聞こえる。／「きっと鮮人のピストルだろう。して見ると、もうじき、そこだ。もしここへ来……。いや僕は日本男児だ。鮮人の百や二百」と思い返して、鉄棒を握った。（尋常小学校六年「大震大火災記」『震災記』、二四八頁）

㉓「〇人二百名、某地に向かう。各位警戒せよ」。／などという流言に皆はきもを冷やして驚いていた。僕も一人位は捕まえてやろうと苦心したが、それも出来なかった。（尋常小学校六年「ポチ日記」『記念文集』、三六一頁）

㉒と㉓に共通していることが二点ある。第一に、㉒の「鉄棒を握った」、㉓の「捕まえてや

ろうと苦心」の直前に、「恐ろしく聞こえる」「きもを冷やす」という表現があることからわかるように、一次的な反応としての朝鮮人への恐怖に対する二次的な反応として、朝鮮人への敵愾心が生み出されていることである。敵愾心は恐怖に触発され、裏打ちされているのである。敵愾心が恐怖に裏打ちされている限り、暴行は命がけの自衛として実践されるために、歯止めがかかりにくくなるだろう。㉒の書き手は、作文の最後の方で、自分の経験したことを「戦争のようだ」と記している。

第二に、㉒の「鮮人の百や二百」や㉓の「一人位」という表現に、朝鮮人を取るに足らない者として位置づける露骨な差別意識が表れていることである。しかし、㉒において、差別意識が朝鮮人への攻撃的態度を取らせている訳ではない。「「鮮人の百や二百」と思い返して、鉄棒を握った」とあるように、差別意識は恐怖を押さえ込む役割を果たしている。朝鮮人への恐怖を鎮めるために、差別意識が呼び出され、利用されているのである。

㉒の反応には、もう一つの特徴がある。「僕は日本男児だ」という表現が示す、当局者視点の取り込みである。「殿下」の心配をする㉑の書き手の意識の内部で生じていることが、当局者視点の直接的な取り込み（同一化）であるのに対して、㉒の書き手の意識の内部で起きていることは、「日本男児」という当局者が望む姿を自分の本来の姿だと見なす、当局者視点の迂回的な取り込みである。当局者という鏡の前で自分を認識する形態だ。注意すべきは、生活世

界から当局者の世界への飛躍が、恐怖から敵愾心への変質と対応していることである。「僕は日本男児だ」と鏡の前で自己確認をする声が号砲となって、意識が生活世界から当局者の世界に飛躍すると同時に、支配的な感情も恐怖から敵愾心へと変わっているのである。㉒において、朝鮮人への暴力への意志は、意識の中に存する当局の声を聞くことで生じている。当局は民衆に朝鮮人への暴行を扇動したわけではないが、㉒の書き手自身は、当局者の鏡の前で攻撃への意志を固めているのである。

二　外面の反応：「武装」

朝鮮人関連情報に接したあと、人々はどのような行動をとったのだろうか。第二項では、情報に接したあとの行動などの外面の反応を確認していく。外面の反応の過半数は、朝鮮人の襲来情報を信じ、居場所を移動する避難であり、ついで眠れなかったという反応だった。他にも夜警に参加したり、武装して構えたりという反応が記されている（表1―7）。以下では、「武装」のエピソードを取り上げる。★51

㉔　皆のちょうちんは、かすかな光で、外をけいかいしている。すると犬のとおぼえとともに、「おうい、おうい」と声がする。こはなにごとと、かけ付けて見ると、いま前川さ

んのやしきに、三人のあやしい人かげが見えたという。それはたいへんだというので、六七人と僕はかけ出した。すると、やしきの林の中に、くろいものがうごめいているので、うんとばかりに竹やりをついてやると、「きゃんきゃん」と言って、くもをかすみにとにげさった。〔……〕にげあとを見ると、四つ足でしっぽが長く、耳の長いけものであったので、はやがねのようにうつしんぞうを、やっとなでおろした。（尋常小学校五年「夜警」『震災記』、二七四―二七五頁）

㉔の書き手は、夜警中に「くろいもの」を発見するなり、竹やりで突くが、けものだったとわかり安堵する。「くろいもの」を殺そうとしたのは、朝鮮人だと思ったからである。では、「くろいもの」がけものだったと知って安堵したのはなぜか。書き手は、朝鮮人関連の情報を信じている。引用文の前では、自宅の周辺で夜警がはじまったことにつ

表 1-7　外面の反応

	実数	割合
避難	27	56%
眠れず	7	15%
武装*1	6	13%
夜警に参加*2	4	8%
予定行動の変更*3	2	4%
相談*4	1	2%
見物*5	1	2%
合計	48	100%

*1　夜警などの警備に際し武器を手にしたことが明示されている場合。
*2　夜警などの警備に際し武器を手にしたことが明示されていない場合。
*3　朝鮮人による投毒の流言を聞き、飲水を控える。爆弾投下の流言を聞き、避難方法の予定を変更。
*4　朝鮮人襲来の流言を聞き、どうすればいいのか母親に相談。
*5　朝鮮人が家に侵入したとの流言を聞き、「こわいもの見たさ」に家を見ていた。

いて、「朝鮮人がつけ火をしたり、井戸の中にどくやくを入れたり、ひなんしている人にどくまんじゅうをくわせたり、さまざまの悪いことをするからです」と断言している。書き手は、身近に迫ってきたと咄嗟に思った恐るべき朝鮮人が、実際にはけものに過ぎなかったと気づいたため、安堵したのである。結果的に人を殺さずに済んだことに安堵しているのではない。書き手の心を占めているのは、やはり恐怖に触発され、裏打ちされた敵愾心である。

もう一つの「武装」のエピソードを紹介する。

㉕　その中に水道が昨日から止まっているのを幸いに放火したり、井戸に毒を入れたりする○人があるというので、家には井戸があって近所の人は皆、くみに来ている、これに毒を入れられては困るので、僕が少年団の団杖をもって井戸番をした。青年団の人につれて行かれる○人もあった。（尋常小学校六年「思い出」『記念文集』、三五一頁）

「毒を入れられては困るので、僕が」という書きぶりから、書き手が自発的かつ積極的に警備に加わったことがわかる。これは、「くろいもの」を突き殺そうとした㉔の書き手と同じである。㉔の書き手は、「こはなにごとと、かけ付け」ている。

すべての書き手が、夜警に積極的だった訳ではない。本章の最後に、警備の合間に仮小屋でいつまでも眠っていたために、仲間内の一人に揺り起こされた経験を記した作文を見てみよう。

㉖　僕はすぐに起きたが、勉さんは僕がねぼけているのだと思って、「また一回り回ってこよう」と僕を行きたくもないのに、むりに引っ張って行く。「僕ははじめはいやだ[★52]」と言ったが、強く引くので、ひょこひょこと歩み出した。後ろでは、小屋の中で二三人が笑っている。よほど僕の顔がねむそうに見えたと見える。（高等小学校一年、「震火災当時の有様」『震災記』、三〇二頁）

㉖の書き手は、警備に嫌気を覚えている。引用文の前の内容からは、はじめから気乗りがしなかったことがわかる。地域の「名士」から夜警に「参集」するようにという連絡を受けたが、「おぢ様が連隊に行ってお帰りにならないので、僕がいった」に過ぎない。引用文は、五人ほどのグループで裏山の警備をしたあと、仮小屋に入ったところ、眠気に襲われてしまった後の様子である。活動に身が入っていない書き手と対照的なのが勉さんである。

興味深いのは、書き手の眠そうな顔が周囲の人々を笑わせる場面である。書き手や勉さんは、集団的妄想にとりつかれ、朝鮮人を見つけ次第、殺害さえ辞さない自警団の活動をしている。

自警団の活動に違和感を覚えつつも、「胸が詰まる様な感じ」を抱えていることしかできない境界人の⑬のエピソードが示していたように、誰かの知恵や理性の力によって従来の生活世界に戻すことが困難なのが、朝鮮人をめぐる集団的妄想に陥り、朝鮮人への暴力性を自覚しえない社会空間である。その一方で、㉖で団員たちが笑ったとき、一時にせよ妄想が脱臼し、無自覚の暴力性の空転が起きたとすれば、眠そうな表情こそが、従来の生活世界への復帰へのきっかけをもたらしたと言える。眠そうな顔は、無自覚の暴力に対する抵抗になっているのである。何が起きているのだろうか。眠そうな顔がもたらした一瞬の笑いは、些細なアクシデントに過ぎないだろうか。

　身体は、その所有者の意思や社会規範に完全に服従するわけではない。眠りを望んでいるのに眠れない経験や、覚醒を望んでいるのに眠りに襲われる経験、社会が許さない欲望に身を任せてしまう経験を振り返るときに気づくように、身体には意志や社会規範に服従せず、管理が及ばない野生の部分が常に残っている。

　㉖の書き手は、朝鮮人について周囲の人々と異なる情報や認識をもっているわけではない。引用文の前の部分には、近所の人たちが朝鮮人を追い回したり、捕まえてどこかに連行したりする様が書かれているが、感想は何も記されていない。一方で、自警団に捕らえられた朝鮮人に関して、「『僕何にも悪い事しない。どこへ連れて行きます』と変な言葉でたずねている」と

記している。不自然な日本語をあえて記し、それを「変な言葉」と表現する意識は、朝鮮人を見下す当時の日本人一般の態度と変わらない。自警団員を妄想から解いたのは、書き手の人格や道徳ではなく、あくまで書き手である「僕」の身体に宿る没人称的な野生である。無自覚の暴力を空転させる一瞬の笑いを生んだのは、人々の意識の向こうからの野生の不意の到来である。

生存している限り、誰の中にも残存し続ける野生の身体は、朝鮮人に対する妄想が圧倒的な支配力をもって人々の意識を捉えていた中で、暴行を食い止める最後の資源だったと言える。同時にそれは無尽蔵に存在する資源である。自警団員の抗しがたい眠気や、避難生活の中で蓄積する疲労、多くの作文で言及されている空腹、そして決定的な役割を果たしうる、誰のものであれ身体が傷つくことへの拒否感や怯えなどは、人がいる場所に常に存在する。人々が朝鮮人を殺傷する武器を手にしているとき、「もうやめよう」と声をかける主体が残されているとしたら、各々の身体の中に残存する野生以外になかったはずである。また、それだけは豊富に、そして人々の身近に存在していたはずである。

野生の身体は、流言という言葉に踊らされた人間たちの蒙昧な暴力に対する抵抗主体たりうる。そうであるために、㉖の勉さんのような集団的妄想の社会空間に忠実な人からすれば、野生の身体は、常にすでに脅威である。そのことをよく示しているのは、引用の冒頭で勉さんが書き手に「また一回り回ってこよう」と呼びかける部分である。直前に「僕がねぼけているのだと思って」とあるのだから、勉さんが呼びかけたのは、警備の必要からではなく、眠気を追い払う必要からである。自警団の規律を守りたい勉さんにとって、野生の身体は、「我々」の内側に入り込んだ敵である。書き手は「いやだ」と野生の声を代弁するが、勉さんは、野生の身体から書き手の意識を引き離そうと、「行きたくもないのに、むりに引っ張って行く」。自警団の活動を精神の鍛錬の一環と見なしているような勉さんの行動は、自警団の暴走を食い止める最後の声を抑圧する文化的な装置の存在を示している。

　その装置とは、野生の身体の声を意志の力で克服し、身体のすみずみまで管理の対象と見なす道徳、あるいは美意識としての尚武の精神である[★53]。近代化以降、強大な軍隊を備えることを目指す中で、国家によって重視され、学校教育を通して涵養されてきた尚武の精神が、災害の渦中で武器を握っていた者たちに、その最も近く、深い場所から「もうやめよう」と語っていた声を掻き消していたのではないだろうか。

第六節　まとめ

第二節から第五節まで、朝鮮人に焦点が当てられているエピソードについて、いくつかの観点から分析してきた。以下に、作文の分析から推測される関東大震災時の流言と暴行の状況やメカニズムに関する要点を記した上で、ここまで論じてこなかった点を若干追加する。

第一に、関東大震災時の流言は「朝鮮人は犯罪をするものだ」というメタ・メッセージを伝える本質化型と「朝鮮人がさっき、すぐそこで犯罪をした。私たちも危ない」という警告を伝える警告型が主流だった。[★54] 朝鮮人関連の情報が生活世界に到達すると、多くの場合で、情報の真偽が考慮される間もなく即座に敵対的な行動が始まった。本質化型と警告型の流言の語られ方が、情報の真偽を考慮する間を奪う一因となったと考えられる。

関東大震災から一〇〇年が経った今日でも、ネットを中心に事実無根の朝鮮人犯罪流言がしばしば繰り返されている。「朝鮮人は犯罪をするものだ」という本質化型流言のメタ・メッセージは、関東大震災時の非常事態の収束後も、民衆の集合的意識の中に刻み込まれている。

第二に、朝鮮人の殺害後の万歳の唱和が示すように、朝鮮人への暴行は、しばしば正義の執行として行われている。衆人環視の下での朝鮮人への暴行を生み出した、暴行の意味の変換は、利他的精神や連帯意識によって結ばれた災害時ユートピアの環境と、朝鮮人をめぐる集団的妄想とが融合したことで発生したと考えられる。朝鮮人は、非常事態下で助け合いながら生きる「我々」の敵として意味づけられたのである。

平時における身近な人間関係を含む種々の社会的対立を一時的に中断し、連帯しあいながら非常事態を克服しようとする、巨大災害の後に一般的に生じる集合的な意志は、超越的な力をもつ自然に対する敵対意識に裏打ちされている。抑圧された欲望や心的エネルギーは、消えることはなく、別の対象にはけ口を見出すという精神分析学的な見方を受け入れるのであれば、最も脆弱な避難者である朝鮮人への一般民衆による暴力は、道徳的な非難も物理的な復讐や攻撃も不可能な、自然に対する敵対的な心的エネルギーが形を変えて出現したのだと考えることができる。攻撃が不可能な自然に対する憤懣《ふんまん》が、攻撃が最も容易な朝鮮人に向けられたのである。

第三に、当時の流言は、もっぱら朝鮮人＝侵入的攻撃者という集団的妄想を核に生み出され、広がっている。その一方で、現実における侵入的攻撃者とは、朝鮮に武力と威嚇を用いて侵入し、植民地支配をした大日本帝国であり、日本人である。流言は、この現実の関係を正確に反転させている。日本政府と一般民衆は、「合併」前から一貫して、朝鮮の植民地支配を植民地支配として認めず、朝鮮側の意向と合意によって朝鮮を「合併」をしたという詭弁で現実を否認していた。精神分析学の理論枠組みを用いれば、朝鮮人が侵入してきたと語る震災時の朝鮮人犯罪流言は、否認している自己の姿を他者のうちに見出す投影（projection）以外の何者でもない。

第四に、当時の流言の多くが、第一に注意喚起の呼びかけとして、第二に情報が実体化した環境の中で、伝えられていた。この二つの側面が、虚偽の情報に対して距離をとることを困難にしていたと考えられる。

第五に、流言がもたらした朝鮮人に対する敵愾心は、ときに朝鮮人への恐怖心によって触発され、裏打ちされていた。このアンビバレントな心理状態も、暴行のエスカレーションを引き起こす要因となった。

第六に、震災時には当局者の視点を取りこみ同一化する心理規制が、民衆の意識の中で働くことがあった。朝鮮人犯罪流言は、世界史的に見ても例がないほどの速度で拡散し、自らが治安当局者であるかのようにふるまう自警団の活動が活性化している。流言の急拡大も自警団の活動の活性化も、民衆による当局者への同一化という心的機制を想定することで、よく説明ができる。

第七に、眠気や疲れ、空腹、身体が傷つくことへの怯えなど、意志や社会規範では管理しきれない生理的な現象は、朝鮮人への迫害に歯止めをかける最後の資源だった（本章ではこうした生理的な現象の主体を「野生の身体」と名付けている）。しかし、尚武の精神の涵養の方針の下で、野生の身体を敵視し、野生の身体に現れる諸現象を意志の力で統制する人間を理想の一つとして求めてきたのが、富国強兵に邁進してきた近代以降の日本である。関東大震災時の民衆による残忍な暴力を、その渦中において民衆自身が声をあげて食い止めた事例は、ほとんど確認できない。国家が尚武の精神を民衆に教え込んできたことに、暴力を拒む民衆の力の貧弱さの原因を見出すことできる。

★1　当時の日本政府が事件を徹底的に隠蔽したために、正確な犠牲者数はわからない。鈴木淳は「震災による死者数の一〜数パーセントに当たる」と述べている（中央防災会議（二〇〇九）『一九二三　関東大震災報告書　第二編』、二〇六頁）。姜徳相は、関東大震災前に関東地方に二万人程度の朝鮮人が居住していたと推測されるとしたうえで、流言拡散後に警察が民衆による暴行からの保護を名目に、朝鮮人に対し「総検束」を行った（後述）が、「逮捕されたもの」が関東一円で一万一〇〇〇人に達せず、九〇〇〇人もの朝鮮人が行方不明になっていたことを一つの根拠として、震災後に大韓民国臨時政府の機関紙『独立新聞』に掲載された調査結果である六〇〇〇余名が犠牲者の実数に近いと論じている（姜徳相（一九七五）『関東大震災』中央公論社、一四八―一六〇頁）。また、『独立新聞』に掲載された説や二〇〇〇余名とした吉野作造の説、さらに当時の司法省の発表などを再検討した山田昭次は、「朝鮮人虐殺数が数千に達したことは疑いないが、これを厳密に確定することはもはや不可能である。しかし司法省調査の虐殺数のように少ないものではないことも確かである」と述べている（山田昭次（二〇〇三）『関東大震災時の朝鮮人虐殺――その国家責任と民衆責任』創史社、二一一頁）。

★2　千葉県における関東大震災と朝鮮人犠牲者追悼・調査実行委員会（一九八三）『いわれなく殺された人びと――関東大震災と朝鮮人』青木書店。

★3　中央防災会議（二〇〇六）『一九二三　関東大震災　報告書　第一編』二、一七三―一七九、一九六―二〇六頁。

★4　警視庁（一九二五）『大正大震火災誌』、四四五頁。

★5　警視庁（一九二五）前掲書、四四五頁。

★6　流言の経過ついては、中央防災会議（二〇〇九）前掲書、一八一―一八六頁に、本文で言及した警視庁（一九二五）前掲書の記載事項が流言の発生場所の情報付で時系列順に整理されている。

★7　災害時ユートピアは、日本のみならず、世界の災害現場で共通して発生する現象である（レベッカ・ソルニット（二〇一〇）『災害ユートピア――なぜそのとき特別な共同体が立ち上がるのか』（高月園子訳）亜紀書房、一〇―一一頁）。なお、原題は A Paradise built in Hell（地獄に作られた天国）である。関東大震災の体験談を集めた作文集には、利他的行為の事例が無数に記述されている。震災共同基金会編（一九三〇）『十一時五十八分――懸賞震災実話集』東京朝日新聞社：東京市編（一九二四）『震災記念　十一時五十八分』帝都復興叢書刊行会：初等教育研究会（一九二四）『子供の震災記』目黒書店など。

★8　東京市編（一九二四）前掲書、四九二―五二七頁。震災から一年後の一九二四年に発行された同書には、一般市民から募集した作文に加えて、市立小学校児童の震災に関する感想が収録されている。収録されているのは六校の調査結果であるが、数量的なデータが掲載されているのは、六校のうち三校である。本文であげたのは、三校のうち最も母数の大きい下谷高等小学校（九三八人）の結果である。下谷高等小学校の調査は、他の二校と同じく、選択式ではなく、各質問項目（「震災時に一番、困ったことは何か」「一番、恐ろしかったことは何か」など）について、児童が自由に記述する方式がとられている。収録されているのは、その自由記述を学校側が内容別に分類し集計したものである。結果は学年と性別によって四つに分けて（一年男子、一年女子、二年男子、二年女子）提示されているが、四つの区分ごとにコーディングの仕方が多少異なっている。本文で示した割合は、四つに区分された集計を基に再度コーディングして集計した結果である。

る。『震災記念　十一時五十八分』については、第四章第三節で再度、取り上げる。
★9　二位は火災の二五％で、以下、地震一二％、火災旋風八％である。
★10　震災共同基金會編（一九三〇）前掲書、四二頁。当時の文献から引用する際は、現在では通常、使われない漢字について、文意を損なわない限りで、ひらがなにする。自警団については当時からすでに批判がなされている。もっとも、無辜の人々の命を残酷な仕方で奪ったという認識の下で書かれている自警団批判は、この時代にはまれである。本文で引用した文の筆者も、自警団の行動を「軽挙な行動」と言い、「事に処して冷静大事を誤らないのが祖先この方伝来の精神ではなかったか」（五一頁）と論じて、問題を「軽挙」さに矮小化している。
★11　これらのことを示す証言は、以下を参照。日朝協会豊島支部編（一九七三）『民族の棘――関東大震災と朝鮮人虐殺の記録』日朝協会豊島支部：千葉県における関東大震災と朝鮮人犠牲者追悼・調査実行委員会編（一九八三）『いわれなく殺された人びと――関東大震災と朝鮮人』青木書店：西崎雅夫編著（二〇一六）『関東大震災朝鮮人虐殺の記録――東京地区別1100の証言』現代書館：西崎雅夫編（二〇一八）『証言集　関東大震災の直後　朝鮮人と日本人』筑摩書房。
★12　吉河光貞（一九四九）『関東大震災の治安回顧』法務府特別審査局、一七五―一八一頁。
★13　吉河光貞（一九四九）前掲書、一七六頁：中央防災会議（二〇〇六）前掲書、一九七頁。
★14　吉河光貞（一九四九）前掲書、一七五―一八一頁。
★15　吉河光貞（一九四九）前掲書、一八〇頁。
★16　大畑裕嗣・三上俊治（一九八六）『関東大震災下の「朝鮮人」報道と論調（上）』東京大学新聞研究所紀要（三五）、五三頁。

★17 姜徳相・琴秉洞編（一九六三）『関東大震災と朝鮮人（現代史資料6）』みすず書房、八〇頁

★18 『朝日新聞』は、一八七九年に大阪で創刊された。一八八八年に『東京朝日新聞』が創刊されると、一八八九年から一九四〇年までの間、大阪発行版には『大阪朝日新聞』の題号が用いられ、東京発行版には『東京朝日新聞』の題号が用いられている。一九四〇年以降は、『朝日新聞』に統一されている。

★19 山田昭次（二〇一一）前掲書、八〇頁。

★20 山田昭次（二〇一一）前掲書、八三―八四頁。

★21 姜徳相・琴秉洞編（一九六三）前掲書、四二〇―四二六頁。

★22 山田昭次（二〇一六）「日本人民衆は関東大震災時朝鮮人虐殺事件の歴史的意味をどのように受け止め、今日の日本の政治的思想的状況にどのように対処すべきか」『関東大震災と朝鮮人虐殺』論創社、三四―七頁：姜徳相（一九七五）前掲書、三五―七頁。

★23 初等教育研究会（一九二四）前掲書。

★24 東京市学務課編（一九二四）『震災記念文集――東京市立小学校児童』（尋一～高二）培風館。

★25 「趣旨」に「九月二〇日頃、全校八百余の児童中、百七名だけが焼け出されてしまった」（初等教育研究会（一九二四）前掲書、四頁）とある。

★26 「趣旨」に、震災後の一〇月二日に授業が再開し、翌日から「課業」が始まったとあり、「課業」の一つである「綴方」で子供たちが震災について書いたとある。また、掲載されている作文のうちの四本は、日付が記されている。日付は九月二一日、一〇月八日、一〇月一〇日（二本）である（八六、九〇、二〇四、三二六頁）。

★27　検閲前の版が存在することを突き止めたのは、関東大震災時の流言の証言を長きに渡って収集してきた西崎雅夫である。なお、検閲前の版も後の版も国立国会図書館デジタルコレクションで確認できる。

★28　当時、検閲をしていた組織は、内務省警保局図書課である。図書課では刊行の可否の判断だけをして、実際に内容を変えたり特定の文字を伏字にしたりする作業は、執筆者または編集者だった。なお、検閲前の版は、刊行されていない。

★29　西崎雅夫（二〇一六）前掲書、四六四―四七九頁。

★30　初等教育研究会（一九二四）前掲書、七〇頁。『子供の震災記』や『朝鮮人虐殺関連児童証言史料』を含め、当時の作文の引用に際しては、次の原則で行う。旧仮名遣いは現代仮名遣いに変更する。カタカナ書きはひらがな書きにする。句点がない文には句点を加える。文意が理解しにくい場合は読点を加える。旧字は新字に変更する。現代では一般に使われない漢字表記はひらがな書きとする（「此の人」→「この人」）。改段は、／で表す。朝鮮人の名称については、「鮮人」という明白な差別語についても、そのまま表記する。また、低学年では、「ちゃうせんじん」「てうせんじん」「せんじん」などひらがなで書かれている場合が多いが、「ちょうせんじん」のように現代仮名遣いに改めても不必要に読みづらいので、漢字に改める（→「朝鮮人」）。伏字は、そのままにしておく。

★31　震災以降の刊行物において、朝鮮人関連の流言や暴行の記述では、たいてい、「朝鮮人」は「〇〇人／××人」、「鮮人」は「〇人／×人」という表記になっている。検閲後の一般的な対処法は、伏字使用だったのである。『子供の震災記』の編集に当たった教員たちが、検閲を受けたあと、

★32 伏字ではなく、改竄もしくは削除という方法で修正をした理由は定かではない。「序」には「震災記念展覧会」と書いてあるが、本文に書いた「震災復興展覧会」が本来の名称だったようである。

★33 琴秉洞編（一九九七）『関東大震災朝鮮人虐殺問題関係資料Ⅰ　朝鮮人虐殺関連児童証言史料』緑蔭書房、一〇頁。

★34 高野宏康（二〇一〇）「「震災の記憶」の変遷と展示――復興記念館および東京都慰霊堂収蔵・関東大震災関係資料を中心に」『年報　非文字資料研究』（六）、四五頁。

★35 尋常高等科の巻には、正月の街の様子を書いている作文（東京市学務課編（一九二四）前掲書・尋常高等科の巻、四一、二二九頁）や、執筆したのが災害発生から半年もしくは五か月が経過した時点と明示してある作文（三、六一頁）、また二月二一〇日と日付が付されている作文がある（二四九頁）。

★36 琴秉洞編（一九九七）前掲書では、冒頭の解説に、『東京市立小学校児童震災記念文集』の作文数が二二五六点で、朝鮮人に関する記述があるものは、一〇六本であると記されている（一〇頁）が、実際に数えたところ一〇九本だった。また、同書には朝鮮人に関する記述がなく、誤収録と思われる作文が一本、朝鮮人の子供の書いた作文が一本含まれている。本書では、この二本を除いた一〇七本を分析対象とする。

★37 琴秉洞編（一九九七）前掲書。

★38 一つのエピソードとして見なすか、二つに分けた方が適切か、判断が困難な場合もある。作文全体を読んだ上で、文脈に照らし合わせて判断した。

★39　すでに述べたように、『記念文集』の引用ページは、『朝鮮人虐殺関連児童証言書史料』のページである。高等小学校の児童の年齢は、現在の中学一年と二年の年齢と同じである。

★40　私の見落としがなければ、全エピソードで例外は「朝鮮人の女」と性別が記されている一件のみである（本章⑬）。

★41　関東大震災時の流言における本質化のフレームの使用の背景には、もちろん地震発生時までの平時において、朝鮮人に対する植民地主義的で本質主義的なまなざしや語りが反復されてきたことがある。

★42　流言研究において大きな功績を残したタモツ・シブタニは、流言を「曖昧な状況にともに巻き込まれた人々が自分たちの知識を寄せ集めることによって、その状況についての有意味な解釈を下そうとするコミュニケーション」と定義する（タモツ・シブタニ（一九八五）『流言と社会』（広井脩・橋元良明・後藤将之訳）東京創元社、三四頁）。朝鮮人の放火についての流言も、いつまでも終わらない火災とそれに付随する非日常的な音や匂いに対して、偏見に他ならない「自分たちの知識」を寄せ集めて解釈する中で生まれた部分が大きいと考えられる。

★43　「集団的妄想の社会空間」と「飛躍」という概念は、現象学的社会学のアルフレッド・シュッツの「多元的現実論」に依拠している（アルフレッド・シュッツ（一九八五）『アルフレッド・シュッツ著作集（二）　社会的現実の問題II』（モーリス・ナタンソン編、渡部光・那須壽・西原和久訳）マルジュ社、九―八〇頁）。シュッツは、私たちが経験する「日常生活の世界」のほか、「夢の世界、心象と空想的想像物の世界、とりわけ芸術の世界、宗教的体験の世界、科学的観照の世界、子供の遊びの世界、そして狂気の世界」などの諸々の世界（下位宇宙）が「限定的な意味領域」であり、それぞれに固有の認知様式があること、それぞれの世界では、経験はすべて、その認知様式との関連においては矛盾しないこと、またそれぞれの世界は、特有の現実のアクセントが付与されることを論じる（アルフレッド・シュッツ（一九八五）前掲書、四〇―四一頁）。たとえば、鬼ごっこ（「子供の遊びの世界」）に没頭しているとき、「私」は鬼の役の子供を恐れて逃げ回る。「日常生活の世界」で親友だったとしても、親友という意味とリアリティが完全に失われる。しかし、「日常生活の世界」に戻れば、鬼という意味とリアリティが完全に失われる。このように、人がある「限定的な意味領域」から別の「限定的な意味領域」に移ると、認知様式の違いによって意味やリアリティが根源的に変容するというのが、多元的現実論の基本的な考え方である。シュッツは、別の意味領域への移行に伴う認知様式の根底的な変様を、キルケゴール由来の「飛躍」という概念で論じている（「ショック」とも呼んでいる）。本論の「飛躍」という概念は、この意味で用いている。本論の「集団的妄想の社会空間」は、多元的現実論の理論的枠組みに依拠して筆者が造った概念である。

★44 初等教育研究会（一九二四）前掲書、二三八頁。

★45 ただし、「〜という噂が広がった」のように「噂」という語が明示してある場合は、「噂」として類型化する。この場合、伝聞の場面は背景化している。

★46 琴秉洞編（一九九七）前掲書、二七七頁。

★47 本章⑬を含むエピソードは、別の観点から第二章でもう一度扱う。書き手は、事後に情報が流言に過ぎなかったと気づいている。

★48 博士は、「大和魂」が健在であれば、災害に際して朝鮮人への迫害など起こらなかったと考えているようである。

★49　「鮮人さわぎで、たいへんでした」という記述が相当数あったが、感情を特定することが困難であるため集計から割愛した。エピソード単位で見ると、内面の反応と外面の反応の片方のみが記述されている場合が多い。エピソード単位では、両者ともに記されていない場合も少なくない。

★50　本章★43の多元的現実論を参照。災害時の「当局者視点の取り込み」の不自然さを浮き彫りにする次のエピソードも参照されたい。尋常小学校一年の女子児童は、二日目の晩に青年団と思われる人物から、「朝鮮人が今、井上元帥のうちへ入った」と聞かされたときの感想とその後の行動を次のように記している。「井上元帥のうちへ入ったのはいいけれども、爆弾を投げるというので、怖くなって皆さんが寝ていたところへ行って、もぐっていました」。流言を信じていることは同じでも、当局者視点の取り込みの有無で、そのあとの感情が大きく異なってくる。

★51　武器を手にしたことが明示してある場合は「武装」とし、武器を手にしたかどうかは不明だが、ともかくも警備に参加したことが記されている場合は「夜警に参加」と類型化した。

★52　カギカッコの位置は誤記と思われる。僕ははじめは「いやだ」と思った、と書くつもりだったのだろう。

★53　たとえば、避難所で朝鮮人を恐れる子を抱きしめている母の姿にもらい泣きをする場面を描いている本章⑤において、書き手は、朝鮮人への攻撃的行動に移る前に「石塊」を握って悲壮な覚悟を決めるが、この覚悟をもたらしているのは、明らかに尚武の精神（を理想化する意識）である。

★54　この点は、特に太平洋戦争期の流言と著しく異なる（第五章参照）。

第二章　関東大震災後の子供たちの作文における日本人表象

本章では、前章に続き、『震災記』と『記念文集』の二つの作文集に収録された作文の中の世界を探索する。第一節と第二節は、日本人言及型九〇件のエピソードを対象とする。一件の救済型を除くと、日本人言及型には、日本人による朝鮮人に対する警備、追跡、捕縛、暴行などの敵対行動が、[★1]必ず一件以上描かれている（表2―1参照）。第一節では、書き手自らが直接的に知覚した、日本人によって殺害された朝鮮人の身体か、日本人によって迫害を受けている朝鮮人の身体の、どちらかが記述されているエピソードを対象にする。敵対行動は、現場を見たり、物音を聞いたりなど直接的に知覚した実体験が記述されている場合と、伝聞によって知った情報が記述されている場合の二種類がある。第一節で扱うのは、前者の実体験の記述である。ただし、実体験の記述の場合でも、第一章の⑫や⑬のように、襲来していない朝鮮人を警戒したり、追いかけたりする情況、すなわち敵対行動の場に朝鮮人の身体が現前せず、記述されていない例がほとんどであるため、第一節の対象となるエピソードの数は限られている。

関東大震災時の日本人による敵対行動は、すべて虚偽情報に基づいているが、大きく二種類に分けることができる。朝鮮人の幻に対する警戒や追跡を主とする敵対行動と、無辜の朝鮮人に対する現実の暴行を主とする敵対行動の二種類である。関東大震災時には数千人規模の朝鮮人に対する殺害が現実に行われている。作文集で敵対行動の実体験の記述の主流が、朝鮮人の幻に対する警戒や追跡であることは、現実に暴行に手を染めた人員よりも、時に武装をして警戒

表 2-1　日本人の敵対行動

	実数	割合*7
武装・警戒*1	27	30%
追跡・捕縛*2	27	30%
警戒*3	15	17%
逮捕・連行*4	14	16%
殺害	9	10%
騒ぐ	8	9%
暴行	4	4%
銃撃	4	4%
暴行や殺人の扇動*5	3	3%
逃走	1	1%
動物誤殺*6	1	1%
合計	113	123%

*1　夜警などの警戒活動のうち、武装していることが明示してある場合。
*2　警察によるものであることが明確な場合は、「逮捕・連行」に分類。
*3　武装していることが明示されていない場合。
*4　警察によるもの。
*5　「殺せ」などと叫ぶケース。
*6　第一章㉖参照。
*7　日本人言及型総数90件に対する割合。

や追跡をしていた人員、すなわち朝鮮人を殺害する可能性のあった人員がはるかに多かった状況を反映するものと考えられる。第二節は、朝鮮人の身体が現前していない情況で、朝鮮人の幻を相手に周囲の大人たちが敵対行動を取っているときの様子を描いているエピソードを対象とする。

第三節は、日本人言及型と朝鮮人言及型の全エピソードを対象として、朝鮮人犯罪流言と敵対行動を子供たちがどのように受け止めていたのかを分析する。第四節は、本章のまとめである。

第一節　朝鮮人の身体へのまなざし

殺害された朝鮮人か、現に身体の自由を奪われている朝鮮人を見たときの情況を記したエピソードは、一一件ある（表２—２）。第一項では、朝鮮人の身体に関してどのような反応も記されていないエピソードを見ていく。第二項は何らかの反応が記されているエピソードを扱う。

表 2-2　敵対行動と朝鮮人の身体の同時現前

朝鮮人の状態	敵対行動	敵対行動の主体	書き手の反応	記述内容	学年と出典
死亡	殺害	不明	無し	朝鮮人の死体を見た（本章①）	尋常小学校4年「大地震大火事」『震災記』266頁
	殺害	不明	恐怖	朝鮮人の死体を見て、ぞっとした。	尋常小学校2年「じしんの時」『記念文集』266頁
	殺害	自警団	無し／歓喜	朝鮮人の殺害後に、万歳を唱えた。（第1章⑤）	高等小学校2年「震災記」『記念文集』277頁
流血	逮捕／連行	警察	無し	頭から出血した朝鮮人が警官に連行されていった（本章③）	尋常小学校5年「九月の震火災」『記念文集』273頁
	逮捕／連行	警察	陰謀予想	血だらけの朝鮮人が連行されいくのを見た（本章④）	尋常小学校6年「震災記」『震災記』46頁
	傷害	近所の人	放心	流血した一人の朝鮮人が竹槍を持った人たちに囲まれていた（本章⑦）	尋常小学校5年「焼跡の市内」『記念文集』270頁
	追跡／捕縛	近所の人	同情	血だらけで殴られているのを見ると、かわいそうにも思う（本章⑧）	尋常小学校5年「震災後の出来事」『記念文集』274頁
身体拘束	警備	近所の人	無し	朝鮮人が自宅の前でつかまった（本章②）	尋常小学校5年「火事と地しん」『震災記』269頁
	逮捕／連行	警察	恐怖	梯子にのせられた朝鮮人が警察に連行されていった（本章⑤）	尋常小学校5年「大地震と大火」『記念文集』272頁
	暴行	多くの人々	無し	朝鮮人が足で踏まれ、木で叩かれて、泣き声をあげていた（本章⑥）	尋常小学校6年「大正大震災大火災遭難記」『震災記』142頁
	追跡／捕縛	不明	無し	大勢の鮮人がしばられて家の前を通った	尋常小学校3年「大地震」『震災記』103頁

一　非人間としての朝鮮人

言葉を発することのできない朝鮮人の身体を目にしたとき、その事実を記しただけの文章ほど、多くのことを語る文章はない。言葉の欠落が、社会を語る。

①　へんなところを通って、鮮人の死んだのも見た。まわりに人が大勢たかっていて、よく見えなかったが、ようやくすきまから見た。きずだらけになっていて、腹のあたりには、何にも着ていなかった。上野公園の石段を、人が黒山のように上がったり下がったりしていた。池のはたからお茶の水を通ってうちへ帰った。僕はずいぶんくたびれた。（尋常小学校四年「大地震大火事」『震災記』、二六六頁）

②　朝鮮人がうちの前でつかまったものですから、私はそれを見ていますと、そこへ小林しづ子さんが、たもとの着物をきて、荷物をしょって兄さんみたいな人と、歩いて来ました。私は「しづ子さん」とよんで、「あなたどこへいらっしゃるの」ときくと、しづ子さんは「私いなかへかえるのよ」と言いました。（尋常小学校五年「火事と地震」『震災記』、二六九頁）

③　あくる日の朝七時頃、霊雲寺へ○○○○○人が入ったと大さわぎしていた。見に行っ

てみると、血を頭から出した人が警官につれられて行った。／昼ごろお父さんがかえってらっしゃった。二時頃になると、雨がポツポツとふって来た。（尋常小学校五年「九月の震火災」『記念文集』、二七三頁）

①には、傷だらけで腹部をさらけだしたまま死んでいる朝鮮人の姿が書かれている。自分の身に起きたことを、永遠に語りえない朝鮮人である。②には、捕まえられている朝鮮人の姿、③には、頭から血を流している朝鮮人の姿が記されている。①②③の共通点は、朝鮮人の姿を目にしたときの書き手の印象や感想が何も書かれていないことである。朝鮮人の姿を記した直後の部分に注目してみよう。①は、人が石段を上り下りする姿が描かれている。②では、唐突に当人の知り合いらしい「しづ子さん」との会話が始まる。③には、父の帰宅と天気について書かれている。いずれの作文も、朝鮮人の身に起きたことに、いかなるアクセントも置かれていない。

残されていていいはずの場所に、言葉が欠落しているのはなぜか。子供であるために、自分の身のことしか考えられなかったからだろうか。表現力が限られているからだろうか。

作文全体に目を配ると、こうした好意的な解釈が適切ではないことがわかる。「鮮人の死んだのも見た」①の書き手は、引用文の少し前に、「どぶ」に入って死んでいる馬を見て、「かわいそうだと思った」と書いている。朝鮮人の死には言葉がなく、馬には同情の言葉を残している。家の前で朝鮮人が捕縛されたのを見た②の書き手は、引用文の少し前で、「あたまの毛」が「みんなやけ」、顔や四肢に傷を負った「かわいそうな人」を見て、「思わず涙がこぼれました」と記している。焼けた頭髪の向こうに災害の残酷さを見る一方で、捕縛された朝鮮人の向こうに何かを見ている痕跡はない。頭から血を流す朝鮮人を見た③の書き手は、引用文の前に、互いの命に気遣いながら生き延びる避難者たちの様を描いている。人々の生存への努力が前景化している一方で、そのうちの誰かの暴力か、警察の暴力によって頭から血を流している朝鮮人は、一つの背景でしかない。

朝鮮人の身に起きたことに対する言葉の欠落は、朝鮮人に対する特定の見方の結果であることを示している。災害後の子供たちは、人間や、時に動物の命に対しても慈しみの情を示している。しかし、朝鮮人だけは別なのである。①②③の朝鮮人は、殺され、痛めつけられ、拘束された姿である。迫害を受けている朝鮮人の姿は、石段や降雨と同じ風景のひとつでしかない。作文は、朝鮮人が迫害を受けることを自明のこととして描いている。朝鮮人の身体が描かれている三本の作文からは、前章の最後に見た野生の身体のまなざしを見出すことはできない。

別のエピソードを紹介する。書き手は、地震発生翌日の九月二日に被害の状況を探りに東京市内を歩き回っていたところ、「方々の電信柱」に「各自宅に放火する者あり、注意せよ」という新しい張り紙を見た。④は、そのあとの出来事を書いたものである。

④　不思議に思いながら、歩いて行くと、二人の巡査に、両方からつかまえられながら、ひとりの朝鮮人が、血だらけになって、つれられて行くのにあった。そこで、はじめてこれは鮮人が東京をこの震災に乗じて全滅させようとしているのだとわかった。[★2]（尋常小学校六年「震災記」『震災記』、四六頁）

警察は、九月三日から、民衆による迫害からの保護を目的に朝鮮人を検束している（第一章第一節）。全員を検束する方針であり、実質的には権力による暴力的な拘束という性質を帯びている。④の巡査の連行も保護のための連行で、朝鮮人が流血しているのは、巡査が捕縛時に暴力をふるったか、自警団などが朝鮮人に暴力をふるったかのどちらかであると考えられる。

注目すべきは、④では何者かによる暴力の痕跡であるほかない朝鮮人の血を、東京全滅という朝鮮人の陰謀の証の一つとして解釈していることである。朝鮮人の連行場面が記されている第一の文と、書き手の解釈が記されている第二の文は、「そこで、はじめて」と繋がれており、「わかった」と終わっている。「巡査が血だらけの朝鮮人を連行していったので、彼らの陰謀の事実に気づいた」というのが、④の論理の骨格である。この論理は、日本人が朝鮮人に向けた暴力の意味を別物に変換する。朝鮮人の血は、この論理の一部に埋め込まれることで、誰かの暴力の証拠であることをやめ、朝鮮人自らの所業の対価に転換される。血を流したまま巡査に連れて行かれているのは、朝鮮人が陰謀を企てたからだ、という訳である。

朝鮮人の陰謀と朝鮮人の連行を順接的に連結する論理は、朝鮮人の血の意味の転換と共に、書き手自身を含むこの論理を受け入れるすべての意識に対して、書き手が受け入れている集合的な先入観を隠蔽する。朝鮮人が東京を全滅させようとしたから連行されたのだ、という考えを書き手にもたらしたのは、朝鮮人に対する先入観以外にない。日本の破滅を願う不逞鮮人という先入観である。さらに、陰謀と連行の順接の論理は、警察による朝鮮人の連行を、朝鮮人の陰謀の証拠としても提示する。朝鮮人が陰謀を企てたのは事実だ。先入観から言っているのではない。現に朝鮮人が巡査に連れて行かれていくのを見たのだ、という訳である。④は、書き手の先入観を示し、同時に消している。先入観をそうではないと偽装している。

書き手が実際に見たのは警察だったが、自警団による捕縛を見たとしても、同じ先入観で理解し、暴力として認知することはないはずである。実際に④のあとには、青年団が「十七歳以上のものはその警戒の義務に当たること、これは警視庁からの命令です」と怒鳴って歩き、それに応えて、近隣の人たちが「鉄砲や短刀」などをもって集まってきたことが記されているが、書き手は、その情況を暴力として見ているわけではない。書き手にとって、日本人が朝鮮人の身体に向ける力の行使は、どんなものあっても暴力ではない。朝鮮人を対象とする日本人による力の行使は、常にすでに懲罰か防犯という正当な力の行使である。④の作文には、路上に現れた朝鮮人の血に同情を寄せる人が一人もいない。④は、朝鮮人への暴力を認知する枠組みそのものが不在の社会空間を示している。

巡査による検束連行の場面を見たときのことを記している作文を、もう一つ紹介する。

⑤　二日になると〇〇人が来るというので、ほんとにこわかった。まっくらなので、何もわからない。向こうの方で警戒警戒と言っている。はしごにのせられた〇〇人がじゅんさにつれられて行った。いゝゝゝゝゝゝゝゝゝゝゝゝゝゝゝこわくてこわくてしかたがない。弟は「早くにげよ」とせがみたてる。（尋常小学校五年「大地震と大火」『記念文集』、二七二頁）

警戒活動中に、はしごに載せられて運ばれている朝鮮人は、自警団員らの手によって暴行を加えられた状態である。では、「こわくてこわくてしかたがない」というのは、何に対してか。「〇〇人が来るというので、ほんとにこわかった」とあることや、弟が「早く逃げよ」と言っている以上、朝鮮人以外にない。兄弟が恐れているのは、傷つけられ、動けなくなっている朝鮮人である。⑤は、身体の自由が奪われてもなお、朝鮮人を恐ろしい存在として表象している。

⑤の書き手にとって、朝鮮人は自らの痛みを知らない。痛みを日本人に与えるだけの存在である。

二　朝鮮人の痛み

以下は、迫害を受けている朝鮮人に対して何らかの反応が記されているエピソードである。

⑥　市ヶ谷の方で人がたかってさわいでいるので見に行くと、一人の朝鮮人が、足でふまれ、木でたたかれて、泣き声をあげているとき、走ってきた軍人がいた。何をするか見ていると、人々をおしのけて朝鮮人を救い出し、人々に向かって、この人も日本国民の一人でありますから、そうひどくいじめるのはかわいそうです、とはっきり言をのべてから、朝鮮人をつれてどこかへ立ち去ってしまった。〔……〕さっきの軍人は、僕はよく物事がわかっている軍人だと思った。／朝鮮人さわぎが始まってから自警団ができて、皆安心して眠ることができるようになった。／殺された朝鮮人は三百名いるとのことだ。（尋常小学校六年「大正大震災大火災遭難記」『震災記』、一四二頁）

⑥は、全エピソード中で唯一の救済型のエピソードである。だからといって、朝鮮人への

暴力を批判しているわけではない。書き手は、人々から殴打されている朝鮮人を救った軍人を「よく物事がわかっている」と賞賛しているが、⑥の作文全体を見ても、朝鮮人への人々の暴力を非難している部分も、泣き声をあげている朝鮮人に同情している部分もない。

書き手は、⑥の作文全体の結びにあたる引用箇所の中略以降で、自警団のおかげで「朝鮮人さわぎ」が鎮まり、眠ることができたと記している。「朝鮮人さわぎが始まってから自警団ができて」とあるので、自警団による夜警を指して、「朝鮮人さわぎ」と言っている訳ではない。書き手にとって、「朝鮮人さわぎ」は朝鮮人が騒ぐことであり、朝鮮人の襲来などを意味する。このように意味づけた上で、「朝鮮人さわぎ」を鎮圧した組織として自警団を称賛している。当局の視点に同一化している書き手は、「木でたたかれ、泣き声をあげている」朝鮮人の身体に応答することがないままに、朝鮮人への暴力を正当な力の行使として提示しているのである。

次の⑦も、血を流している朝鮮人の姿が記されている。

⑦　美倉橋のかり橋を渡ろうとするとき、黒山のように人がたかってこちらへやってくる。何事かと思って、のび上がって見ると、こん棒で頭を殴られ、顔からえり首へかけて血を流した一人の○○が竹やりを持った大勢の人々にかこまれて行った。私はただぼうぜ

んとして見送った。僕の今渡っている、このかり橋は我が佐久間町内の人々が必死となって防火したということがかすかに頭に浮かんだ。（尋常小学校五年「焼跡の市内」『記念文集』、二七〇頁）

⑦は、九月六日の出来事である。橋を渡ろうとするとき、棍棒で殴られながらどこかに連れ去られていく朝鮮人の姿を呆然と見送った書き手は、直後に、当の橋を「我が佐久間町内の人々が必死となって防火したということ」に思い当たる。これ以降の部分に、朝鮮人の暴行についての記述はない。

決死の橋の防火作業は、⑦の作文全体においてどのように位置づけられているのだろうか。作文の前半は、火災によって被害を受けた町の様子や痛ましい遺体の描出に費やされており、引用文は作文の後半に含まれている。また、作文は、次の一文で終わる。「とたんにコツンコツンとバラックのつち打つ音が聞こえた。私は帝都復興帝都復興と心の中に叫びながら家に帰った」[★3]。作文に記されている順序通りに整理すると、「深刻な被害」→「朝鮮人への暴力」→「決死の防火」→「鎚をふるう音」→「帝都復興」の流れである。この流れの中で「決死の防火」は、「槌をふるう音」と「帝都復興」と共に一つの系をなしている。「必死の防火」が示す屈強な意志があればこそ、人は早くもバラックを作るために槌をふるっている。このように挫けることを知らない住民であれば、必ず帝都復興をなしうるだろう。「必死の防火」と「鎚をふるう音」「帝都復興」の三つの表象は、いずれも「深刻な被害」を背景としており、「深刻な被害」に負けない「屈強の精神をもつ我が佐久間町の人々」の具体的な姿として提示されている。書き手の意識がどうであれ、⑦の作文は屈強の精神をテーマとしている。

注意すべきは、朝鮮人への暴行の表象が、屈強の精神というテーマと矛盾することである。朝鮮人への暴行に焦点を当てれば、屈強の精神に疑問符がつき、町の人を誇らしい存在として示すことはできない。朝鮮人への暴行場面は、町の人の屈強の精神をテーマとする作文の構造を壊してしまうのである。

⑦の作文では、朝鮮人への暴行事件の記述のあと、事件にとって偶発的な要素に過ぎない橋に焦点が当てられ、橋の防火に話題が移行している。文脈上、朝鮮人への暴力の場面は、橋の防火に関する記述のための導入以上の意味をもってはいない。⑦の作文において、住民による朝鮮人への暴行は、忘れられているのではない。書き出されたうえで、抹消線が引かれている。⑦の作文の最後は、「私は帝都復興帝都復興」と心の中に叫びながら家に帰った」である。書き手の執筆の際の意図がどうであれ、⑦の作文は、書き手自身を含めたすべての可能な読み手に対して、朝鮮人殺害事件について語るなと語っている。

本節の最後は、野生の身体が文章の中に瞬間的に姿を見せているエピソードである。

⑧　交番の所へ来ると、殺せ、殺せといって騒いでいるので、何の出来事かと兄さんが人に聞くと、〇〇人が悪いことをして、つかまったのです、という事を聞きましたから、僕はしゃくにさわると思いました。／そのとき、〇〇人の顔は血だらけになってぶたれているのを見ると、かわいそうにも思うし、しゃくにもさわりました。（尋常小学校五年「震災後の出来事」『記念文集』、二七四頁）

引用文の最後に、殴打されている朝鮮人に対して「かわいそうに思うし、しゃくにもさわりました」と記されている。暴行を受けている朝鮮人に同情を示す言葉が記されているのは、全ての日本人言及型の中で、⑧が唯一である。

書き手は、朝鮮人の姿が見えていない情況で朝鮮人が「悪いことを」をしたから捕まったのだと聞いたときは、その説明を信じたまま、「しゃくにさわると思いました」と朝鮮人に苛立ちを覚えている。そのあと、どんな説明も聞いていないにもかかわらず、「かわいそうに思う」と同情を示したのは、血を流している朝鮮人の姿を見たときである。血だらけの顔に野生の身体が応えたのである。この引用部分を含め、⑧の作文は、すべて書き手が経験した情況と心象が記されているが、書き手の意識と生死を共にしつつも、書き手の意識にも社会にも服属せず、社会の言葉を知らない野生の身体は、社会の言葉が作った朝鮮人と日本人という身体の分類も、それぞれに与えた性格付けも、受け入れることはない。社会の言葉が作った身体の分類と性格付けを完全に受け入れ、日本人の身体を救われるべき命と見なし、朝鮮人の身体を死ぬべき命として見なし、その通りに行動していた自警団などの治安関係者は、自らの存在意義をかけて、社会の言葉に従順であるがゆえに、絶望的なまでに野蛮で暴力的になる。それと対照的なのが、野生の身体である。それは、社会の言葉に服属しないがゆえに、人間性の最後の砦になる。「かわいそうにも思う」という微かな、消えいるような声の主は、野生の身体である。

「かわいそうにも思うし、しゃくにもさわりました」とあるように、書き手の意識は、依然として朝鮮人に非難の目を向けている。「しゃくにもさわりました」と語るのは、朝鮮人が「悪いことをした」という社会の言葉を信じている書き手の意識である。「かわいそうにも思うし、しゃくにもさわりました」は、社会の中の一人としての書き手の意識の言葉に、野生の身体の声が入り込んでいる。言葉による会話に身体の声としての咳やあくびが混じるときのように。
⑧の少しあとには、「焼な《マ》い《マ》所だから、なお○○人騒ぎはひどいもので、所々非常線をはって、○○人と見れば、しばってしまいます」とある。「しばってしまいます」という表現に、自警団による捕縛が行き過ぎているという認識が表出されているとすれば、この一文にも、野生の身体の声を聞き取ることができる。

尋常小学校五年の女子児童によって書かれた⑧は、社会の言葉の中に野生の身体の声が時々姿を見せている。社会と野生の身体とが、文章の主導権をめぐって争っている。⑧の作文の最後は、こうである。「数日たつとだんだんそういう騒ぎもしたびになってきました」。結びの一文は、社会が野生の身体を鎮圧したことを示す碑である。野生の身体から見れば、地震発生から数日の間に起きたことは、社会の言葉に服属する者たちによる残虐行為の連続である。その残虐行為は、火災が下火になり、いずれ跡形もなく消えるのと同じように消える訳ではない。残虐行為が行われなくなったとしても、残虐な主体が生き続け、社会の言葉に依然として服属し続ける限り、同じことが繰り返される余地が残る。野生の身体が捉える事態の推移は、「残虐行為の一時中断」でしかない。「騒ぎもしたびになってきました」と自然災害の変化を記述するときと同じ物象化的な表現は、野生の身体の声ではない。

第二節　敵対行動に対するまなざし

流言が広がる中、地域に暮らす一定年齢以上の男性住民の多くが武装をして警戒に当たる事態が、主に九月二日以降に各地で発生している。本節では、敵対行動の中でも特に記述の多い武装警戒を取り上げ、子供たちの感じ方や受け止め方を分析していく。

一　武装警戒における恐怖

本項では、武装警戒に対する恐怖を記しているエピソードを取り上げる。

⑨　午後十時頃、やっと火は東京市を呪いつくして消えた。「ドンドンドンドン」どこからか太鼓の音が聞こえた。同時に、「○人が愚行をくわだてて来ますから、注意してください」とどこかで叫ぶ。／せっかくここまで逃げてきて、またも恐ろしい目にあうのかと思うと、生きた心地はない。男という男は皆武装して夜警に出た。毎晩のように鐘や太鼓をならしては私たちをおびやかす。（高等小学校二年「震災当時の感想」『記念文集』、三八三頁）

書き手を含む「私たち」の恐怖は、物騒な警戒体制によって引き起こされているが、警戒体制は、恐怖の引き金を引いているに過ぎない。恐怖の実質的な対象であり、恐怖を生起させている原因は何だろうか。武装している周囲の自警団だろうか。朝鮮人だろうか。

⑨には「○人が愚行をくわだてて来ますから、注意してください」と叫ぶ声を聞いた後に、「またもおそろしい目にあうのかと思うと、生きた心地はない」と感じたことが記してある。

この恐怖は、朝鮮人の「愚行」を信じてることから生じている。男たちの夜警は、朝鮮人の「愚行」への対応であり、書き手はそれを疑っていない。⑨で「私たち」の恐怖の対象は、朝鮮人である。

　朝鮮人への恐怖は、その後、変わったのか。少なくとも、⑨の作文を書いている時点においては変わっていない。作文は、⑨のあとに「生死の境を通った」と震災を振り返り、震災が「効力のある薬」だったかもしれないと述べたうえで、「これから、おこたらず、はげんで帝都復興を」と結ばれている。震災が「効力のある薬」だったかもしれないと言っているのは、避難中に「玄米」や「南京米」などの粗食を食べていたことを踏まえている。震災が自分たちの贅沢な暮らしを見つめなおす機会になったと述べているのである。このように、避難中の困窮を振り返り、教訓的な意味を引き出している一方で、夜警の日の経験について振り返る記述はない。流言と暴行に関する震災経験は、その日のままの状態で文章の中に放置されている。妄想に基づく流言が駆り立てた、朝鮮人を対象とする恐怖は、それから数か月経った後も発生時の状態のままなのである。

　次は、火の手が迫る中で、武装警戒が始まった情況が記されたエピソードである。

⑩　二日の夕方、火の手がますます近く迫ってくるので、同じ寺の墓地へ引っ越した。

その前は〇〇人の寄宿舎なので、僕らの近くにおおぜいいたから、恐ろしかった。そのうちにまた、若者たちは出てくれろ、というふれの声が終わるか終わらぬうちに、「それ〇人だ」と竹槍や鉄棒を手に手にたずさえた若者が、寄宿舎の周りをかこみ、今にも打ち殺さんばかりの態度であったが、とうとう一人逃げてしまったそうだ。一日も二日も墓地で野宿をした。その夜、ますます火が近づいて、松坂屋から仲町方面まで迫った、と聞いて、気が気ではなかった。（高等小学校一年「震災の思い出」『記念文集』、三七五頁）

「竹槍や鉄棒を手に手にたずさえた若者」の「今にも打ち殺さんばかりの態度」は、現代に生きる私たちのような読者には、いかにも恐ろしい姿に思える。書き手もそうなのか。「今にも打ち殺さんばかりの態度であったが」に続くのは、「とうとう一人逃げてしまったそうだ」である。逆接によって強調されているのは、逃走する朝鮮人の敏捷さである。若者が殺すつもりで追いかけても、朝鮮人は逃げていくという訳である。書き手にとって恐ろしい存在は、「今にも打ち殺さんばかりの態度」の若者ではなく、辛うじて逃げた朝鮮人である。恐怖の対象は、⑩でも朝鮮人なのである。もちろん、恐怖の対象である朝鮮人は、日本人の集合的妄想が生んだ幻である。恐怖の対象と原因を区別するのであれば、書き手に恐怖をもたらしている原因は、日本人の集合的妄想である。

⑩で、朝鮮人と火は等価的な存在である。第一文と第二文では、火の接近が記された直後に近くにいる朝鮮人への恐ろしさが記されている。第三文と第五文では、若者による包囲から逃れた朝鮮人について記された後に、火の接近が記されている。⑩の作文は、「〔災害時のことを振り返って〕思うことは、「人間生涯は一寸先が闇である。」ということである」の一文で結ばれている。書き手にとって、朝鮮人は火と同じく死という「闇」へと自分たちを陥れる存在である。書き手の解釈図式では、朝鮮人はすなわち火である。「震災の思い出」には、火を消すことと同じ構えで、朝鮮人の命を消そうとする態度〔「今にも打ち殺さんばかりの態度」〕を生んだ朝鮮人すなわち火という図式が間違った見方だったと批判的に振り返る記述はない。

二　享楽としての敵対行動

本節の最後に、武装警戒をむしろ愉しんでいる様を記しているエピソードを一件見ていく。

⑪　僕は何気なく通りの方へよって行くと、外から面白そうな話し方、澄まして聞いているると、耳のせいか自慢話でもしているようだ。中でも声の大きい威勢のよさそうな男が、「僕がこの木剣をもった以上は、チャンチャン坊主[★4]の十人や二十人、なんでもねえや」と大層、鼻息が荒い。ちょうどこの家の兄さん（伝ちゃん）がこれまた、太い樫の棒をもっ

て威風凛々、何者をも圧迫するかのような権幕で鉢巻をして出て行く。僕はますます出てみたくなった、と後に兄がついている。してやったりと僕はすぐにまた後ろへついて表へ飛び出した。通りには皆鉢巻をした連中が思い思いの武器を持ち、恐ろしい顔して、椽台に腰かけ、まださっきの話を続け続け、通行人を一々、調べている。その一人がいきなり「やあ！伝ちゃん！いい木剣だね！これなら二十人だって三十人だって片っぱしからぶんなぐるぜ」とさっきに負けずに力みだした。そしてぶんぶんと振り回した。僕は愉快で愉快でたまらない。すると半町ばかり離れた向こうの連中が一時に騒ぎ出した。こっちの連中もぶんなぐりたさに「ほーら〇人だ〇人だ」と口に言いながら一人残らず向こうに加勢しに行った。（高等小学校一年「自警団」『記念文集』、三七六頁）

⑪の作文は、「震災当時、不逞〇人の横行する三日目の晩。」という文句で始まっている。一読してわかるように、書き手は周囲の人たちの警戒活動や追跡などを、単に「警備」として感じている訳ではない。描かれているのは、男の子たちが朝鮮人を攻撃するための武器を互いに自慢しあっている姿である。通りで通行人に誰何をするときも、「さっきの話を続け続け」しながら行う。その中の一人は、木剣をぶんぶんと振り回す。⑪の世界では、客観的事実が消えている。客観的には朝鮮人に危害を加える木剣は、もはや自分たちの身を守る道具という意味

ではなく――そもそも、この意味からして、倒錯した状況の定義に基づいている――、強い自分を誇るための道具であり、自分の強さを象徴するファルスに他ならない。

書き手は、二重の飛躍をしている。第一の飛躍は、朝鮮人が襲ってくるという妄想に支配され、客観的には幻に過ぎない朝鮮人に真剣に恐怖しながら、必死に警備をする社会空間への飛躍である。朝鮮人を弄ぶ⑪の世界は、第一の飛躍を経た後の世界から、さらに第二の飛躍をとげた後の社会空間である。第二の飛躍は、当人の力の証明のために朝鮮人を攻撃し、朝鮮人を獲物としてむしろ欲し、警備を愉しむ社会空間への飛躍である。第二の飛躍後の社会空間では、朝鮮人への真剣な恐怖は、享楽のための恐怖、すなわちスリルに変質する。もとより第一の飛躍後の真剣な恐怖が、現実に存在しない幻を対象としている以上、原理的には恐怖から覚醒し、集団的妄想の社会空間から日常的な生活世界へと飛躍し復帰する可能性が常に存在している。その一方で、⑪の子供たちは、集団的妄想の社会空間から醒め、日常的な生活世界へと飛躍し復帰するのではなく、集団的妄想の社会空間を土台に、朝鮮人を材料にスリルを味わう社会空間へとさらなる飛躍をしている。

第二の飛躍を後押したのが、尚武の精神を尊ぶ社会的風潮と、男子にその精神の身体化を望むマチズムの文化であることは間違いないだろう。注意すべきは、朝鮮人を材料にスリルを味わう社会空間が誇らしげに書かれていること、作文が選抜を経て「震災復興展覧会」に展示され、『震災記念文集』に掲載されたことである。朝鮮人を獲物と見なす社会空間は、震災直後の特殊な条件下でのみ生じていたわけではない。

⑪の作文は、次の一文で終わっている。「皆の自慢話はやまない。遠くから聞こえる柏子木の音、馬蹄の音及び近くより聞こえるところの談笑等、皆、僕らに安き眠りを与えているかのように聞こえた」。朝鮮人（と中国人）[★5]を材料にスリルを味わう社会空間は、書き手にとって「安き眠り」を与える空間である。⑪の作文において、朝鮮人と中国人はゲームとしての狩猟の対象である。

第三節　流言と敵対行動への批判

本節では、流言か敵対行動のどちらか、または両者に対して批判的に見ていることが相対的に明瞭に示されているエピソード[★6]を取り上げて分析をする。対象とするエピソードは朝鮮人言及型と日本人言及型の両者である。

流言に対して批判的（流言を事実として受け入れていない）か、受容的（流言を事実として受け入れている）かの二通りに分け、敵対行動に対しても同じく批判的（批判的な見方をしている）か、受容的（批判的な見方をしているわけではない）かの二通りに分けた場合、理念型として四つのパターンを見出すことができる。第一に流言と敵対行動の双方に批判的であるパターン、第二に流言にのみ批判的である（敵対行動には受容的）パターン、第三に敵対行動にのみ批判的である（流言には受容的）パターン、第四に流言にも敵対行動にも受容的であるパターンである。

全エピソードの中で、流言と敵対行動の双方に批判的なエピソードは四件である（表2―3参照。表中の【批判的な見方が生じた時点】については後述）。朝鮮人への敵対行動は、朝鮮人犯罪流言を事実として受容することから生じている。したがって、「噂に過ぎない」と流言に批判的なまなざしを向けることに続いて、敵対行動を理不尽な暴力だと考え、敵対行動に批判の目を向ける「連鎖的な批判」が一定数存在していても不思議ではない。しかし、流言と敵対行動の双方に批判的な四件のエピソードからは、必ずしも「連鎖的な批判」を読み取ることはできない。流言と敵対行動が分節されないままに批判的な見方が示されているというのが実際である。

流言にのみ批判的なエピソードは、三件である。朝鮮人犯罪の情報が虚偽だとわかったあとも、自警団などによる敵対行動に批判のまなざしを向けることがないパターンである。このパターンが生じる理由の一つは、のちに見るように流言の虚偽性の認知が、実際に耳にした流言に限定されており、朝鮮人犯罪の総体を疑っているわけではないからである。本章第一節で見

表2-3　流言と敵対的行動に関する批判的な見方

	型：概要。【批判的な見方が生じた時点】（引用文）	学年「タイトル」『文集名』、掲載頁
流言と敵対的行動の双方に批判的	朝鮮人言及型：母親が朝鮮人犯罪について語り、警戒行動をとるように言ったときに、即座に「〔朝鮮人〕みんなが悪いことをしまい」と思う。【渦中】（本章⑫）	尋常小学校5年「大地震の思い出」『記念文集』、343頁
	朝鮮人言及型：流言を信じて朝鮮人に暴行を加えた事件について、「今から考えると馬鹿げたことをしたと思う」と回想。【執筆時】（本章⑯）	高等小学校2年「恐ろしき流言」『震災記』、304頁
	朝鮮人言及型：朝鮮人犯罪などの流言と流言に起因する暴行について記したあとに、「ずいぶんとひどいことを言う人があったものだ」と回想。【執筆時】（引用無し）	尋常小学校5年『震災記』、326頁
	朝鮮人言及型：巡査や近所の人が流布した朝鮮人犯罪の流言や敵対行動についての経験を述べたあと、流言が虚偽情報だったことをのちに新聞で知り、「日本人が落ち着きの足りないことが外国人に知られたと笑って書いてあるが、あの時はまったく驚いた」と回想。【執筆時】（引用無し）	尋常小学校6年「大正大震災の記」『記念文集』、346頁
流言にのみ批判的	朝鮮人言及型：物々しい警備をしているが、朝鮮人が来なかったために、「はじめて流言飛語ということがわかった」。【事後】（本章⑬）	高等小学校2年「震災記」『記念文集』、277頁
	朝鮮人言及型：朝鮮人犯罪の張り紙を見たが、犯罪に遭遇しなかったために、「あんなことはみなうわさだけのことだと思い、すっかり安心してしまった」。【事後】（本章⑭）	尋常小学校6年「震災記」『震災記』、51頁
	朝鮮人言及型：「それ鮮人が火をつけた」という声を聞いたが、「ちょうちんが燃えただけだ」との知人の説明を聞いたことで、「私たちもようやく安心した」。【事後】（引用無し）	尋常小学校5年「私の心配」『震災記』、282頁
敵対行動にのみ批判的	日本人言及型：青年団が朝鮮人への暴行を教唆していたことや知人が朝鮮人を殺したことについて、「よくない」と非難。【執筆時】（本章⑮）	尋常小学校6年「大地震」『震災記』、233-234頁）
	日本人言及型：朝鮮人の殺害事件について言及し、「なんと気の毒なことだろう」と同情。【執筆時】（本章⑰）	尋常小学校6年「震災の思い出」『記念文集』、356-357頁
	日本人言及型：時間の経過。物々しい警戒活動を思い出し、「あの大地震さえなかったならば、ああいう聞くも恐ろしいことは起こらなかったのであろう」【執筆時】（本章⑱）	高等小学校1年「暗夜銃声？の思い出」『記念文集』、373頁

てきたように、そもそも朝鮮人の身体に対する暴力を認知する枠組みがなく、客観的には残虐な暴力であっても、日本人から朝鮮人への暴力である限り、自動的に懲罰や復讐、防衛という正当な力の行使として意味づけてしまう植民地主義的な認知の枠組みに、根底的な理由を見出すことができる。

敵対行動にのみ批判的であるエピソードは、三件である。敵対行動の残忍さを見聞きして、敵対行動を批判するものの、朝鮮人犯罪の情報を疑っている形跡のないエピソードである。

批判的なまなざしが含まれる上述の三パターンに属するエピソードは、合計で一〇件である。これ以外のエピソードには、批判的なまなざしが完全に不在である。作文の割合でいえば、全作文数一四三本（表1―1）のうちで、一〇本を除く一三三本の九三％が相当する。[★7]地震発生から数日の間に朝鮮人の尊厳と身体および命に対して日本人がふるった破壊的な暴力は、事態の収束後においても九三％の子供の意識から遮蔽されていたのである。

各々のエピソードで流言と敵対行動に対する批判的な見方は、大別すると次の三つの時点で発生している（表2―3の【批判的な見方が生じた時点】）。まず、流言や敵対行動を現に経験している「渦中」である。流言を聞いた場で即座に情報に疑念をもつケースである。次に、流言や敵対行動に関する何らかの結果が現れた「事後」である。朝鮮人襲来の噂があったが、実際には襲来がなかったために、虚偽の情報だとわかるケースである。最後に、書き手が作文を書いている「執筆時」である。執筆時に改めて震災直後のことを振り返ったときに、過去の流言や敵対行動の異常さに気づくケースである。

第一項以下では、批判的な見方が生じた時点ごとに、エピソードを分析していく。

一　渦中の時点

渦中の時点で、流言に批判的なまなざしを向けていたエピソードは、次の一件のみである。

⑫　あくる日も○人のさわぎだ。井戸の中に毒を入れるとか石油を入れるとか言って、大さわぎであった。／お母さんは井戸にふたをしておけとか、雨戸をしめておけとか、こわがっていらっしゃった。／一人や二人の○人がそんな悪いことをしても、○人みんながそんな悪いことはしまいと思った。（尋常小学校五年「大地震の思い出」『記念文集』、三四三頁）

書き手は、母親から朝鮮人の流言を聞くと同時に、「一人や二人の○人がそんな悪いことをしても、○人みんながそんな悪いことはしまい」と批判的な感想を示している。[★8] 書き手の論理は、逆にいえば、中には「悪いこと」をする人もいるという論理である。この論理は、当局が周知していた「一部の不逞鮮人による妄動はあったものの、大部分は善良」という論理と形式的には同一である。治安当局がこの論理で流言の火消しを試みたため、事態の収束が遅れたことはすでに述べた通りである（第一章第一節）。しかし、⑫の論理が、母親と話し合っている流言のミクロな流通の現場においては防波堤としての機能を果たしうることも事実である。書き手は、流言の流布者である母親に従って井戸にふたをしたり、雨戸を閉めたりはしていない。流言の影響力は、書き手においてたしかに止まっているのである。

なぜ書き手は、流言に対して批判的な「智者」たりえたのか。⑫の作文全体を読むと、二つの経験が影響していることがわかる。一つは、一人の朝鮮人に対する親類のおじさんの対応である。前日の早朝に夜警から帰ってきたおじさんは、一人の朝鮮人に道を尋ねられる。おじさんは、「そんなところでまごまごしていると殺されますよ」と言って、朝鮮人に目的地までの行き方を教えた。親類のおじさんは、そのあと、「無事についたろうか、殺されたかしら」と心配している。書き手は、彼のことを「情け深い人だ」と思ったと書いている。親類のおじさんは、「善きサマリア人」である。

朝鮮人を本質主義的な仕方で犯罪者と見なし、実際に犯罪者として対応していた震災後の状況において、生活者としての朝鮮人の姿が影を潜めていただろうことは容易に想像できる。朝鮮人を捕縛しようとする自警団や、保護の名目で拘束をしようとする警察がいる限り、朝鮮人は犯罪者ではないにもかかわらず、犯罪者であるかのように逃げなければならない。捕縛されれば、無罪の証明をしなくてはならないが、朝鮮人であるとわかった時点で犯罪者扱いされる誰何の場では、朝鮮人自らが犯罪をおかしていない事実を示すことによって、無罪の証明をすることはできない。流言と暴行が拡散している中で、朝鮮人が生活世界の構成員の一員としての生活者として行動することは、不可能だったはずである。他の書き手にはない、⑫の書き手に固有の経験の一つは、生活者としての朝鮮人の姿を目撃していたことである。親類のおじさんが朝鮮人を生活者として見なし、応答したことで、生活者としての朝鮮人が書き手の前に出現したのである。

親類のおじさんについての記述の直後には、「あのクリーム屋のおじさんだったら、殺していたかもしれないと思った」と記されている。書き手は、前日に町の人たちが詰め所で「検査」(誰何)をしている様子をひそかに見に行っている。そこで先頭に立って誰何をしていたのが、クリーム屋のおじさんである。詰め所では、クリーム屋のおじさんの後ろに立つ魚屋のおじさんが、包丁を括り付けた棒を担いで身構えていた。

書き手が見た誰何は、お粗末なものだった。クリーム屋のおじさんが通行人を呼び止めて、「箱の中にあるのは爆弾ではないか」と尋ねると、箱から頭を出したのは子供たちだった。その様子に、書き手は思わず吹き出してしまう。書き手は、殺気立った警備が無益で見当外れな空騒ぎであることを、自分の目で目撃していたのである。

自警団の警備の対象が幻である以上、クリーム屋のおじさんの警戒活動と同様の見当外れの誰何の光景は、いたるところで見られたはずである。書き手が際立っているのは、見当外れの誰何を偶然の出来事としてではなく、必然の出来事として理解していることである。この町は朝鮮人犯罪者に取り囲まれている訳ではない。だから、箱の中に爆弾がないのは当然だという理解であり、朝鮮人は犯罪をするものだという妄想を否定する、反本質主義的な理解である。

⑫の作文全体から手がかりを得るのであれば、親類のおじさんの視線の先にある生活者としての朝鮮人が書き手に感じられていたことと、見当外れの誰何の光景から朝鮮人犯罪の妄想を否定する反本質主義的な理解を得ていたことが、書き手が流言と敵対行動に対して[★9]批判的な見方をとることを可能にしていたと言える。

二　事後の時点

本項では、二つのエピソードを取り上げる。共に、自分が聞いた朝鮮人関連の情報通りに事態が生じていないことを経験することで、情報が噂に過ぎないと気づいたという内容である。⑬は、静かな夜が戻ったことで情報が噂に過ぎないと気づいたエピソードである。

⑬　けたたましき警鐘の音、ラッパの音、もの凄き銃声……しかし○○人の来る様子もな

い。ラッパの音、警鐘の音、銃声も今はやんで、あとはまたひとしきり、寂寞の夜となった。はじめて流言飛語ということがわかった。（高等小学校二年「震災記」『記念文集』、二七七頁）

書き手は、「寂寞の夜」によって、朝鮮人関連情報が「流言飛語」に過ぎないと気づいた。その気づきは、自分が耳にした個別の情報に限ってだろうか、それとも朝鮮人関連情報全般に関してだろうか。以下では、実際に聞いた情報について虚偽だと気づくケースを個別的な気づきと呼び、朝鮮人犯罪流言そのものが虚偽だと気づくケースを全面的な気づきと呼んでおく。まず、両者の原理的な違いを確認しておく。第一に、個別的な気づきは、流言に対する防波堤として機能するわけではなく、全面的な気づきに至ってはじめて流言を止める役割を果たしうる。第二に、全面的な気づきに至った場合には、朝鮮人犯罪流言の虚偽性を記憶することができるが、個別的な気づきの場合は、まったく気づきに至らなかった場合と同様に、朝鮮人犯罪流言は訂正されることなく、事実として記憶されることになる。この二点を考えるとき、個別的な気づきと全面的な気づきの違いは大きい。

夜の静けさによって「流言飛語」に気づいた⑬のあとには、「旦那の家を四〔、〕五人で守る〔。〕特に僕と二、三人は工場井戸（井戸へ〇〇人が猛毒を入れるという噂もあったので）を守ることにした」とあり、引き続き流言を信じていたことがわかる。

⑬は、避難所の工場で朝鮮人を恐れて母子が抱き合う情景にもらい泣きをするエピソード（第一章⑤）に後続するエピソードであり、これらのエピソードが含まれている⑬の作文には、ほかに朝鮮人を惨殺する場面や勝鬨の声をあげる場面、決死の覚悟の場面に関する記述がある。しかし、いずれの場面の記述においても、虚偽の流言に翻弄された結果の出来事としては書かれていない。

⑬の作文全体を読むと、書き手の気づきが部分的なものであることは明らかである。しかも、渦中においても、執筆時点においても、部分的な気づきである。⑬の作文は書き手が執筆時においても、自分が見た朝鮮人惨殺を朝鮮人犯罪者に対する正当な懲罰として理解していることを示している。

次も、朝鮮人が来た様子がないために、流言にすぎないと思ったという経験である。

⑭　不逞鮮人のうわさはますますひどくなり、白山神社の井戸に鮮人が毒をいれたから、各自宅の井戸を注意せよなぞと方々、張り紙がしてある。昨日の鮮人襲来や、巣鴨監獄をやぶって荒れ回るという一団もどこへも来た様子がない。僕は「あんなことはみなうわさだけのことだ」と思い、すっかり安心してしまった。（尋常小学校六年「震災記」『震災記』、五一頁）

「昨日の鮮人襲来や、巣鴨監獄をやぶって荒れ回るという一団」とあるのは、前日に青年団員から聞いた流言のことである。その流言の通りに事態が進行しなかったために、書き手は「うわさだけのことだ」と考えた訳である。⑭は、「血だらけ」になって巡査に連行される朝鮮人を見て、「はじめてこれは鮮人が東京をこの震災に乗じて全滅させようとしたのだとわかった」と記されているエピソード（本章④）の後に書かれている。「全滅させようとしたのだと思った」ではなく、「全滅させようとしたのだとわかった」という書きぶりからは、書き手の気づきも部分的なものであったと推定される。

朝鮮人言及型および日本人言及型の全てのエピソードの中で、自分が聞いた朝鮮人犯罪流言についての認識を何らかの結果が出た時点で虚偽情報だったと気づくエピソードは、この二件に尽きる。しかし、エピソードの二人の書き手は、朝鮮人犯罪流言が全面的に虚偽だったと気づいていたわけではない。流言が全面的に虚偽である現実を示す事実は、書き手たちにとってせいぜい偶発的な出来事に過ぎなかったのである。

三　執筆時点

執筆時点から出来事を振り返り、望ましくないこととして批判的に見ていることが読み取れるケースは八件ある。この節では、八件のうちの四件をとりあげる。

> ⑮〈感心しないこと〉／ある日のことだった。鮮人のうわさがあった。それは青年団や色んな人が、中学くらいの人に「もしも鮮人が来たら、めちゃくちゃになぐってしまえ」と言っていた。そんなに言わなくても、鮮人も善い人がいるかもしれない。／横浜のあき本さんのそばに鮮人がひなんしたのを、悪いこともしないのにころしたりした。これも実によくないことである。／鮮人がつけ火をしたり、井戸に毒を入れたりするのもよくない。また人が困っているのに、ピアノをひいたり、うたをうたったりするのもよくない。／こういう時には、よい人も悪い人もいる。（尋常小学校六年「大地震」『震災記』、二三三―二三四頁）

⑮の作文全体は、「感心したこと」と「感心しないこと」の二つの項目に分けられている。⑮には、「感心しないこと」の一例として、「めちゃくちゃになぐってしまえ」と朝鮮人への暴行を扇動した青年団の言動が記されている。書き手が青年団の言動を「感心しない」理由は、「鮮人も善い人がいるかもしれない」からである。

⑮の批判は、朝鮮人犯罪流言を信じる母親に「一人や二人の○人がそんな悪いことをしても、○人みんながそんな悪いことはしまい」という批判（本章⑫）と類似している。しかし、⑫が、

朝鮮人の悪事を例外としているのに対して、「鮮人も善い人がいるかもしれない」とする⑮は、普通の朝鮮人が悪事を働くことを一般的であると認識している点で、大きく異なる。

⑮の書き手は、青年団の言動を「感心しない」と咎め、敵対行動に批判的な態度を見せているが、「鮮人がつけ火をしたり、井戸に毒を入れたりするのもよくない」と書いていることから明らかなように、朝鮮人犯罪流言に対しては、批判的な態度を取っているわけではない。書き手は、流言を事実として信じた上で、青年団が「いい朝鮮人」と「悪い朝鮮人」を区分していないことに問題を見ているのである。

書き手の論理の全体は、暴力的な言動をする青年団も悪いが、犯罪をする朝鮮人も悪いというものである。この「喧嘩両成敗」的な相対主義の論理は、放火や投毒が虚偽情報だった以上、書き手の意図が何であれ、洗練された流言である。それは再び朝鮮人の尊厳を貶めている。

治安当局は、流言と暴行が広がるや、朝鮮人に対する自警団の暴行を問題視しつつも、一部に朝鮮人による不逞行為があったとし、それが自警団の朝鮮人への暴行に繋がったという見方を広めようとした（第一章第一節）。当局が広めようとした見方と⑮の見方は、暴行を受けた朝鮮人の側に過ちを見出しており、朝鮮人の尊厳を貶めている点で一致している。

⑮の最後の「こういう時には、よい人も悪い人もいる」は、「大地震」全体の締めくくりである。非常時における人間の姿の多様さを認めるこの抽象的な定式化は、朝鮮人殺害という出

来事から、一般市民による集団的暴力の異様さを中和化する。「こういう時」にはつきものの出来事であると論じる「法則化」によって、自分たちの社会の現実として直視すれば社会に絶望せざるをえない深刻さを出来事から消す。「法則化」は同時に、社会を決定的に変えていく必要の認識から人を遠ざける。大人たちから社会の規範に沿って生きることを学ぶことが求められるのが子供であるとすれば、⑮の作文は大人たちの要請に自ら応えた文章である。関東大震災時の朝鮮人虐殺事件の異様さを曖昧化したり、消去したりする中和化は、事態の収束後に社会全体で行われている（第四章も参照）。大人と子供で表現の仕方は異なるとしても、論法自体に違いはない。

次に、自警団の振る舞いに「何だか胸が詰まる様な感じがした」と書いてあったエピソード（第一章㉖）の数行後に記されていた部分を見てみよう。

⑯　鮮人鮮人とおびやかす人のさわぎは四五日も続いた。〔……〕鮮人のころされたのを見てきた人の話によると、鮮人を目隠しにしておいて、一二三で、二間ばかりはなれたところより、射殺するのだそうで、まだ死に切れないでうめいていると、方々からぞろぞろと大勢の人が来て、「私にも打たして下さい」「私にも少しなぐらせて下さい」とよって来るのだそうだ。そして皆でぶつなり、叩いたりするので、ついに死ぬそうである。こういう

と話《ママ》にまた流言に、夢のような一ヶ月が過ぎた。けれども、ずいぶん、今考えると、馬鹿げたことをしたと思う。今でも色々と人の作り言葉が時々、来る。「来月あたりに、また前と同じような地震が来る」とか、「一ヶ年の内に来る」等と、さまざまと流言する。／私等第二の国民はこんな流言に心配せず世界に数のないような新大東京の建設に注意し、またこの帝都の市民と仰がれようではありませんか。（高等小学校二年「恐ろしき流言」『震災記』、三〇四頁）

⑯は、作文全体の結びに当たる。⑯の前半では、人づてに聞き知った、瀕死の朝鮮人に対する日本人による集団的リンチについて具体的に書かれている。そのうえで、書き手は、集団的リンチについて「今考えると、馬鹿げたことをしたと思う」と批判的に振り返っている。注目したいのは、振り返ったあとに、様々な流言（「作り言葉」）が「来る」とし、例として、「また前と同じような地震が来る」など犯罪流言とは別のタイプの流言に言及していることである。そして、結びでは「こんな流言に心配せず」、帝都の建設に励もうと呼びかけている。「こんな流言」に、朝鮮人関連の流言と災害予知流言の両方が含まれていることは、文脈から明らかである。流言という一つのカテゴリーに、朝鮮人犯罪流言と災害予知流言を含める「同等化」がなされている。

「同等化」の知的操作は、無意識のうちに、また何の悪意もなくなされているが、⑯の作文全体に対して決定的とも言うべき効力を発している。同じ流言とはいえ、惨殺事件を伴った朝鮮人犯罪流言と災害予知流言には、決定的な違いがある（序章第二節参照）。他ならぬ⑯の作文において、決定的な違いが書かれている。⑯の作文の大半は、朝鮮人犯罪流言と敵対行動の記述に充てられている。また⑯の通り、朝鮮人への敵対行動については、惨たらしさが他の作文に比しても相当に強調されている。すでに述べたように、自警団員の振る舞いに「何だか胸が詰まる様な感じがした」ことも記されていた。⑯の作文全体の構成と内容は、書き手が朝鮮人犯罪流言と敵対行動を特異な出来事として経験し、意識していたことを示しているのである。

書き手は、朝鮮人犯罪流言の特異さを文章にしておきながら、唐突に災害予知流言と同じ流言として「同等化」している。出来事の特異さを自ら表象し、自ら抹消している。

「まだ死に切れないでいる」朝鮮人が「ついに死ぬ」まで「皆でぶつなり、叩いたりする」。そう書いたとき、書き手は、書き手自身と読み手に答えのない重い問いを投げかけている。殴り殺された朝鮮人の目に、殴り続ける日本人の顔はどう見えていたのか。殴られる最中に殴り殺された朝鮮人が最期に見た顔は、何だったのか。日本人は何者なのか。誰がどのように責任をとるのか。災害予知流言と「同等化」した瞬間に、重い問いへの扉が閉ざされる。書き手は、「同等化」によって問いを閉ざしたあと、「こんな流言に心配せずに」と前向きな態度を強調し、「帝都の市民と仰がれようではありませんか」と大きな夢を語る。書き手の意図がどうであれ、⑯の作文は、朝鮮人殺害事件について考えることをやめるように呼び掛けている。トラウマとして残り続けている記憶から逃れようとする無意識の主体が文章に干渉していると解釈しても、的を外してはいないはずである。

次も日本人による朝鮮人殺害について言及しているエピソードである。

⑰　私は人間のあまり《ママ》小さな力、自然の大なる力である事を知った時、実に悲しかった。／天上には変わりなく美しい星が輝いているのに、地上には夢にも知らなかった大変化が起こり、今にも東京を滅ぼさんとしているのだった。天をうらもうか。私はむしろうらやましかった。我が同胞の一人である○○の人は殺された。なんと気の毒なことだろう。焼け出された人が疲れきった足をひきずりいくすがたを見て、思わず涙の浮かぶことが多かった。〔……〕／同胞三万人を殺した、被服廠をうらやまずにはいられようか。〔……〕／寒夜はさぞバラックの人はふるえているだろう。けれども人々は破壊より建設にと働いているのである。／新しき帝都に向かって皆、進もうとしているのである。（尋常小学校六年「震災の思い出」『記念文集』、三五六―三五七頁）

⑰は、作文全体の後半部分である。作文は冒頭で、月が照っている執筆時の情景を語り、「九月一日の日もこのような月夜だった」と切り出して、当時を回想する形をとっている。「なんと気の毒なことだろう」は、執筆時の気持ちを記したものである。

⑰は、朝鮮人の殺害という事件にどのような意味を与えているのだろうか。作文全体の構造と各々の文や語の表現形態から考えてみよう。事件を伝えているのは、「我が同胞の一人である〇〇の人は殺された」という文である。この文は、数行前の「私は人間のあまり〔に〕小さな力、自然の大なる力である事を知った時、実に悲しかった」と、直前の「天をうらもうか。私はむしろうらやましかった」、二文あとの「焼け出された人が疲れきった足をひきずりいくすがたを見て、思わず涙の浮かぶことが多かった」、中略を挟んで「同胞三万人を殺した被服廠をうらやまずにはいられようか」の五つの文（傍点を振ってある文）を主要な要素として、一つの構造をなしている。「人間の小さな力」を云々する第一の文は、地震という自然の力に対する人間の脆弱さに言及している。天をうらやむ第二文は、人間の脆弱さを受けて自然の力の恐ろしさに言及している。そのあとの朝鮮人の殺害について言及する文と焼け出された人の疲労に言及する文、そして被服廠の惨状に言及する文の三つは、天をうらやむ第二の文で言及した自然を前にしたときの人間の脆弱さの実例である。

これらの文の間の構造は、朝鮮人が日本人に殺害された現実を中和化している。「〇〇の人は殺された」と書かれているが、自然を前にしたときの人間の脆弱さの例として位置づけられることで、事件の特異性や異様さが消されている。朝鮮人殺害事件は、もちろん自然災害ではない。暴力主体は自然ではなく、日本人である。

「我が同胞の一人である〇〇の人」という表現では、朝鮮人と日本人の同一性が強調されている。「〇〇の人」（朝鮮の人）における「の」という助詞が、日本人と朝鮮人の間にある差異が本質的な人種的差異ではなく、地域の違いに過ぎないことを示し、「同胞の一人である」という語が、その効果をさらに高めている。両者の差異が最小化されているのである。朝鮮が大日本帝国領土の一部となっている時代を背景に、書き手なりの仕方で、朝鮮人に気遣っているのである。

しかし、書き手の動機がどうであれ、呼称における朝鮮人と日本人の差異の最小化も、一つの役割を果たしている。朝鮮人の殺害をその他の自然災害と同じ系列の出来事の一つとして「同等化」することが自然なことであると、書き手自身と読み手に対して意識させる役割である。「日本の人」に殺された「朝鮮の人」の死も、被服廠で焼死した「日本の人」の死も、同じ「同胞」の死だというわけである。

⑰の作文は、「けれども人々は破壊より建設にと働いているのである。／新しき帝都に向ってみんな進もうとしているのである」という文で終わっている。朝鮮人殺害の異様さを「同等

化」という知的操作によって抹消したあと、復興に前向きの姿勢で終わるという言説の構造は、⑯の作文と同じである。

最後に、朝鮮人が襲来すると信じ、人々が武装して警備していた日の恐ろしさを忘れることができずにいる子供のエピソードである。

⑱　野宿は三、四日したが、一番、思い出多い日は三日のことであった。／〔……〕私たちの心は○○人襲来の話でひどくおびえていた。今ならばさほどでもないが、そのときはいいいいいいいいいいいいいいいいいいいいいいいほんとうにおそってくるものと思って、少しの音にも気をくばった。／ワーワー……来た!!ドンッドンッドンッドンッ。警告のひびき!!銃声の音?あたりの静寂を破って起こった。〔……〕さては○○人がおそってきたのか、たいへんなことになった。今に修羅の巷が開かれはしないだろうか。／しばらくして、また元の静寂に帰った。ホッとして枕についたが、なかなか眠れない。目はますますさえて、考えにふけった。そうだ。九月一日のあの大地震さえなかったならば、ああいう聞くも恐ろしいことは起こらなかったであろう。否、今までの幸福はより倍して、永遠に続いたのである。それを何という残酷なことだろう。〔……〕平和の夢は一瞬間にして、いっそうされてしまった。思い出しても実に残念である。／しかし日本国民としてそういつまでもなげいているわけにいかない。何事も運命

とは言いながら、命に別じょうがなかったのを感謝して、専心努力し、もとの平和な世にするため復興をはからなければならぬ。〔……〕／ああ、神様!!どうか私たちをお守りくださいませ。〔……〕遠くの方から夜回りの鉄棒の音が深夜の空気をふるわせて、聞こえてくる。暗夜にひびく銃声は時々思い出す。（高等小学校一年「暗夜銃声？の思い出」『記念文集』、三七三頁）

先に、三つのことを確認しておきたい。第一に、作文全体の冒頭部分に、夜中に静かに震災直後の九月三日の出来事を振り返る様子が書かれており、そのあとも執筆時点の出来事や心境と、朝鮮人襲来の流言が飛び交い物々しい警備が行われた九月三日の出来事とが、入れ替わり記述されていることである。第二は、「今ならばさほどでもないが、そのときはほんとうにおそってくるものと思って」とあることから明らかなように、執筆時にはすでに、朝鮮人襲来の情報が虚偽だったことに気づいていることである。第三に、作文のタイトル「暗夜銃声？の思い出」が示しているように、作文の内容は、執筆時点の出来事と九月三日の朝鮮人関連の出来事のみで構成されており、火災から逃げた経験や避難の困難などの話題は一切、含まれていないことである。

「ワーワー」から「修羅の巷が開かれはしないだろうか」までの記述は、「朝鮮人襲来」に怯えていた当時（九月三日の夜）の情況である。そのあとの「しばらくして、また元の静寂に帰った。ホッとして枕についたが、なかなか眠れない。目はますますさえて、考えにふけった」という記述は、九月三日の夜のこととももとれるし、執筆時のことともとれる。その一方で、「そうだ」から「思い出しても実に残念である」までは、「思い出しても」とあることや、「ああいう聞くも恐ろしいことが起こらなかったであろう」という書きぶりから、九月三日の出来事に対する、執筆時点からの回想であると考えて間違いないだろう。「そうだ」以下、「思い出しても実に残念である」までは、すでに朝鮮人関連の情報が虚偽であることを知っている立場から記述されているのである。

以上を踏まえると、「九月一日のあの大地震さえなかったならば、ああいう聞くも恐ろしいことは起こらなかったのであろう」という文は不可解である。すでに耳にした情報が虚偽だと知っているのだから、「恐ろしいこと」の原因が虚偽情報を事実として信じてしまったことにあるとわかっている。しかし、書き手は、「恐ろしいこと」の原因を「九月一日のあの大地震」に求めている。また、「平和の夢は一瞬間にして、いっそうされてしまった」は、九月三日の出来事を日本人と朝鮮人の間で現実に戦闘行為があったという前提で書かれている。朝鮮人襲来情報が虚偽だったことがすでにわかっていながら、依然として現実に朝鮮人が襲ってきたかのように記しているのである。さらに「命に別じょうがなかったのを感謝して」や「ああ、神様!!どうか私たちをお守りくださいませ」という部分も、現実に戦闘行為があったことを前提に書かれている。はじめに確認したように、作文全体を通じて火災から逃れた経験や避難の経験は一切、話題にされていない。「命に別じょうがなかったのを感謝して」「ああ、神様!!どうか私たちをお守りくださいませ」で示唆されている命の危うさは、自然災害や火災を前にしたときの命の危険に言及している訳ではない。作文の文脈からは、九月三日の戦闘行為を念頭に、命が助かったことに感謝していると解釈せざるをえない。

⑱の作文は、流言が虚偽情報だったと知った時に、必然的に生じるはずの過去の出来事の意味の転換が起きていない。九月三日の経験は、依然として当時の経験のままで書き手の前にある。書き手は、出来事の理解を更新した「現在の主体」と、出来事を恐怖と共に経験した当時の「古い主体」に、分裂している。被害者として自らを捉えている「古い主体」が、加害者の側に位置づけられる存在であることを知っているはずの「現在の主体」の意識の背後で出来事の語りを支配している。

⑱の作文は「日本国民としてそういつまでもなげいているわけにいかない」と九月三日の出来事に早々に決着をつけ、「平和な世にするため復興をはからなければならぬ」と未来志向的に語って終わる。作文が、先に見た⑯や⑰の作文と同様に唐突な未来志向的な言葉で結ばれているのは、文章の実質の書き手が依然として朝鮮人襲来の被害者のままである「古い主体」だ

からである。被害者として自らを位置づけている限り、九月三日の経験を自らの意志で忘却することについて、誰からも批判を受ける所以がないはずだからである。

第四節　まとめ

本章の分析結果から考えられる関東大震災時の流言と暴行の状況に関して要点を記し、ここまで論じてこなかった点を若干追加する。

第一に、関東大震災時の日本人の多くは、朝鮮人の身体を人間の身体として見なしていない。子供たちが大人よりも朝鮮人に対してより残虐だったと想定しない限り、子供の作文から日本人一般のまなざしを読み取ることは不当ではない。朝鮮人の身体が経験する痛みと死は、彼ら・彼女らが受けとる当然の報いであるというまなざしである。このまなざしは、朝鮮人を蔑む言葉を発することに抵抗を覚えない差別主義者を生む文化的な土台となりうる。

第二に、自警団の物々しい警備活動そのものが、一定数の住民に、朝鮮人への恐怖をもたらしていた。自警団の活動は、朝鮮人への妄想に基づいており、ときに極めて残忍で暴力的だった。しかし、自警団の暴力性をめぐっては、日本人自身の問題として考える見方よりも、「恐るべき朝鮮人」に対する当然の反応だったと考える見方か、そうでなければ、過剰な反応だったことが問題だと考える見方が支配的だった。

第三に、朝鮮人への暴行が享楽の対象となっていたケースがある。

第四に、朝鮮人犯罪流言が広がっている渦中で、虚偽の情報に過ぎないと批判的なまなざしを向けていた人は極めて限られていた。

第五に、流言の内容を否定する現実に遭遇した場合でも、個別の情報についてのみ虚偽性を認知する場合がほとんどだった。

第六に、非常事態が一応は収束したあとも、流言や敵対行動における異常さを直視していた日本人は限られていた。事態収束後に朝鮮人への暴行殺害事件が立件されているが、全体の一部に過ぎない。流言や敵対行動を批判し、責任者を追及する世論や社会運動が広がった形跡はない。関東一円の在住者の大多数が、流言や敵対行動を身をもって経験しているはずであるが、出来事の異常さは、社会的に顕在化することはなかった。中和化されていったのである。子供たちの中和化の方法は、災害時には起きるのもやむをえない出来事として見なす「法則化」や、殺された死と災害による死を同一のカテゴリーに含める「同等化」などの操作である。第四章において、新聞を含む言説空間において、同様の方法で中和化がなされていたことが示される。

★1　日本人言及型の中には、流言を聞いた後の周囲の日本人の行動として、「皆どんどん逃げた」という記述が一件ある（『震災記』一二八頁）（「逃走」と類型化）。本章では、これも敵対行動に含めておく。

★2　これは第一章五節第一項の陰謀論による憶測のエピソードと同じタイプである。第一章のエピソードは、青年団員から朝鮮人関連情報を聞いた場面のあとに憶測をする場面が記されているので朝鮮人言及型に配し、本章のエピソードは、巡査（もちろん日本人）による捕縛を目撃したあとに憶測の場面が記されているため、日本人言及型に配したものである。

★3　九月六日というごく早い時点で「帝都復興」と心の中で叫んだというのは、多少疑問が残る。執筆時の感想を、当時の感想として書いている可能性はある。

★4　「チャンチャン坊主」は中国人に対する蔑称。

★5　前註参照。

★6　たとえば、「浮説を聞きました」という表現から、情報が虚偽であるという認識を書き手がもっていると考えることもできるが、確証はない。比較的明示的というのは、表2―3の概要欄に示したような「噂に過ぎないと思った」などの言葉が入っているケースを指している。敵対行動に対しても、「何と気の毒なことをしたのだろう」のように、明瞭に批判的な認識が見られる場合に限っている。

★7　批判的なまなざしが含まれる一〇件のエピソードは、すべて別個の作文に含まれているので、批判的なまなざしが含まれる作文も一〇本である。

★8　書き手の批判は、もちろん母親が「井戸にふたをしておけ」「雨戸をしめておけ」などと言っていたことも含まれている。これらも敵対行動の一種と見なしうるので、書き手の批判は敵対行動に向けられていると言える（表2―3参照）。

★9　前註参照。

第三章　関東大震災発生までの新聞における朝鮮人表象

関東大震災時の朝鮮人犯罪流言の広範囲に渡る急速な拡散は、流言の発生より前の時点で、朝鮮人に対する否定的なイメージが社会に浸透していたことを物語る。日本人が朝鮮人と顔を合わせて接触する機会が限られていた当時において、日本で朝鮮や朝鮮人に関する情報を提供していた事実上唯一の媒体は、新聞である。新聞は、一九一〇年の韓国「併合」[★1]前から、日本政府の発表をほぼ唯一の源泉とした朝鮮についての情報を、社会に流通させている。新聞は、政府発表を検証したり、批判的に論じることもほとんどなかった。朝鮮に関する限り、政府の広報でしかない新聞記事が、朝鮮人イメージの鋳型となったと言っても、決して言い過ぎではない。

以下では、第一節で「不逞鮮人」「暴徒」「賊」などの語が新聞で集中的に使われる年を、『朝日新聞』のデータベースを利用して析出し、契機や背景を確認した上で、第二節以降で実例をあげながら記事を分析する。第二節は、一八七九年の『朝日新聞』創刊から、関東大震災のあった一九二三年までの一般の報道記事を対象にする。焦点は、朝鮮人による植民地支配に対する抵抗運動が、どのように報じられていたかである。第三節と第四節は、社説を対象とする。第三節は、「併合」前の社説を基に、朝鮮支配の正当化がいかにされているのかに焦点を当て、第四節は、「併合」時の社説と、三・一独立運動後の言説の特徴と、そこに孕まれている欲望について考察する。第五節は、本章のまとめである。本章の主眼は、朝鮮をめぐる新聞の言説と関東大震災時の朝鮮人犯罪流言および敵対行動との関係を探ることである。

第一節　朝鮮人否定語記事の増減

本節では、長期的なタイムスパンの中で見た場合の、朝鮮人関連の記事[★2]の傾向を確認する。朝鮮人に対して、「暴徒」「不逞」などの否定的なイメージを喚起する語（以下、「朝鮮人否定語」）が使われている記事が集中する時期を検証する。

「暴徒」と「不逞」については、すでに外村大が『朝日新聞』のデータベースを用いて分析している。[★3] 外村によれば、新聞創刊年の一八七九年から敗戦の一九四五年までの期間中で、「暴徒」は「併合」前の一八九〇～一八九九年と一九〇五～一九〇九年までの期間に、「不逞」は「併合」後の一九二〇年に、最も多く使われている。

当時の新聞では、「暴徒」「不逞」以外にも「怪」「賊」という否定語が朝鮮人に対して使われている。「怪鮮人」「火賊」「賊徒」などである。以下では、これらの言葉のうちの一つでも見出しに使われている記事を「朝鮮人否定語記事」と呼ぶ。

朝鮮人否定語記事は、年ごとにどれほどの数が書かれていたのだろうか。また、朝鮮人に関するすべての記事の中で、朝鮮人否定語記事はどれほどの割合を占めていたのだろうか。『朝日新聞』のデータベース「クロスサーチ」で集計したところ、図3―1の結果になった。[★4]

朝鮮人否定語記事の件数（棒グラフ。目盛りは左）を見ると、一八九六年と一九〇八年、一九二一年がピークになっていることが見て取れる。一八九六年の山は、前年一〇月に朝鮮公使三浦悟楼の計画の下で、朝鮮の王妃（閔妃）が殺害される事件が起きたことを契機に、朝鮮各地で第一次義兵闘争が活発化したことが背景にある。新聞は、大日本帝国政府による侵略主義的な定義を無批判的に受け入れ、侵略に抗う義兵の活動を「暴徒」「賊」「火賊」などによる「襲来」「暴挙」「暴行」などとして報じたのである。

一九〇八年の山は、前年の第三次日韓協約締結の結果、大韓帝国から外交権や法の制定権が奪われ、朝鮮半島が事実上の日本の植民地と化す中で、第二次義兵闘争が活発化したことによる。本書では、第一次および第二次義兵闘争が活発化する年を含む、一八九〇年代から一九一〇年の「併合」までの期間を侵略期と呼ぶ。

最後の山の一九二一年も、背景は同じである。「武断政治」と呼ばれる「併合」以降の抑圧的支配体制への不満と独立への願望が高まる中で、一九一九年三月一日に、朝鮮人民衆による独立を求める大規模な路上デモを核とする三・一独立運動が起きた。運動は、日本の武力により鎮圧されるが、その後に上海に臨時政府が作られ、朝鮮半島の北側の中

図3-1　朝鮮人否定語記事の増減

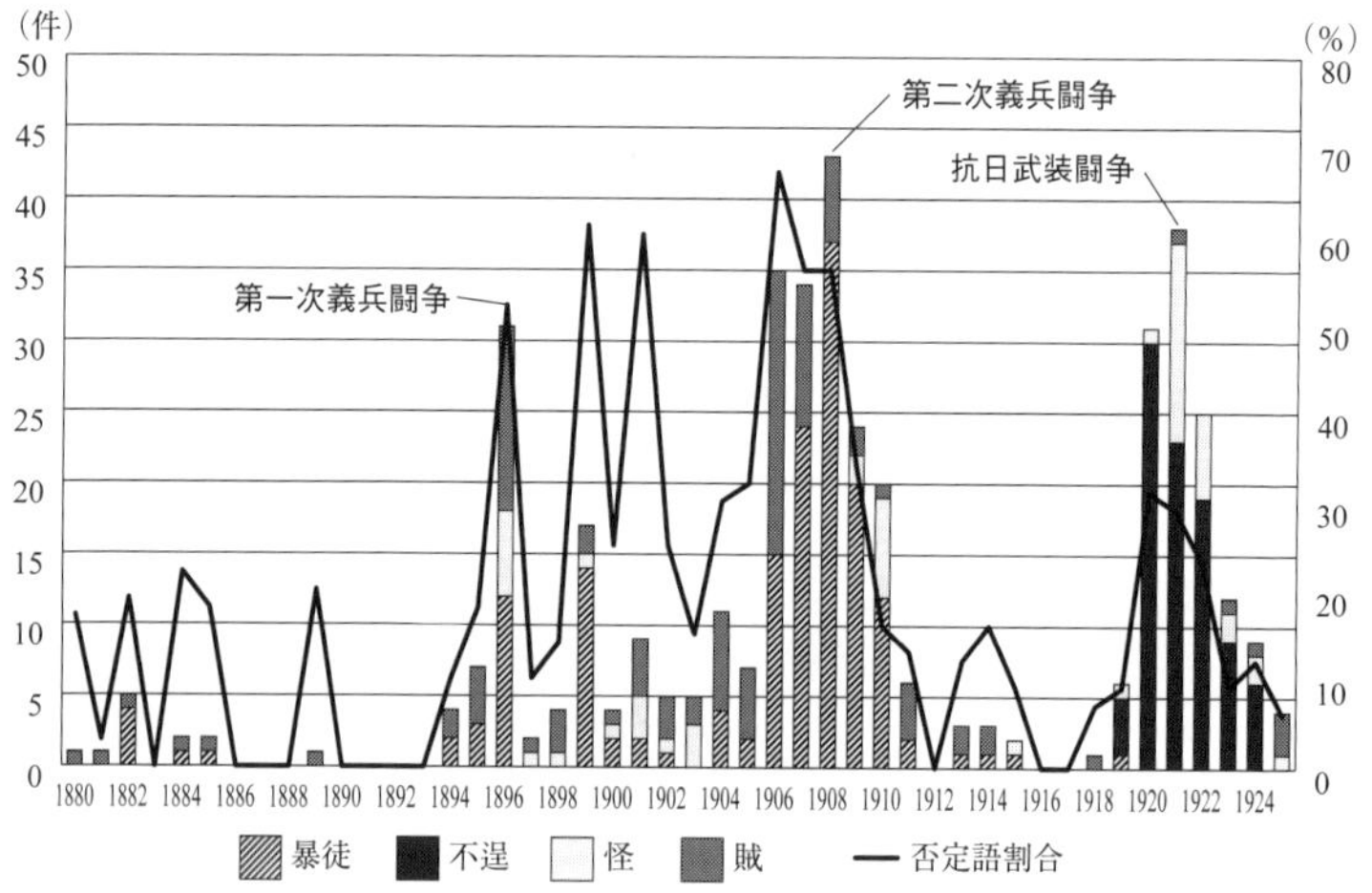

国東北部地域の間島（現在の吉林省東部）では、抗日武装闘争が活発化した。「不逞鮮人」という語が新聞で頻繁に用いられるようになるのは、この時期である。外村は「不逞」が三・一独立運動の参加者よりも、抗日武装勢力に対して頻繁に適用されていると指摘しているが、これは図3―1からも確認できる。「暴徒」や「不逞」は、日本政府が自らの帝国主義的侵略を正当化するために、独立のために抵抗する朝鮮人に与えたレッテルに他ならない。

朝鮮人関連記事に占める朝鮮人否定語記事の割合はどうか。[★5] 折れ線グラフが割合を示す（目盛りは右）。記事件数と同じ傾向が見て取れる。侵略期は、否定語記事の割合が数度にわたり五〇％を超えている。割合が最も高い一九〇六年には、六七％に達している。[★6] 図3―1には、否定語記事の件数が最多であった一九〇八年に「第二次義兵闘争」とマークしたが、闘争は一九〇六年には始まっている。一九〇八年以降、否定語使用記事の割合は減り、「併合」後の数年間は特に低くなっている。急増するのは、武断政治の下で抑圧され、独立の意志が爆発した三・一独立運動以降である。図3―1からは、否定語の主流が「暴徒」から「不逞」と「怪」へと変わっていることも見て取れる。ただし、この期間中の割合も、植民地支配化への抵抗を示した一九〇六年のピークに比べると低い。否定的なニュアンスを伴わない記事も、一定数は書かれるようになってきた結果である。

一九二三年の関東大震災発生時点では、朝鮮人否定語記事の割合が他の時期に比べて必ずしも高い訳ではなく、件数も一九二一年を頂点にむしろ下り坂の局面に入っている。運動の背景を無視して、朝鮮人の暴力性や日本への忘恩を書き立てた三・一独立運動の報道（本章第四節第三項）が、「併合」を自明視していた日本人の民衆にもたらした衝撃の大きさが、関東大震災時の流言の背景にあると論じられることがあるが、これは必ずしも正確とは言えない。朝鮮人否定語記事の割合と件数の変化を長期的なタイムスパンで見る限り、流言の拡散は、三・一独立運動とそれ以降の運動に関する否定語記事により促されたというよりは、朝鮮人を否定的に語る記事が、長期にわたり累積されてきた結果と考えるのが自然である。一九一〇年の「併合」までの数年間において、およそ三割から七割を占めていた朝鮮人否定語記事は、一〇年近く下火になっていたあと、一九一九年の三・一独立運動発生後に「不逞鮮人」の否定語で、再度増加している。また、のちに確認するように、主に「暴徒」という言葉で報道されていた「併合」前の否定語記事の報道の枠組みと、主に「不逞鮮人」という言葉で報道されていた三・一独立運動以後の報道とは、出来事を捉える枠組みや焦点の当て方において全くと言っていいほどに違いがない。新聞における「不逞鮮人」は、再来した「暴徒」である。「不逞鮮人」の「陰謀」や「蜂起」として報道されていた三・一独立運動と以降の運動の記事が日本人に衝撃を与えたとすれば、それは「まさか」という衝撃ではなく、「やはり」という衝撃だったと考えられる。「不逞鮮人」は、抵抗する朝鮮人に対する帝国のレッテルであるが、レッテルとして見破るだけの情報の蓄えが存在しなかったのが、新聞報道以外に朝鮮人について知る機会のない日本社会だった。「やはり」の衝撃とともに、日本人の社会に、「不逞」を朝鮮人の不変の性質であると捉える本質主義的な認知が広がったとしても不思議ではない。子供の作文で見たように、関東大震災時には、瀕死の朝鮮人を民衆がなおも殴り続けることさえあった。朝鮮人を痛みを覚える人間として見ようとしない、過剰に執拗な暴力を駆動させたのは、朝鮮人否定語記事の長期の堆積がもたらした、朝鮮人に「不逞」を本質主義的に帰属させる認知枠組みだったのではないだろうか。

第二節　報道記事における抵抗運動鎮圧のプロット

本節では、朝鮮人否定語記事の言説の構造を分析する。対象とするのは報道記事である。同じ新聞記事でも、報道記事と社説とは記事の性質が大きく異なる。注意すべきは、報道記事が特定の出来事を事実どおりに書いた文章かどうかという問題とは別に、一般に「事実どおりに書かれた文章」として読まれることである。報道記事は、解釈の結果ではなく、現実そのものであると受け取られる。その報道記事に、朝鮮人はどう書かれていたのか。

朝鮮人否定語記事の最初の山の一八九六年の記事を見てみよう。二月一三日の『東京朝日新聞』の第一面は、「雑報　朝鮮の暴徒」「朝鮮の暴徒（第二報）」「朝鮮暴徒蜂起原因」「朝鮮暴徒鎮撫隊」「土匪討伐隊」「暴徒の根拠」と、朝鮮人暴徒の記事が目白押しである。情報量が最も多いのは、「雑報　朝鮮の暴徒」である。「雑報　朝鮮の暴徒」は、「朝鮮京畿道驪州〔……〕に暴徒起こり、やや猖獗なり」の一文で始まり、暴徒数百人により監視所工夫二名が殺されたかもしれない、その他にも二名が襲われたとのことである、と被害の詳細が記されたあと、「下士卒以下九名を派遣し、〔……〕暴徒を撃退し、すみやかに電線の工事を終わることを命じたり」と、軍の行動を記していったん結ぶ。そのあと再び日本人の被害を列挙し、軍が「暴徒」と戦ったが、「敵」の数が多く「撃退」できなかったので、援軍を送るよう命じたと報じている。

「朝鮮の暴徒（第二報）」も、「雑報　朝鮮の暴徒」と枠組みはほとんど同じである。焦点化されているのは、「暴徒の蜂起」「日本人の被害」「軍による鎮圧」の三つの要素である。各々の要素に関する書き方も共通している。「暴徒の蜂起」に関しては、「暴徒」の氏名も、職業や性別などの情報も一切なく、人数のみが記されている。「蜂起」の動機や目的、背景は、何も書かれていない。「暴徒の蜂起」とは対照的に、「日本人の被害」に関しては、日本人の氏名や職業などの具体的な情報が提供されている。「軍による鎮圧」は、あくまで「日本人の被害」に対する反応として書かれている。「朝鮮の暴徒（第二報）」では、「日本人の被害」に関する次の一文が、第一面で最大の文字で書かれている。「電信を切断され全く不通となり、我が電信守備兵および測図隊は少数にて暴徒数百と闘い、為に死傷せし者多し、川崎技師も戦死せり」。新聞を開くと、すぐさま目に飛び込んでくる大きさである。死傷者に関しては、「川崎技師」と名前と職業が記されている。

「蜂起」の原因を論じる「朝鮮暴徒蜂起原因」も、「朝鮮の暴徒（第二報）」や「雑報　朝鮮の暴徒」と同じ枠組みで語られている。記事は、四件を原因として述べている。第一に、「暴徒蜂起」の「予兆」が「我軍引揚」の前からあった。はたして引き揚げると、「韓兵の力、到底鎮圧の功を奏しえず」。第二に、日本が朝鮮の官制を改革して以来、各地の郡守その他が従来通り収賄で欲を満たせなくなったために、「下民を扇動したる事」。第三に、結氷期のため、「糊口に窮せし事」。第四に、「断髪令反対の事」。

「暴徒」と報道されている当事者にとって、蜂起は大日本帝国の侵略に対する抵抗であり、客観的に見れば、蜂起の原因は王妃暗殺を含む日本の侵略である。その一方で、「朝鮮暴徒蜂起原因」に、王妃暗殺や侵略に関する記述は一切ない。「朝鮮暴徒蜂起原因」は、朝鮮半島における帝国日本の存在形態の現実を表象していない点で、「雑報　朝鮮の暴徒」「朝鮮の暴徒

（第二報）」と同じ枠組みである。

「暴徒の蜂起」「日本人の被害」「軍による鎮圧」で構成された当局主体のプロットに従う記

事は、これ以降も新聞を賑わせ続ける。登場人物が変わっても、プロット自体に大きな変更はない。侵略期の一九〇四年の記事を紹介する。

①「京釜線路の火賊[★7]」六日釜山特派員発／昨五日、和館附近に火賊約四百名居れり。日本工夫に害を加えんとすとの報に接し、和館駐屯の憲兵柿原軍■以下六名急行。これを撃掃せり。火賊の死者二名、捕虜三名その他刀鎗類を没収せりと。[★8]（『東京朝日新聞』一九〇四年六月七日朝刊）

「京釜線路の火賊」では、まず「火賊」が「四百名居れり」と「暴徒の蜂起」が記されたあとに、「日本工夫に害を加えんとす」と「日本人の被害」が記され、「憲兵柿原軍■以下六名急行」「撃掃せり」と「軍による鎮圧」が記される形である。三つの要素の書き方も「雑報　朝鮮の暴徒」と同じである。大挙して襲ってくる火賊には、顔がなく、目的や動機もない。被害者には、「日本人工夫」と具体的な情報が与えられている。憲兵柿原軍■の行動は、被害に端を発していて、「暴徒」の原因が、朝鮮半島に日本の軍が存在する現実にあることについての記述はない。記事からは、日本人の侵略という事件の起源が切断されているのである。

一九一九年の独立運動や武装闘争も、同じプロットで報道されている。三・一独立運動に関する記事「沙川、成川に蜂起　駐在所や派遣所の焼打憲兵惨殺され、警官捕虜　憲兵中尉傷て死す」(『東京朝日新聞』一九一九年三月七日朝刊)では、名前のある憲兵分隊長や兵士数名が殺され、駐在所が焼き払われ、警察部長が縛されたとした上で、軍隊が急派されたことが書いてある。「平安南道の暴動　憲兵分遣所を包囲して警官隊と大衝突を起す　暴徒の死傷五十余名／暴徒十名射殺　百四十名逮捕」(『東京朝日新聞』一九一九年三月一二日朝刊)は、「暴民」が憲兵分遣所を包囲して暴行を働いたため、衝突が起こり、「暴徒」に死傷者が出る一方で、軍曹と補助員の負傷者が出たと報じる。「不逞鮮人掃蕩　平北暗殺団の主力潰滅(朝鮮総督府警務局発表)」(『東京朝日新聞』一九二〇年八月一八日朝刊)も、「不逞鮮人」が「我郵便物」を「略奪」したこと(「暴徒の蜂起」)が書かれたあとに、「不逞鮮人」が「逃走」する際に「憲兵一名」に「重傷」を負わせ、ついには死亡させたことが記され(「日本人の被害」)、最後に守備隊と警察隊、憲兵隊が連合して、逃走先の一帯を包囲し、戦闘が行われたことが記されている(「軍による鎮圧」)。

大半の朝鮮人否定語記事は、同じプロットで書かれているが、それは偶然のことではない。「我々の軍は、大義も目的もない犯罪者集団を鎮圧する」という当局のプロットが「事実」として受け入れられるためには、「暴徒」にリアリティが必要である。その一方で、「暴徒」の実質は、独立を求める抵抗の一環として当局との戦闘を繰り返す、朝鮮人義兵や運動家に他ならない。したがって、侵略と植民地支配を否認する限り、報道機関は、現実に即して「蜂起」や

「暴力」事件の原因を記すことができない。事件の報道から、原因が欠落せざるをえない。当局を善とし、独立のための抵抗者を悪とする勧善懲悪の虚構の物語に他ならない当局主体のプロットが、事実の報道として自らを示そうとするときに必然的に生じる、この欠落を埋めているのが、犯罪や暴力を好むが故に犯罪や暴力をなす人間集団としての「朝鮮人暴徒」「火賊」「不逞鮮人」という表象である。当局主体のプロットが、朝鮮人否定語を必要とするのである。「不逞鮮人」を生んだのは新聞記事である。

実際の記事では、三つの要素のすべてが揃っていないケースもある。「南韓暴徒猖獗」（『東京朝日新聞』一九〇八年一月二三日朝刊）は、「暴徒百五十名、今二十二日朝、咸平を襲い、駐在所を襲撃し、巡査一命を殺害せらるる。羅州方面なおまた危険の形勢あり」とあって、「軍の鎮圧」は書かれていない。しかし、巡査が殺害されたことを記し、「危険の形勢あり」という記述は、言外に当局の出動の必要を訴えている。「軍の鎮圧」が暗示されているのである。

なぜ、執拗に当局主体のプロットが用いられてきたのか。書き手ではなく、読み手の側から考えてみよう。「併合」条約が結ばれた際には、東京市内をはじめ、各地で提灯行列が行われている。日本人の民衆は、「併合」を慶事として受け取っていた。八月二九日の「併合」条約発効日の翌日の記事「なんとなく景気がいい」（『東京朝日新聞』一九一〇年八月三〇日朝刊）には、記者の乗った電車で、ひとりの「婆さん」が「併合」を報じる号外を受け取ったあと、号外を配った青年に「併合」についていろいろと尋ねる様が描かれている。青年は、困った様子で「婆さん」から離れてしまう。記事はこう続く。

そうすると、「朝鮮は日本のもんですね」とお婆さんはまた次の人に話しかける。今度は、おれの番かと情けなさそうな顔をして、商店の番頭さんらしいのが、「さようで、実におめでたいわけでございます。何にいたせ、神攻皇后様以来の、、、、ですからなあ」と言う。婆さんはやっと得心して、「あ、えらいこっちゃ」と車内を一瞥した。

記事のユーモラスな筆致は、めでたくも朝鮮はついに日本のものになったという受け止め方が一般的だったことを示している。記事は、朝鮮の所有意識を非難する誰かの視点を想定していない。

「併合」と「併合」に至るまでの侵略のプロセスが慶事として受け止められている限り、義兵闘争も独立運動も存在しえない。闘争も運動も、大日本帝国の暴力に対する抵抗に他ならない一方で、帝国によって朝鮮に対して向けられた力を暴力として捉える認知の枠組みがないからである。現場の朝鮮半島では、抵抗がやむことなく続いた。その現実を無化し、別物に変換するのが、当局主体のプロットである。「暴徒」記事は、時に残酷な内容を含んでいる。しかし、「朝鮮人暴徒」の残酷さに恐怖している間は、朝鮮の所有意識が揺さぶられることはない。読者に朝鮮人の恐ろしさを煽る当局主体のプロットは、朝鮮の所有意識にまどろむ国民のための子守唄なのである。

不逞や暴徒という語が含まれた記事の言説構造に注目するとき、朝鮮人否定語記事の影響は、ただ恐るべき存在という朝鮮人イメージを作り出したというだけにとどまらない。記事では、「不逞鮮人」の登場に対して国家の武力が正義として即座に行使されるか、暗示されている。関東大震災時に、人々は流言を聞くや、間髪を置かずに敵対行動をとっている。しかも、当人たちの意識では、それは正義であり、朝鮮人への懲罰だった。関東大震災時の懲罰としての暴行は、当局主体のプロットをシナリオとして実演するものである。前章で見た、流言を聞いて、朝鮮人が謀略を企てたと理解する子供たちの存在は、当局の世界観や視点がいかに深く人々の意識に食い込んでいたかを示している。流言を信じて懲罰的な暴力を始める以前に、繰り返された当局主体のプロットの影響により人々の身体の奥深くに、朝鮮人の現前に対して暴力を行使することが正義であるという図式が形成されていたのではないか。

第三節　「韓国併合」以前の社説と正当化言説

報道記事では、解釈プロセスが隠されているため、事実をありのまま伝える記事と認知される一方で、社説は、自らが一つの解釈であることを隠すことはない。そのため、報道記事が、説得力の源泉として「事実」（として選び出され、解釈された事実）を示せば事足りるのに対して、社説は、説得力を得るために、論理や論拠、レトリックに依拠することになる。本節では、「併合」前の侵略期の朝鮮や朝鮮人に関して書かれた社説を対象に、日本による朝鮮の我有化プロセスや、統治を正当なものであると示す論理とレトリックを明らかにしていく。第一項は、朝鮮人否定語記事の最初の山である一八九六年の社説、第二項は、第二の山である一九〇八年の社説を対象とする。

一　侵略の正当化

一八九六年に『大阪朝日新聞』と『東京朝日新聞』で朝鮮について書かれた社説は、三本ある。二月一五日『東京朝日新聞』朝刊の「京城の変乱」と、二月一六日『大阪朝日新聞』朝刊の「急に兵を朝鮮に派すべし」、二月一九日『東京朝日新聞』朝刊の「朝鮮果して国と称すべきか」である。

三本の社説は、いずれも大日本帝国の朝鮮への侵略を正当化する内容である。また、侵略の正当化のために、三つの特徴的な論法が使用されている。「朝鮮人の消去」と「支配の正当化のための見下し」、「我々対彼らの図式」である。以下で、三つの論法を一つずつ確認していく。

まず、「朝鮮人の消去」についてである。「朝鮮人の消去」は、社説「京城の変乱」に最も明瞭に現れている。「京城の変乱」は、冒頭部分で「日本の力に依頼し内政の改革に従事したる金弘集の一派」が「大概皆殺戮に遭い、反対の党人出でて、内閣を組織するに至」ったこと★9に言及し、「我対韓国政策が遂に失敗をもって終わらんとするを悲しまざるあたわざるなり」と嘆く。嘆くのは、なぜか。「日清戦争の大目的」が「朝鮮半島の上にいづれの邦国よりも多分の勢力を及ぼす」ことにあったからである。したがって、「他の強国をして我が邦《くに》よりも多分の勢力を朝鮮半島に振り回さしむるは、ただ日清戦争の大目的に反対するのみならず、また我国勢の伸縮に大関係を有するをもって、断じてこれを排除せざるべからざること」だと述べる。後半では、「朝鮮の運命は常に我国勢の消長に関係するもの多きをもって、百方これが啓発扶植に尽力し、これが歓心を得んがために、恩を■り、徳を施したるの度は、英国の波斯《ぺるしゃ》におけるよりも更に数層の甚だしきものあり。然りしかして、その結果はいかん」と再び嘆いている。

日清戦争（一八九四年七月〜一八九五年四月）で、日本は戦闘が始まった直後に、清への「宣戦ノ詔勅」を発布している。「宣戦ノ詔勅」には、朝鮮が独立国であること、それに対し清が自らの「属邦」だとして朝鮮の内政に干渉していること、日本は朝鮮を「禍乱」から永遠に免れさせ、東洋全体の平和を維持することを求めていることなどが書かれている。★10「宣戦ノ詔勅」という公文書で、独立国朝鮮と東洋全体の平和と安全を維持することが戦争の目的だと語っている一方で、社説「京城の変乱」は、「宣戦ノ詔勅」には触れないまま、「日清戦争の大目的」が「いづれの邦国よりも多分の勢力を及ぼす」ことだと語っている。「宣戦ノ詔勅」が建前に過ぎないことを自明のこととして、勢力の拡大が目的であることを露骨に示している。

朝鮮が当事国である以上、朝鮮人は、この二枚舌に異議を申し立てる権利をもつが、★11「日清戦争の大目的」を語る社説では朝鮮人からの異議申し立ては考慮されていない。語る存在としての朝鮮人を、消去しているのである。その上で、「朝鮮に対して徳を施した」と朝鮮についてほしいままに語っているのが、社説「京城の変乱」である。

「朝鮮人の消去」に関して、注意すべきことが三点ある。第一に、「朝鮮人の消去」は日本による朝鮮についての放縦な語りを可能にするが、両者の関係はこれにとどまらない。朝鮮についての放縦な語りは、「朝鮮人の消去」に読者を巻き込む。朝鮮について放縦に語る社説は、朝鮮人は語りうる存在ではないというメタ・メッセージを送るのである。このメタ・メッセージは、社説を内容通りに理解すれば、自動的に読者に了解される。このことは、このメタ・メッセージを読み手が受け取らなければ、どうなるかを想像すればわかる。朝鮮人が社説の内容について反論をする可能性について考えが及べば、社説は嘘を嘘と思わない厚顔無恥な文章と認識される。

第二に、「朝鮮人の消去」が、朝鮮人に対する見下しや差別の一つであると同時に、それらを可能にする条件でもあることだ。朝鮮人を劣った存在として、朝鮮史を進歩のないものとして表象するような諸々の見下しの言説は、あらかじめ朝鮮人の語りを封じなければ不可能である。見下しの言説は、相手の語りを封じたあとに可能になる。「朝鮮人の消去」は、諸々の見下しを可能にする基底的な見下しであり、諸々の差別のための最初の差別である。

最後に、「朝鮮人の消去」は、ほとんどの社説に共通して見られることである。社説「急に兵を朝鮮に派すべし」では、「その労に服すること最も多き者は、その権を占むること最も大ならざるべからず」と、朝鮮に対して多大な貢献をしたのが日本であるから、日本には朝鮮から最大の利権を得る資格があるとの論が展開されている。社説「朝鮮果して国と称すべきか」では、朝鮮人が「積年惰気鬱結」した、「元気すでに回復の望みなき」人々であるから、「朝鮮国の独立のごときは百年河清を待つに均《ひと》しかるべし」と、独立はありえないと論じる。いずれにおいても、朝鮮人が朝鮮について語ることは想定されていない。

「支配の正当化のための見下し」は、社説「急に兵を朝鮮に派すべし」に顕著に現れている。社説は、前半で朝鮮や朝鮮人が「惰気鬱結」「回復の望みなき」とし、朝鮮が国家としての体裁をなしていないと論じる。そして、最後に朝鮮の権益を確保すべく、「非常の決心をもって、これを争う」よう政治家に促している。最後の主張によって、前半部分で朝鮮を貶め、見下していた理由がわかる。見下しの言辞は、単に書き手の朝鮮人に対する偏見が表出されている訳ではない。むしろ言説の構造が見下しの言辞を産出している。「非常の決心をもって、これを争う」、つまり露骨に侵略主義的な政策をとるためには、「宣戦ノ詔勅」にある、朝鮮が独立国であるという認識は障害になる。政策の遂行上の障害である朝鮮＝独立国論を除去するために、前半で朝鮮と朝鮮人の後進性や停滞性を強調し、独立国であるかどうかという以前に、そもそも国家とは見なしえないとする見下しの議論を展開しているのである。侵略の正当化のために朝鮮を国家と見なせないと見下していることは、前半と後半の境に書かれている仮定文がよく示している。「余輩の述ぶる如く眼中に政治上の朝鮮国なきものとせば、その独立を幇助するなどというが如きは、もとよりあるべきの道理なし」。国がないと考えれば、朝鮮の独立を助けるという論理の前提が崩れるという論理である。社説「急に兵を朝鮮に派すべし」[★12]があげつらう朝鮮人の否定的な国民性は、書き手の偏見の表出である以前に、朝鮮の支配を正当化する言説上の目的と構造が呼び出した表象である。

第三に、最も可視的な「我々対彼らの図式」について見てみよう。社説には「我対韓政策」「我邦」「我国勢」「我が公使館居留民」など「我」が頻出する。日本を指すときは、一貫して

「我邦」と表記される。このあと紹介する社説や、すでに見た報道記事にも、名詞の前に「我」が使われているケースは多い。「我が商業」「我保護政治」「我宗主権」「我兵民」「我商店」「我新裁判」「我弔」「我法官」「我当局者」「我が兵」といった具合である。

接頭辞としての「我」の使用は、当時の新聞に一般的な書き方である。したがって、奇異な表現として見られることがないために、読者に自覚の難しい効果をもたらす。社説「京城の変乱」では、「我対韓国政策」という言葉が使われている。この目立たない追加によって、社説はもっぱら、官僚や政治家たちが関与する対韓政策を、「我々」にとって関わりのある事柄として提示する。「我＋名詞」表現は、「我々」という感覚を喚起する。朝鮮について語る文脈において用いられる「我＋名詞」は「我々日本人」として、朝鮮を眺め、朝鮮について考えるよう促す。

したがって、朝鮮人「暴徒」から攻撃を受けた対象や人物や組織の名称の前に、「我」や「我々」が置かれると、攻撃は我々への攻撃という意味を帯びることになる。社説ではないが、このことを如実に示しているのが、一四七頁で紹介した報道記事の「我郵便物」という表現である。常識的な思考でも法律上でも、郵便物の所有者は送り手か受け手のどちらかしかないはずで、仮に「朝鮮人暴徒」が郵便物を盗んだとしても、被害者は郵便物の送り手か受け手のどちらかである。「郵便物」に「我」を付加するや、常識が消去される。暴徒の行為は、「我々」

に対する直接的な攻撃として意味づけられてしまう。「我郵便物」が「略奪」されたとする記事では、その後に軍が出動したことが記されている。

二　統治の正当化

「併合」直前の一九〇八年に朝鮮（大韓帝国）について主題的に論じている社説は、四本ある。「統監政治の不振」（『大阪朝日新聞』三月三一日朝刊）、「韓国暴徒と我が商業」（『東京朝日新聞』五月六日朝刊）、「韓国内閣小更迭」（『東京朝日新聞』六月一〇日朝刊）、「統監府の政績」（『東京朝日新聞』七月二五日朝刊）である。

四本の社説も前項で見た三つの論法「朝鮮人の消去」「支配の正当化のための見下し」「我々対彼らの図式」を引き継いでいる。社説「統監政治の不振」を例に見てみよう。「統監政治の不振」は、日本政府が推薦して任命された大韓帝国の外交顧問スチーブンスがサンフランシスコで韓国人に暗殺されたことをめぐって、「あながち兇徒のみを責むべくもあらず」「統監府政治不振の責なり」と冒頭で述べる。責任が統監府にあるとするのは、なぜか。韓国における「五百年の歴史は皆事大あるのみ。故に恐ろしく巧柔滑智に長じ、他の虚隙に乗じて奸策を弄す」。また、韓国の各地で「暴徒の絶えざる」ことや、「桑港に兇行の暴発せる」ことの「淵源」は、「韓京」にある。社説は、「奸策」が韓国の五百年の事大主義の必然的産物だと言っているのである。そのことを前提に、「兇行」が起きるのは、「対韓政策の優柔なるがためなり」とする。奸策を図るのは事大主義の朝鮮にとって常のことであるから、大韓帝国に対しては強硬策こそが必要なのに、統監府が「優柔」な態度で臨んだことが問題だという論である。社説は最後に、「彼らが蠢動するは、ますます韓国をして窮地に陥れしむものなり。もし愛国の精神、独立の要素があらば、決して今日に至らざりしなり。〔……〕今となりて韓国、何の蠢動かある。これを蠢動せしむるは、蠢動せしむるものの罪なり。吾人はこれを統監政治の不振に帰す」と述べる。

「五百年の歴史は皆事大あるのみ。故に恐ろしく巧柔滑智に長じ、他の虚隙に乗じて奸策を弄す」という朝鮮史の戯画化は、朝鮮人が語らないことを前提にし、かつ「語るな」と命じる（「朝鮮人の消去」）。また、スチーブンスの「暗殺」を戯画化された朝鮮史の必然としての「奸策」の一つであると定義することで、スチーブンスの「暗殺」が、侵略政策の一環として外交顧問を送り込む日本の植民地主義に対する抵抗である現実を覆い隠す（「支配の正当化のための見下し」）。

「併合」直前の一九〇八年の社説には、新しい論法も見られる。「統治の自明化」と「社会的ダーウィニズム論」である。

「統治の自明化」は社説「韓国暴徒と我が商業」において顕著である。社説は、韓国で「暴動が時々、処々に発作する間は」、「日本の兵威」の「光明及ばざる」ような「内地に深入りする」「日本人商人」が「落ち着きてその生業に従うあたわざる」ために、「韓国の暴徒の退治」を、台湾の「土匪の退治に関して施したる厳峻加減の半分くらい」「施しても可ならん」と、強硬な措置を求める。韓国国内の奥地にまで日本の兵威が及ぶことを「光明」とし、「兵威」に抵抗する韓国人を「暴徒」として論じる社説は、日本の統監府の韓国統治が正常な状態であり、朝鮮人は日本のものである朝鮮に住んでいるというメタ・メッセージを送る。そのメタ・メッセージを無意識に了解するのでなければ、韓国の奥地で日本人が商業活動を自由にできないことを問題視する社説を了解することはできない。「統治の自明化」は、統監府について行政の運営上の問題を主題的に論じる社説「韓国内閣小更迭」にも見られる。統監府の運営の問題を主題的に論じるとき、統監府の存在そのものは自明視されている。

「社会的ダーウィニズム論」は、先に論じた社説「統監政治の不振」に見て取ることができる。この社説は、結論部分で、「彼らが蠢動するは、ますます韓国をして窮地に陥れしむものなり。もし愛国の精神、独立の要素があらば、決して今日に至らざりしなり」と論じる。「蠢動」（取るに足りない者が策動すること）を非難する前半は、強者に従順であることは弱者の生存の条件であるとする論理であり、「愛国の精神」がなかったから今の結果は当然だとする後半は、大韓帝国の今日の窮地は朝鮮人自らが招いた結果だという論理である。二つの論理は、現に繁栄している国家や社会は国際社会の生存競争における適者であるとする「社会的ダーウィニズム論」に基づいている。日本の朝鮮半島の侵略と統治を自然法則に則ったものとして表象することを可能にする「社会的ダーウィニズム論」は、言うまでもなく、日本にとって好都合である。「社会的ダーウィニズム論」に則った言説は、「併合」時に盛んに唱えられることになる。

一九〇八年の社説には、従来と異なる視座が現れているのも事実である。社説「統監府の政績」では、「暴徒」の中には「宗主権に対する叛意」から「暴行」に及んでいる者もいると認めている。また、具体的な記述はないものの、日本人による「戻行」(悪い行い)があることも指摘している。自民族中心主義から脱した自己批判的な視座が登場しているのである。

ただし、「叛意」に関していえば、宗主権に対する叛意をもった集団は「暴徒」のうちの一部ではなく、ほとんどすべてであろうことと、「暴徒」や「兇徒」の「叛意」が日本による支配の終焉を目指すものだったこととは、視野の外に置かれている。社説の結びには、「伊藤卿がなお気永く心優に韓国上下をして我保護政を楽しましむるに至らんことを望むに耐えず」とある。日本が宗主国という支配的位置にあり続けることを前提として、「伊藤卿」の下でよりよい統治がなされれば、韓国人がそれを享受し、承認するものと一方的に想定しているのである。

戻行について言えば、「我兵民の韓国人民に対する戻行を耳にする。しかもこは伊藤卿あるによりてかくのごときにとどまるものなるべき」が、関連箇所の全体である。「伊藤卿がいるから、この程度で済んでいる」という評価の仕方である。社説のメタ・メッセージは、「朝鮮人自身ではなく、日本人の統治下においてこそ朝鮮人は政治を享受しうる」というものである。

第四節　「韓国併合」以降の社説と朝鮮支配の欲望

この節では、一九一〇年の「併合」以降の社説を扱う。「併合」から関東大震災までの期間で朝鮮をテーマにした社説が集中するのは、「併合」直後と、一九一九年に三・一独立運動が起こり武装闘争が盛んになった時期である。

一　「併合」の正当化

「韓国併合に関する条約」は、一九一〇年八月二二日に調印、二九日に公布された。『東京朝日新聞』が調印翌日の二三日に社説「韓国合併」を出すと、二六日に「合併後の日韓人」（『大阪朝日新聞』朝刊）、二七日に「合併の責任」（『東京朝日新聞』朝刊）、二八日に「京城特電を見て」（『東京朝日新聞』朝刊）、同じ日に「条約改正と韓国」（『大阪朝日新聞』朝刊）、九月二日に「同化の本は同情」（『東京朝日新聞』朝刊）、九月七日に「合併と列国」（『東京朝日新聞』朝刊）と立て続けに「併合」に関する社説を載せている。『東京朝日新聞』は、八月二四日から八月二九日まで計六回にわたり論評「合併せらるべき韓国」も掲載している。★13

「併合」に関する社説は、山中速人が複数の新聞社の社説を対象に分析している。★14 山中によれば、『東京朝日新聞』の社説は「温情的同化」論を特徴としている。また、日本を父母、朝鮮を児女にたとえるレトリックが使われていることを指摘している。★15 さらに、当時の東京における主要な五紙（『東京朝日新聞』『東京日日新聞』（現『毎日新聞』の前身）『国民新聞』『萬朝報』『時事新報』）の社説の「併合」を正当化するロジックとして、「朝鮮停滞論的レトリック」や「例証的レトリック」「進化的レトリック」などが用いられていると指摘している。

以下では、特に朝鮮人の論じ方に着目して、『大阪朝日新聞』と『東京朝日新聞』の「併合」に関する社説を分析する。六回シリーズの「合併せらるべき韓国」も対象に含める。

「併合」に関する社説のうちで最初に書かれた「韓国合併」は、日本から移植されていた裁判制度を取り上げ、日本由来の裁判制度が韓国において「適合」していると紹介したあと、これは「日本の成功」であり、同時に「韓国の慶福」だと論じる。社説は、「韓国」の悪政中の最悪の部分は、権力者たちによる司法権の私的乱用であり、そのために「韓国民」はひどい苦しみを味わってきたと論じる。「韓国」は、「正邪清乱して、曲直転倒、生命財産の保障は全くこれなく、人間の存活になんらの希望を与えず、世は常闇なりしをもってなり」。この「常闇」の「韓国」で、「我新裁判の新組織」は「光明を放ちたり」とし、故に「韓国民」は日本に「信服」していると論じる。

社説は、日本を「光明」にたとえる「日本光明論」によって「併合」を正当化する。「日本光明論」は、議論の前提として「朝鮮常闇論」を必要とする。「日本光明論」は、「併合」関連の社説と論評において形を変えながら繰り返し登場する。社説「同化の本は同情」は、日本が朝鮮に対して「強者の威力」や「硬き理屈の説諭」で「同化を強いる」のではなく、親が児女に対してもつような「同情」をもって同化を施すことが重要であると主張する。★16 朝鮮の民衆が、「悪政の害」により、「生きながらの亡霊」のような悲惨極まりない状況に置かれているからだというのが、社説の説明である。

六回シリーズの「合併せらるべき韓国（四）」では、かつて「日本人が朝鮮の海岸に押しかけ、乱暴狼藉を恣《ほしいまま》にした所謂倭寇」について、「褒めた事にはあらず」と自己批判的に述べたあと、ほとんどの朝鮮の貴族（両班）は、「人民を苦しむるものにて、その恐るべきは倭寇の比にあらず」とし、日本の「乱暴人」を倭寇と呼ぶのであれば、朝鮮の「横着者」（両班）は「国倭」と呼ぶべきものだと言い、「朝鮮国寇の八道を荒せしは今の李朝ばかりにて既に五百年なり」と断じる。社説「合併後の日韓人」では、「韓人の日本人となることは韓人のために幸福なるべし」

とし、「隣邦の滅ぶるを扶《たす》け、これを日本文明の庇護の下に置」くことは、「東洋の平和を保障し、人類の天職を尽くす」ことだと考えれば、併合は日本にとっても嬉しいことだ、と述べる。「合併せらるべき韓国（六）」（最終回）では、結びでこう論じる。「合併は幾多数の国民にとりては真に無上の福音にして、今後は日本国の人民として生命財産はもとより栄誉に対するの保護を受け思うままに稼ぎて楽を得べく、今後十年ならずして韓国の状況必ずや一大変化を来たし、繁栄の見るべきものあるは、請合いなり」。「併合」を朝鮮人にとっての「福音」だと述べて、「合併せらるべき韓国」シリーズは終わる。「日本光明論」は、「併合」時の社説における最も支配的なフレームである。

「日本光明論」は、従来の論法の多くを引き継いでいる。一つは「支配の正当化のための見下し」である。「合併」を正当化する文脈で使われる「日本光明論」が、その一バージョンであることは言うまでもない。「併合」を救済として表象し正当化するために、朝鮮の歴史は常闇でなければならない。したがって、常闇ではないことを示す史実が「併合」の言説に組み込まれることはない。

「日本光明論」が引き継いでいるもう一つの論法は、「朝鮮人の消去」である。紹介してきた社説は全て、「併合」が朝鮮人にとって望ましいことだと論じ、日本人の統治は朝鮮の人民にとって「幸福」「慶福」「福音」なのだと、言葉を変えながら同じ主張をする。「併合」の正当化言説は、「語る朝鮮人」を消去しているだけではない。「日本に感謝する朝鮮人」を創り出している。「朝鮮人の消去」から「朝鮮人の創造」へと、より独善的なフレームになっている。

前述の「社会的ダーウィニズム論」も、「併合」を正当化する論理として多用されている。シリーズ「合併せらるべき韓国（一）」は、「人情よりすれば、弱者は何となく憐れむべく、強者は何となく憎むべし故に、弱肉強食の四字を見るときは、あたかも不正者が正者を虐待し、その膏血を絞りて、自ら肥やすごとく聞こゆれど、強者の栄え、弱者の衰うるは自然の理法」だとし、「弱者の滅ぶるは強者の罪にあらず、弱者の性質自らしからざるを得ざる理由をあるに因れり」と論じる。「合併せらるべき韓国（三）」では、韓国が合併されるのは「自然の要求の出ずるもの」であり、「天為」だと論じる。

山中が言うように、「併合」に関する『朝日新聞』の社説や論評は、同情を強調する。「合併せらるべき韓国（二）」では、「併合」後の日本人は従来の感情を忘れて、朝鮮人を「愛撫」することになるだろうと述べる。注意すべきは、社説が強調する日本人の同情や愛撫が、朝鮮人の服従を前提としていることである。社説「同化の本は同情」で、日本人が朝鮮人に寄せる同情の具体的な形として例示されている「弔」と「憐」について述べている部分では、「恐るるところは、我弔と憐とを解せざるまでに堕落したるものあるのみ。又、我弔と憐とに抗するの頑者あるのみ」に続いて、「頑者には与うるに、死をもってせよ。権力と威力とはここにおいて用あり」と述べる。

「同化の本は同情」の同情論は、「同情に養わるればこそ、児女は最先に父母の言語を解し」とあるように、同情が同化のための有効な手段であるとの認識に基づいており、同化は日本語を含む日本の文化に朝鮮人が接近し、習得することを意味している。したがって、同化とは、朝鮮人が自らの文化を自ら葬ることにほかならない。また、自らの文化を葬ることを拒み、抵抗する者には、死を与えるという論である。「同化の本は同情」は、一見したところでは、「社会的ダーウィニズム論」の見方とは異なる「優しさ」や「愛」に基づく言説に見えつつも、実質的には、「社会的ダーウィニズム論」を土台にした言説である。

「併合」の正当化言説としての社説は、しばしば自己防衛的な論理を展開する。「合併せらるべき韓国（四）」では、「朝鮮常闇論」を展開するに際して、日本人（海賊）が朝鮮に対して被害を与えた「倭寇」を持ち出し、豊臣秀吉の朝鮮侵略が朝鮮衰亡の基だとする説があることまで紹介している。そのうえで、それらよりも断然に有害なのが、朝鮮の貴族だと論じる。「倭寇」に対して「国寇」なる概念を創作して貴族に適用する。社説「合併の責任」では、「日本光明論」を展開したあと、「日本人は裁判上において既にすこぶる韓国民の信頼を得たるごとくなれども、その他の点においてはなお大いに誤解せられおるものと考えざるべからず」と述べる。社説では、「併合」に際して日本人が「戦争に勝ちたらんがごとく軽喜浮動」することを戒めているが、★17その理由は、「単に韓人の猜疑を招くのみならず」、列国に対しても「聞こえ」が好ましくないからである。ここで言う「韓人の猜疑」とは何か。社説の冒頭に「併合」が「往時戦国時代に見たる侵略の意にあらず」とあることから、「併合」＝侵略だという疑いのことを言っているとわかる。

以上の社説は全て、「併合」や日本に対して向けられると想定される朝鮮人の批判や非難のまなざしをあらかじめ提示したあと、すぐにその見方が無効であると示す形をとっている。朝鮮人の日本への批判的なまなざしは、朝鮮人の認識不足（倭寇より「国寇」の方がひどいことがわかっていない）か、誤解（裁判制度以外の日本の統治も信頼に足るものであることがわかっていない）、猜疑（「併合」が侵略ではないことがわかっていない）によるものに過ぎないとして退けている。

歴史的事実としての倭寇の主体に関しては、様々な議論があるにしても、「併合」を「倭寇」と同一視する主旨が「併合」を侵略と見なすことである以上、これも含めて「朝鮮人が考えがちなこと」としてあげられていることは、全て朝鮮半島における日本の現実であり、誤解や猜疑ではない。社説は、朝鮮人の認識能力の欠如に還元することで、「併合」が侵略の完成である現実を否定しているのである。この自己防衛的論理も、「支配の正当化のための見下し」の形を取っている。支配を拒む朝鮮人がいる限り、支配の正当化論理は、必然的に朝鮮人を見下す論理たらざるをえないのである。

二　社説、報道記事、「現場の現実」

「併合」を「福音」や「自然の理法」として論じる社説の正当化言説は、朝鮮について語る言説空間を支配していたのだろうか。朝鮮人について語るもう一つの言説を、同時期の報道記事の動向から見てみよう。図3―1で確認できるように、「併合」条約が結ばれた一九一〇年以降では、朝鮮人否定語記事が大きく減っているが、完全になくなったわけではない。『東京朝日新聞』からいくつかの例をあげておくと、「朝鮮暴徒の豪語（門司）」（一九一〇年八月二六日朝刊）、「北韓に暴徒起こる」（一九一〇年九月一一日朝刊）、「暴徒千名来襲」（一九一一年三月二四日朝刊）、「馬賊猖獗を極む」（一九一二年四月一九日朝刊）、「北韓匪賊蜂起」、（一九一三年八月一六日朝刊）、「朝鮮暴徒起こる（一九一四年五月一八日朝刊）、「朝鮮暴徒残党蠢動」（一九一五年四月二八日朝刊）、「寺内総督襲はる　怪しき鮮人の賊」（一九一五年九月一日朝刊）などである。「併合」の年から独立運動の起きる一九一九年までの期間で朝鮮人否定語記事がないのは、一九一六年と一九一七年のみである。

「暴徒」の発生は、社説の「併合」正当化言説からすればありえない一方で、支配者と被支配者が無媒介的に接する現場である朝鮮半島の文脈からすれば必然であり、「併合」の現実を示す。併合「条約」の調印後で公布前という朝鮮社会が植民地と化す「臨界点」にあった一九一〇年八月二六日の報道記事「朝鮮暴徒の豪語」は、当局が全羅南道の暴徒二〇〇〇名を逮捕し、四〇〇名を有罪とし、一〇〇名を死刑に処し、三〇〇名を監獄に投じたと報じ、「これで平穏が保たれた」と述べた上で、「暴徒」の「巨魁」（首領）の一人について「驕慢なる彼は、我法官に対し無礼の言をなし、「何ぞ犬の如き者の裁判宣告を聴かんや」と豪語せり」と伝えている。記事は「巨魁」の面罵を驕慢さの現れとして表象している。しかし、そもそも「暴徒」の蜂起は、異民族の日本人が自分たちの「法」を「法」ならぬ武力にたのんで朝鮮に持ち込んできた不条理を正そうとした、朝鮮人の民衆闘争に他ならない。その民衆闘争が武力によって挫折させられ、異民族の「法」の名の下で一〇〇人の同志が殺されたとき、「暴徒」の「巨魁」とレッテル張りされた民衆闘争の統率者が、目の前にいる法官を犬にたとえることで、「法」の無法と無効を訴えたことに、何の不思議もない。「何ぞ犬の如き者の裁判宣告を聴かんや」という言葉は「巨魁」の「無礼」ではなく、朝鮮に押し付けられた不条理が生んだ言葉である。

「暴徒」をめぐる報道記事が言及するのは、朝鮮半島で起きた出来事だが、当局主体のプロットによって現場の文脈と必然性とを無化する報道記事は、現実を表象していない。その一方で、「併合」を正当化する社説との対比において、報道記事は現実として現れる。「朝鮮人は併合を喜んでいる」とする正当化言説からすれば、朝鮮人の「巨魁」の一言は、論理的にありえない。「我新裁判の新組織」を「光明」だと断言し、そのおかげで「韓国民」は日本に「信服」していると論じた社説「韓国合併」が掲載されたのは、「朝鮮暴徒の豪語」が掲載されたわずか二週間前である。

「併合」を正当化する社説と、当局主体のプロットで書かれた報道記事は、共に日本人から現場の現実を遮蔽する機能を果たしている。しかし、二つの言説は、相互に背反的である。あらゆる正当化言説においてそうであるように、「併合」をめぐる社説は、「併合」の正当化という言説の目的を隠すことによってのみ、正当化の機能を果たしうる。「併合」を正当化するためではなく、中立的な立場から現実を言語化した文章であると読み手が納得したとき、はじめて正当化が可能となる。しかし、朝鮮半島の「暴徒」を伝える報道記事は、社説の論理が「併合」を正当化するための理屈に過ぎないことを示してしまう。

したがって、相互に破壊的な言説の出現は、現場の現実に日本人が覚醒する機会でもあった。報道記事によって、社説が「併合を正当化するための理屈」に過ぎないことが暴露されるとき、報道記事のプロットにおける現実との乖離が遡及的に暴露される。報道記事のプロットの主体である当局の正当性の根拠が、失われるからである。現場の現実を遮蔽する二つの言説の相互背反性は、結果的に現場の現実を暴露する可能性をもつ。言説の「共食い」は、「巨魁」の一言が真実の言葉として響く社会への扉の前に、日本人を立たせていたのである。

もう一つの社会への扉が、実際に開かれることはなかった。なぜ開かれなかったのか。「併合」の公布があった頃の庶民の姿を、もう一度確認しよう。政府は、国民に祝賀会の中止を求めていた。仙台では、市会が各種学校で「合併」の祝賀会を開くことを決めたが、文部大臣から「絶対にこれを禁止す」と通牒を受けている（『東京朝日新聞』一九一〇年八月三〇日朝刊）。しかし、政府の意向を無視する形で、各地で祝賀会が実施されている。八月三〇日の『東京朝日新聞』朝刊の「日韓併合祝賀▽水戸の提灯行列」によれば、水戸では二九日の午前八時頃に「合併」の電報が達するや、三発の号砲が鳴った後、市中に国旗があふれ、夜には三〇〇〇のラッパが勇ましく吹かれ、当地の記者団と水戸市参事会員の引率のもとで、人々が火龍のように練り歩き、一一時過ぎに万歳三唱して散会したが、別の場所では数百発の花火が打ち上げられた、地方からも人が集まり、非常の賑わいを呈している、と伝えている。記事が示すのは国家機関以上に国家と強く一体化し、我々こそが国家であると誇る国民の姿である。

国家を内在化した身体にとって、報道記事が伝える「暴徒」は、自分自身に対して直接に攻撃をしてくる存在として現れる。そうである限り、「暴徒」を「鎮圧」する当局を、言葉によって正当化する必要はない。国家化した身体にとって、「暴徒」に晒されているのは朝鮮半島にいる誰かではなく、「我々」だからである。「鎮圧」は、どんな論理も不要な「自己防衛」として認知される。

「併合」の正当化言説において「暴徒」は論理的にありえないが、論理上のありえなさは、言説を字句通りに理解する合理的な個人においてのみ現れる。正当化論理をはじめから必要としない国家化した身体にとって、論理上のありえなさは、むしろ道徳上のありえなさとして現れる。「暴徒」は、道徳的にありえない暴力集団として現れるのである。報道記事が示す「暴徒」の暴徒ぶりをさらに強調し、彼らへの攻撃を促す犬笛の役割を果たす。

国家化した身体は、論理的にありえない「暴徒」を、道徳的にありえない「暴徒」と意味づけることで、社説と報道記事との共食いの可能性を消去する。国家化した身体による意味づけは、社説の正当化言説の矛盾に向けられるべき合理的批判を、朝鮮人「暴徒」への道徳的非難へと転換してしまう。国家化した身体が、もう一つの社会への扉に閂《かんぬき》をかけたのである。

三　朝鮮支配の欲望と朝鮮人への恐怖

「暴徒」の報道は、一九一〇年代後半から大幅に数が減る。[★18] 正当化言説からすれば論理的にありえず、国家化した身体にとっては倫理的にありえない「暴徒」の襲来が、しばらく休止していたのである。三・一独立運動は、その休止期間ののちに発生した。ありえないことが再来したのである。

社説は、三・一独立運動と、その後の間島を中心とした武装闘争とを、どのように論じたのだろうか。『東京朝日新聞』で独立運動と闘争を主題的に論じている社説は、一九一九年に三本、翌一九二〇年に一本が掲載されている[★19]（すべて『東京朝日新聞』）。一九一九年の社説は、三・一独立運動勃発直後の三月一三日の「朝鮮騒擾の善後（総督政治の改善）」と、運動から一か月半程が経過した四月一六日の「朝鮮の統治　鎮定後の方針」、運動から六か月が経過した九月四日「朝鮮爆弾事件」である。まず、内容も形式的な特徴も類似する一九一九年の三本について見ていこう。そののちに、一九二〇年の社説を取り扱う。

運動直後の社説「朝鮮騒擾の善後」は、冒頭で独立運動を「良風を避け、公安を害し、自ら進んで生命財産の安固を破らんとす」るものであり、「大勢を通ぜざる聵々《かいかい》者流の烏合」と断定する（「聵々者」は無知な人の意味）。騒擾が起きた原因は、「日清戦争の動機をなせる東学党の流れをくむ天道教に影響を受けたことと、「無知の鮮民が民族自決の世界的流行語に誘惑せられたること」だとする。「民族自決の世界的流行語」とは、第一次世界大戦末期にアメリカ大統領ウィルソンが主張し、戦後の講和条約の原則となった民族自決主義のことである。社説は、「自決の能力のあるものにして、はじめて自決すべし」とし、朝鮮に民族自決の資格がないと主張する。また、「併合」前より後の方が、「学事、衛生、生産、交通、警察等諸方面」において良好であることは、「いかなる愚昧の民」にもわかるはずと論じる。対策としては、物質文明の開発以外に「鮮人の思想信仰に着目し、これを適度に指導すること」が肝要だとする。

社説「朝鮮の統治　鎮定後の方針」も、「朝鮮騒擾の善後」と同様に「騒擾」の発生は、「過激思想の蔓延と、民族自決主義の唱伝」に促されたものだとする。過激思想とは、社会主義や共産主義の思想のことである。「朝鮮の統治　鎮定後の方針」は、「併合によって、日本の法律に守られ、悲境を免れ、安んじて生命財産を全うし、教育、財政、交通、〔……〕の整備と共に、人類生活の幸福を享受したる」にもかかわらず、「言うに道をもってせず、行うに■を破り、恣《ほしいまま》に凶器を携え、官衙に放火し、官人を殺傷する等、人道を破るの行為を逞しうする」と「騒擾」を非難する。★20 対策として「兵をもってするは止むべからざる」とし、鎮定後は何よりも同化を進めることが大事だと論じる。その際、日本人が朝鮮人を劣等視し、疎外する傾向があり、同時に「新付の民」（新しく「日本人」になった朝鮮人）には「嫉妬の性」があるから、両者の心がけが大事であり、「精神の交歓」が必要だと説く。

社説「朝鮮爆弾事件」は、新任の朝鮮総督の斎藤実が「京城」に到着するや否や、爆弾を投じられた事件について論じるものである。社説は、事件を「鮮人独立陰謀団の仕業」と表現し、社説の二週間ほど前の八月一九日に出された「朝鮮総督府官制改革ノ詔書」の「其ノ民衆ヲ愛撫スルコト一視同仁、朕ガ臣民トシテ秋毫ノ差異アルコトナク」を含む部分を記したうえで、斎藤新総督の施政が「一視同仁の大御心」に沿うかどうかはまだわからないのに、「これを待たずしていたずらに総督を■さんとするは、一視同仁の徳澤を解せざる兇■悖徳の行為」であり、こういう人間たちは「官制」がどう変わろうと、新しい総督が「文官にしてかつ平等主義者」であろうと、「百尺竿頭一歩を進めて」とことん「独立を企てんとする」に違いないと述べる。また、「併合」から一〇年の間で、諸方面において朝鮮人が「幸福を享受し、文明の恵沢を蒙れる履歴」を振り返れば、「独立が幸福か、非独立が不幸福か」は、論じるまでもないにもかかわらず、「軽浮陰険な思想」に踊らされて愚行に走れば、結局、「四千万鮮民の運命を悲境に導くものなるを知らざるか」となじる。

三本の社説が、従来の社説の特徴的な論法を引き継いでいることは明らかである。三本の社説は、大規模な示威行為と爆弾投下が、朝鮮人の無知や乱暴さ、軽薄さなどの民族の劣等性と、民族自決主義や「過激思想」の「蔓延」という外部の要因とによって生み出されたと主張する。朝鮮人を貶める目的が、支配の正当化論理の破綻を隠蔽することにあることは明白である。朝鮮人の民衆が路上で独立万歳を叫ぶ三・一独立運動は、日本を光明とする表象が日本人の妄想であり、支配の正当化のための理屈に過ぎないことを白日の下に晒している。だからこそ、三本の社説は、日本が施した恩恵と朝鮮人の忘恩を強調する。日本のおかげで自分たちが幸福になっていることがわかっていない存在として、朝鮮人を表象するのである。社説の書き手は、破綻している支配の正当化論理をなおも維持するために、朝鮮人に対する神の地位に自らを位置づけている。

社説「朝鮮爆弾事件」には、独立運動が「四千万鮮民の運命を悲境に導くものなるを知らざるか」という記述がある。「四千万鮮民の運命を悲境悲境に導く」主体は治安当局であり、「知らざるか」の文句は独立運動家に向けられている。当局の代理人として「当局が朝鮮人を酷い目にあわせるぞ」と運動家を恫喝しているのである。この記述は、社説が朝鮮社会や朝鮮人に関する考察であるよりも、朝鮮人への命令であることを露呈する。社説は、「日本は朝鮮人にとって光明である」とは言っていない。「朝鮮人は日本を光明だと思え」と言っている。

一九二〇年に独立運動や闘争について論じた社説「朝鮮統治の根本義」（『東京朝日新聞』一一月一六日朝刊）は、「暴動」が続く中で今後の朝鮮統治のあるべき姿を論じる内容である。冒頭で、朝鮮人の内地人に対する見方が三・一運動以来、悪化していると言われる中で、「不逞鮮人の妄動」は、「文化政策」の結果であり、威力をもって臨むべきだとの考えも出されているが、それは「民心に対して永久に怨念」を残すことになるので反対すると述べる。「文化政策」（または「文化政治」）とは、三・一独立運動を受けて、新しく朝鮮半島で実施されることになった政策であり、三・一独立運動の発生の原因が、それまでの武断政策（武断政治）にあるとの認識に基づき、憲兵制度の廃止など、威圧的な政策からの転換を図ったものである。社説では、時代の流れに照らして、かつての武断政策は不可だとし、斎藤実総督が文化政策をあくまで維持すると言明するのは当然だと論じる。そして、当局が、内地延長主義によって、朝鮮を内地と同様の制度を有する「不可分的領土」にする意向であることを紹介する。内地延長主義とは、同化政策の具体的な方策として位置づけられるもので、一九一九年の八月に斎藤実が朝鮮総督に、水野錬太郎が政務総監に就任した際に、当時の原敬首相が二人に朝鮮統治の指針として示したものである。

社説は、内地延長主義を紹介した上で、同化主義を批判し、別の政策を支持する立場もあると論じる。別の政策とは、「植民地のことは彼らをして、自らこれを処理」させるイギリス式の自由主義的植民政策である。「我国」においても自由主義的植民政策に共鳴する者がいるが、カナダのように事実上の独立をもたらす「危険」があるため、内地と「一衣帯水」の位置関係にある朝鮮に対しては、自由主義的政策よりも、内地延長主義に理があると主張する。ただし、内地延長主義をとるにせよ、朝鮮は「三千年来の歴史を有する」ので、性急に同化を求めれば統治は失敗に終わる。したがって、ある程度は英国式の自由主義的政策を取り入れ、朝鮮固有の風習や制度を尊重し、「なるべく彼らをして朝鮮のことに参与」させるべきである。すなわち、同化は、朝鮮人の意志を尊重し、その幸福を祈念し、機会の均等を与えることによって達成されるものなので、「文化の発達」を待って参政権を与え、帝国議会に代表者を送らせるべきだとする。最後に、「もし、鮮人なるの故をもって、参政権と官職を得ることをあたわず、また教育と言論の自由を許されずとすれば、彼らの前途は暗黒のみ。かくのごとくにして、反抗的精神を抱かざる者、果たしていくばくかある」と論じ、内地人と同一の権利を与えないままに、「独り本国に対して忠誠を強うるがごとくんば、朝鮮の統治は畢竟、悲惨なる失敗におわらんのみ」と結ぶ。

日本でイギリス式の自由主義的植民政策に共鳴する者とは、誰のことを指しているのかについての具体的な言及はないが、当時の代表的論者が、京都大学教授で植民地政策学の権威である山本美越乃であることは間違いない。山本は、三・一運動を受けて書かれた「朝鮮統治の根本問題」で、「植民地議会と植民地責任内閣を二本柱とする「植民地としての完全自治化」をめざす」[★21]「自治主義」政策を根本にすえるべきだと論じている。社説の主張は、自由主義的植民政策である自治主義を部分的に取り入れた、内地延長主義的な同化主義をとることが望ましいとするものである。

武断政治への回帰に反対している点や、朝鮮人に参政権や教育、言論などに関して内地と同じ権利を付与すべきと主張する点、同化を主張しながらも文化の独自性を尊重し、拙速な同化を戒めている点など、社説「朝鮮統治の根本義」の論点の多くは、一見すると過去と異なり、進歩的に見える。しかし、「朝鮮統治の根本義」が、従来の言説上の特徴を引き継いでいることも確かである。

社説「朝鮮統治の根本義」が、内地延長主義を主張するのはなぜか。朝鮮を「不可分的一部となすをもって、両国の幸福なりと信ず」からである。朝鮮の幸福を朝鮮人の代わりに一方的に語るのは、相変わらずの「朝鮮人の創造」である。また、この一文が、具体的には朝鮮が独立すれば不幸になるという意味である以上、「日本光明論」と「朝鮮常闇論」の反復である。注意すべきは、朝鮮半島の現実を正反対に表象するこの一文こそが、他の文章を支えていることである。朝鮮を不可分の一部とすることが「両国の幸福なりと信ず」の一文を疑った読み手には、文章の他のすべての部分が空々しくなる。

社説「朝鮮統治の根本義」には、タイトルとは裏腹に、日本による朝鮮統治の目的や理由、意義は何も書かれていない。[★22] 目的などの議論が不在のままに、日本による朝鮮統治の改善策が論じられている。「朝鮮統治の根本義」において、朝鮮統治は至上命題なのである。進歩的な政策の提案は、朝鮮人の独立運動に応じるものではなく、独立運動が再び起きないようにすることで、朝鮮の統治を持続するための方策に他ならない。

社説「朝鮮統治の根本義」のベクトルを決めているのは何か。朝鮮半島に日本の総督府がなければ、総督に爆弾を投げる朝鮮人はいない。朝鮮から日本が撤退すれば、問題は即座に終わる。この最も根本的な解決法をはじめに拒み、論外としていること[★23]から、朝鮮人の激しい抵抗を前に新しい政策の提案がなされている。ベクトルを決めているのは、朝鮮を「日本のもの」として所持し続けようとする欲望であり、独善的な執念である。

朝鮮所有の欲望が、記事や社説の書き手の心に実体的に存在するかどうかは問題ではない。問題は、言説そのものがメタ・メッセージとして欲望を語っていることである。朝鮮は日本のものであるというメタ・メッセージを受け取らなければ、社説「朝鮮統治の根本義」の言説は空騒ぎである。書き手と共に朝鮮を朝鮮人の下に返すことを拒むことで、「朝鮮統治の根本義」は、意味のある言説たりえる。

朝鮮人否定語を用いた全ての報道記事と、支配の正当化が目指されている社説とにおいて、常にすでに最も重く響いているのは、朝鮮所有の欲望である。国家化した身体は、新聞の言説を通して、朝鮮所有の欲望を自らのものとして内在化した身体である。朝鮮所有の欲望を内在化した身体の前に、朝鮮人は、同じ国民であるが、「我々」の手の中にある「所有物」として現出する。「所有物」としての朝鮮人は、「暴徒」「不逞鮮人」だとしても、単に恐ろしく危険な存在であるだけではない。「恐ろしいが、恐れるに足らない相手」であり、「恐ろしいが、恐れてはいけない相手」である。論理的には矛盾した存在の形態である。しかし、知的な理解においてて生じる論理的矛盾が、生理的な反応を示す身体的な次元でリアリティを失う訳ではない。恐れるに足らず、恐れてはならない鬼が登場する民話は、民衆に深く浸透している。民話において、人間以下で獣以上の存在である鬼が登場したあとには、鬼を前に恐れてはならないと自ら鼓舞する英雄が現れ、退治をする。

国家を内在化すると共に、国家の朝鮮所有の欲望をも内在化した一群の日本人の身体の間で朝鮮人が鬼になったとき、関東大震災の惨禍は、すでに予告されていたのではないか。

第五節　まとめ

本章の分析と考察は次のようにまとめられる。

第一に、朝鮮人否定語記事は、第一次の義兵が「火賊」「暴徒」と印付けられた一八九六年から、第二次の義兵が「併合」の直前に再び大規模な武装闘争を展開した一九〇八年頃までの一〇年強の間に特に多い。「併合」から数年の間は、実数も割合も激減するが、武断政治下にあった一九一九年に三・一独立運動が勃発し、独立闘争が盛んになると、当局への服従を拒む朝鮮人が「不逞鮮人」として印付けられたことで、朝鮮人否定語記事が再び増加する。「暴徒」がいったん消えたあと、今度は「不逞鮮人」として新聞に「再来」したことで、帝国の侵略性を隠蔽するレッテルである「不逞鮮人」を朝鮮人の本質と捉える態度が形成されたと考えられる。

第二に、報道記事について二点が指摘できる。まず、朝鮮人否定語記事は、朝鮮人の抵抗運動の背景をなす日本の侵略という現実を無視して、「暴徒の蜂起」としてのみ報じていた。報道記事は、「朝鮮人暴徒が暴れるのは、暴徒だからである」というメタ・メッセージを送り続けたのである。次に、報道記事は、「暴徒の蜂起」「日本人の被害」「軍による鎮圧」の当局主体のプロットで定型化していた。関東大震災時の日本人は、自らの行為を正義と見なして、朝鮮人に暴力をふるっていた。当局の視点に飛躍し、同一化することによって、にわかに朝鮮人への暴力の意志をもつ子供もいた（第一章第五節第一項参照）。関東大震災時の暴力は、報道記事における当局主体のプロットを「実演」している。反復されてきた報道記事が、「不逞鮮人」に対する攻撃的な態度を準備してきたと考えられる。

第三に、「併合」以前から関東大震災発生までの間、朝鮮について論じる社説において繰り返し使われてきた論法は、朝鮮人の言葉を無化する「朝鮮人の消去」と、朝鮮人の無知や未開性をあげつらう「支配の正当化のための見下し」であり、「併合」以降においては、書き手が朝鮮人の代わりに朝鮮について語る「朝鮮人の創造」や、日本を朝鮮に対する光明として、朝鮮を闇として表象する「日本光明論」と「朝鮮常闇論」だった。これらの論法は、差別言説に他ならない。注意すべきは、社説における差別言説が、支配の正当化のために用いられてきたことである。朝鮮を支配するためには、国民の支持を調達する必要から、正当化の論理が必要である。しかし、朝鮮人による抵抗は、時期によって増減したとはいえ、根絶することなく持続した。正当化の言説は、朝鮮半島における現実によって、真実性が否定されてきたのである。朝鮮人への差別言説は、正当化言説を否定する現実を、再び否定するために生み出されてきたと言える。

第四に、一九二〇年代の進歩的な朝鮮人政策の提案も含め、大多数の朝鮮をめぐる言説のベクトルを決めたのは、朝鮮所有の欲望である。朝鮮所有の欲望を内在化した身体の群にとって、朝鮮人は恐ろしいが恐れるに足らない鬼と等価的な存在になる。朝鮮人避難者を探し出し、暴行し、殺害した自警団は、ときに公然と勝鬨の声をあげていた。自分たちを鬼退治の英雄であるかのように位置づけていた日本人の身体を産出した最も基底的な要因として考えられるのは、朝鮮所有の欲望である。

★1 「併合条約」の「併合」は、締結当時から大韓帝国と大日本帝国の両国に合意によって一つの国家になったという意味で使われていた。手続き上は合意の形式であるが、実態は日本が武力行使とその威嚇を通して条約に調印させたものである。

★2 朝鮮の国号が「大韓帝国」だった一八九七年から一九一〇年の「併合」までの期間中の日本の新聞は、原則的に「韓国人」または「韓人」と記している（序章★1参照）。朝鮮語否定語記事には、「韓国人」または「韓人」に関する記事も含めている。

★3 外村大（二〇一二）「日本における朝鮮人危険視の歴史的背景――関東大震災時の朝鮮人虐殺の前提とその後」『日本学』（韓国・東国大学校文化学研究院日本学研究所）第三二輯、一〇七―一三六頁。

★4 見出しに「朝鮮」または「韓」の語があり、同時に「賊」「暴徒」「怪」「不逞」のいずれかの語がある記事を計算した。「賊」は、「賊を斃す」（一九〇八年一〇月二九日）のように単独で使われる場合もあるが、「賊徒」「火賊」「馬賊」「匪賊」と熟語で使われるケースがほとんどである。「馬賊」は、通常は中国東北部の中国人の「賊」を指しているが、朝鮮人と中国人が合流した「賊」を指している場合もある。「馬賊」は、朝鮮人と中国人が合流している場合のみ、朝鮮人否定語記事に含めている。

★5 割合は、次の仕方で算出している。まず、「朝鮮人」「鮮人」「韓人」のいずれかが見出しに使われている記事の年ごとの合計数をカウントする（①）。これでは「朝鮮人」という語を用いず、「朝鮮暴徒」という表現をしている場合に、朝鮮人関連記事の合計から漏れている。そこで、「不逞」「暴徒」「怪」「賊」の四つの否定語と「韓」または「朝鮮」が共に使われている記事の合計数をカウントし（②）、これを①と合算する。②には、「不逞鮮人」のように、否定語と「韓人」「朝鮮人」「鮮人」の複合語が使われている記事（③）も含まれる。③は、①にも含まれているので、①と②の合計から③を引く。これが朝鮮人関連記事の総数（④）である。朝鮮人関連記事の総数に対する朝鮮人否定語記事の割合は、④に対する②の割合である。なお、外村論文では見出しとキーワードで検索しているが、本書では見出しに限定して検索している。キーワードはサーバーが決めているが、判断の基準が不明だからである。なお、結果的にはどちらの方法で検索しても、傾向に大きな差は出なかった。

★6　あくまで見出しに否定語が使われている割合である。見出しにはないが、本文には否定語が使われている記事や、見出しにも本文にも否定語がないが、明らかに否定的に書いてある記事は含まれていない。それらを含めれば、割合ははるかに高くなる。

★7　「火賊」という語が見出しに使われている記事は、三二件ある（最後は一九〇九年）。「火賊」といっても、火器を使う訳ではない。朝鮮人義兵に対して当局が用いたレッテルの一つである。恐ろしさを強調するための命名であることは明らかである。

★8　新聞記事において判読不明の文字は■とする。適宜、句読点を補うこととする。

★9　事件は、前年に国王高宗をロシア公使館に移した親露派によって起こされた。

★10　アジア歴史資料センター（原本所蔵：国立公文書館）A01200759500『宣戦ノ詔勅』参照。日清戦争については海野福寿（一九九二）『日本の歴史　日清・日露戦争』集英社、参照。

★11　三・一独立運動の際の『独立宣言書』のみならず、『朝鮮革命宣言』や『大韓独立宣言書』など諸々の独立宣言書に日本がおかした「詐欺」や「罪」がしばしば指摘されている。念頭にある事柄

のひとつが本文で指摘した二枚舌である。「朝鮮革命宣言」は박한용（二〇〇〇）「혁명의 길은 파괴부터 개척할지니라――신채호의「조선혁명선언」」『내일을 여는 역사』（제1호）六一―六七頁参照。「大韓独立宣言書」は조철행（二〇〇一）「육탄혈전으로 독립을 완성할지어다――조소앙의「대한독립선언서」（일명 무오독립선언서）」『내일을 여는 역사』（제5호）一一五―一二一頁参照。

★12 本書では、大日本帝国による朝鮮への侵略（一九世紀末から一九一〇年）、「併合」（一九一〇年）、総督府による統治の上位概念として、朝鮮の支配という概念を用いる。

★13 条約の名称は「韓国併合条約」であるが、『大阪朝日新聞』と『東京朝日新聞』では、基本的に「合併」という言い方をしている。

★14 山中速人（一九九三）「エスニック・イメージの形成と近代メディア（2）――近代日本の新聞メディアにおける朝鮮人イメージの形成過程（戦前期）」『放送教育開発センター研究紀要』第八号。

★15 山中速人（一九九三）前掲論文、九六頁。

★16 山中速人（一九九三）前掲論文参照。

★17 政府の制止にもかかわらず、一般の日本人が各地で狂喜していたことはすでに述べたとおりである。

★18 「暴徒」記事の減少は、「武断政治」のもとで実際に「暴徒」が押さえ込まれていたこと、国家の新聞社への干渉により朝鮮人否定語事が統制されたことが原因として考えられる。

★19 一九二〇年には、本文で取り上げる「朝鮮騒擾の善後（総督政治の改善）」のほかに、「反抗一点張りの行動」をとる社会主義者を批判する中で、過激化が朝鮮の独立運動にも見られるとする「過激主義的心理」（『東京朝日新聞』八月三〇日朝刊）と、琿春で朝鮮人とロシア人が「混入」した馬賊によって領事館と居留民が襲われたとする「琿春事変」について、根本的な問題は「不逞鮮人」であり、彼らの帰順政策が必要だとする「琿春事変善後策」（『東京朝日新聞』一〇月七日朝刊）が掲載されている。なお、「琿春事変」（琿春事件）は、間島の朝鮮人独立運動を壊滅させる軍事行動の口実を得るために、日本軍が馬賊に領事館などを襲撃させたものであるという説もある。

★20　朝鮮人の日本人への暴行として列挙されているのは、独立のための非武装の平和的な示威活動を日本が武力で鎮圧した結果として生じた憲兵や警察に対する攻撃である。

★21　山本有造（二〇〇〇）「植民地統治における「同化主義」の構造——山中モデルの批判的検討」『人文学報』（八三）六一—六三頁。

★22　社説では「併合せし日鮮共存の大義」を「根本義」と呼んでいる。

★23　三・一独立運動を受けて、七月中旬から始まり、全一〇回に渡り連載された特集「朝鮮総督政治について　武断政治の真相」では、「騒擾」は武断政治によって引き起こされたとして、武断政治を徹底的に批判し、朝鮮にいる日本人による朝鮮人に対する横暴な振る舞いについても厳しく批判をする内容となっているが、第一回（七月一九日）では、朝鮮から手を引くという選択肢は論外であると論じている。「朝鮮民衆がいかに蠢動、妄挙すればとて、朝鮮に対する帝国の主権は確乎不抜にして永久変わることなきは勿論である〔……〕」。この前提の上で武断政治を批判し、民衆の横暴を批判しているのである。

第四章　非常事態収束後の朝鮮人犯罪流言についての社会的認知

関東大震災後の非常事態が沈静化したあとの日本人は、生活の場で行われた殺害を含む朝鮮人への敵対行動に対し、どのようなまなざしを向けていたのだろうか。また、朝鮮人犯罪流言の嵐と共に、朝鮮人をめぐる妄想も消え去ったのだろうか。

本章では、非常事態収束後に流言と敵対行動がどのように表象されていたのかを検証する。第一節は、流言と敵対行動に関する新聞の論調に焦点を当てる。第二節は、日本人に殺害された朝鮮人のための、朝鮮人自身による追悼会について書かれた記事と、朝鮮人を救った日本人について書かれた「美談」記事を扱う。第一節と第二節が、新聞の言説を対象とするのに対して、第三節と第四節は、庶民の言説を対象とする。第三節は、震災の翌年に発行された作文集『震災記念　十一時五十八分』を取り上げ、第四節は、震災から七年後に発行された『十一時五十八分　懸賞震災実話集』を取り上げる。本章は新聞言説と庶民の言説の分析を通して、流言と敵対行動、そして朝鮮人をめぐる集合的な認識や記憶が、時間の経過と共にどのように変容し、また変容しなかったのかを明らかにする。

第一節　災害直後の新聞

新聞が流言と敵対行動を本格的に検証するようになるのは、一〇月二〇日の朝鮮人関連記事の解禁日[★1]以降である。解禁以前の流言と敵対行動に関する新聞記事は、各々の記事の間に矛盾をはらみつつも、全体としては批判的な論調へと漸次的に移行している。第一項で解禁日以前の記事を確認したあとで、第二項で解禁日以降の記事を基に、流言と敵対行動に対する新聞による事後の検証について再検討する。

一　震災の渦中における報道記事

発災から数日間の新聞記事は、朝鮮人犯罪流言を事実として伝える誤報がほとんどである。[★2]

九月三日の『東京日日新聞』朝刊は一面トップに「不逞鮮人各所に放火し、帝都に戒厳令を布く／三百年の文化は一場のゆめ／ハカ場と化した大東京」との三段の見出しを出している。同じ面に「鮮人いたる所／めったぎりを働く／二百名抜刀して集合／警察官と衝突す」との二段の見出しと、「日本人男女十数名をころす」「横浜を荒らし本社を襲う／鮮人のため東京はのろいの世界」という見出しが出ている。本文も「彼等は日比谷公園ににげこみ、十数名の一団は時《ママ》の声をあげて、ここにヒナンしている老幼男女を脅かし、各所に悲鳴起り、相いましむる声と思う呼笛の声鳴り響き、おどろくべき呪いの世界を現出した」と、きわめて扇情的である。警視庁により朝鮮人関連記事の掲載禁止措置が取られた[★3]のは、同日のことである。

翌四日以降は、流言と自警団の行為を批判的に伝える記事が徐々に増えていった。しかし、全面的に変わったわけではない。朝鮮人が「呪いの世界を現出した」と断言した『東京日日新聞』は、その後も訂正を出していない。

『東京日日新聞』は、九月四日に「不逞鮮人よりも不逞邦人」という記事を出している。「不逞鮮人の放火暴行は戒厳令の布告及び自衛団の警戒厳重となるに従い、漸次下火となり、彼等ももはや■■■■る能わず、ヒナン民にまぎれ込み地方に逃れんと■■車内で続々逮捕されている。情況以上の如くなるをもって、不逞鮮人に対する警カイはもはや心配を要せず」。戒厳令と「自衛団」（自警団）の警戒が功を奏して、「不逞鮮人の放火暴行」は下火になったとする内容で、「不逞鮮人よりも不逞邦人」の見出しとは裏腹に、流言のみならず、自警団の活動も肯定している。同一紙面に、警備中の自警団が、「鮮人」による放火および「猫いらず」（殺鼠剤）の「井水」への投入現場を取り押さえたとの事実無根の記事も出ている。この時期の『東京日日新聞』の記事は、明らかにマッチポンプ式である。

九月七日に当局が流言に関して明瞭な警告を出した後は、自警団を問題視する記事が増えた。『東京朝日新聞』には、「自警団の脱線　誤認や同士討やらで各所に殺人頻発　検事局活動を開始す」（九月一八日）、「人騒がせに自警団員の放火　鮮人だ鮮人だと流言し二十日夜已に収監さる」（九月二二日）、「自警団員巡査を殴る　鉄棒で重傷す」（九月二九日）、「自警団十名収監さる　殺人騒擾罪」（一〇月九日）などの記事が出ている。『東京日日新聞』は、「興奮し過ぎて自警団員の殺人　収監された者多数」（九月一八日）、「憲政会の書記を自警団突殺す」（九月二二日）、「自警団また暴行を働く　通行人を殴打」（九月二四日）などの記事を掲載している。

これらの記事に、朝鮮人を対象とした殺傷事件は記されていない。記されているのは、団員同士のもめごとや、日本人の巡査や通行人などを「不逞の徒」と間違えて殺傷したり、団員自らが放火したりした事件に限られている。二次的で結果的な日本人の被害のみを記しているのは、さしあたって朝鮮人関連の記事が一括して禁止されていたためだと考えられる。

二　流言と敵対行動についての社説の検証

記事解禁日の一〇月二〇日に「不逞鮮人による犯罪」の調査結果が発表されると、新聞が朝鮮人犯罪流言を再び事実として扇情的に報じたことは、すでに述べた通りである。四半世紀をかけて朝鮮人犯罪流言を「準備」した新聞は、[★5]ターニングポイントの時期に流言を冷凍保存する役割を担ったのである。役割を担ったのは、主に報道記事である。

では、社説は、流言と敵対行動をどのように論じていただろうか。『東京朝日新聞』は、解禁前にも、自警団の活動について二度社説で扱っている。禁止期間中だったため、朝鮮人についての直接的な言及はない。九月二〇日の社説「自警団について」は、自警団の存在そのものは緊急時ゆえに正当なものだったとしつつ、「風声」にいたずらに驚き大騒ぎをしたことや、無用に通行人を誰何したこと、凶器を所持し遊戯気分で逮捕したことなどをあげ、自警団の方法と組織運用には欠陥が多いと指摘し、「その分限を忘れてはならない」と忠告している。九月二二日の社説「法治国の精神」は、未曾有の災害であっても「法治国の精神」をもって対処することが必要だと説く。文明国として日が浅い日本は今、道徳的、法治的資格が列強の前で試されているのであり、そのことを自警団と国家は肝に銘じよと論じる。

報道解禁後は、各紙が朝鮮人殺傷事件に直接的に言及するようになる。『東京朝日新聞』は、一〇月二二日の社説「大殺傷後」で、政府は「大殺傷」について「民衆の兇暴」を責めるが、政府にも責任があるとする。震災時に保安を維持できなかった「直接的な責任」と、震災以前に政府当局が「反動思想団体」を庇護し、「暴力是認思想」を「放任—助長」してきた「間接的な責任」である。社説は、「思想善導」を唱導してきた当局が「尚武思想」を善導することを怠ったために、武士道が「低級化」し、歓談本の武勇伝などの影響により殺傷事件が準備されたのだと論じる。加えて、誤った愛国思想を軍隊教育で植えつけたことを批判する。自警団に現れた「民衆の兇暴」は、政府自身が増長させたとする批判である。社説は、封建国家が直ちに帝国主義的世界競争に突入し、日清日露戦争に勝利した日本の経緯から考えれば、やむを得ない面があるとしつつも、今後は「戦闘的国家概念」から脱却し、暴力思想を排斥する必要があると結ぶ。また、流言の責任も「不逞の徒」と「民衆の軽信」のみにあるとは思えないとし、軍隊と警察が「流言」の「取次ぎ」をしたために、拡散を助長したと流言の拡散についても政府批判を展開する。

一〇月二七日の『大阪朝日新聞』の社説「自警団の検挙」は、鮮人の中にも「不逞無頼の徒」がいて、泥棒などの軽微な犯罪はあったかもしれないが、当時、流言で伝えられていたような「大組織の聯絡ある所謂「不逞鮮人の暴動」なるものは全然跡形もない風説であった」と述べる。不逞鮮人は少なからずいるが、全部が不逞の徒ではない。また、万が一いたとしても、日本の軍隊の前ではまったく無力である。そうであるにもかかわらず、流言を信じ、暴行へと至ったのは、「日本国民に沈着冷静の訓練を欠き、非常時に際して常識を失わざるの用意が足りなかった証拠」だとする。自警団の行為が正当防衛の範囲を超えていたことは明らかであり、その「誤りたる愛国心」は、むしろ国家を誤らせると論じる。

年明けの一九二四年一月一五日の『東京朝日新聞』の社説「流言蜚語の責任」は、九月三日に内務省が海軍東京無線電信所船橋送信所から各地方長官宛に「朝鮮人が不逞の行動をしようと、東京市内で現に放火をしている」と電文を出したことなどをあげ、「官憲の誤断に基づく通牒命令」が流言の拡散を招いたとする。★6 しかし、「お上の命令を信じて行いし」自警団は、「予期したる恩賞の代わりに不測の刑罰を賜って牢屋に繋がれている」一方で、原因を作った当時の内務大臣も警視総監も、今再びその職に就いていると批判し、当局者は事態を明らかにし、責任をとるべきはとらねばならないと主張する。『東京朝日新聞』は、この問題について二度にわたり政府の責任を追及している。

『大阪毎日新聞』は、一〇月二一日に社説「鮮人殺害事件」を掲載している。社説では、自警団による朝鮮人殺傷は流言を信じたために「抑え難き復讐心に煽られて理知を失った結果」であるから、斟酌する動機があると言えなくもないが、この件は、国民の一部に動機が純粋であれば、理知の力を働かさずともよいとする「簡粗単純」な考えの持ち主がいることを示しており、「鮮人殺し」は、理知を軽視し「動機一点張り」に猪突した最悪の例だと論じる。そして、朝鮮人犠牲者には、「何の辞をもって之を弔し、何の辞をもってその遺族を慰すべきかをさえ知らない」と哀悼の意を表明し、「震災と共に我等はこの痛恨事を経験せることを深く悲む」と結ぶ。『東京日日新聞』は、九月三日に流言を事実として伝えた自社の責任は看過したまま、『東京朝日新聞』の国家責任論とは対照的に、民衆の責任に重きを置いている。

『読売新聞』の一〇月二二日の社説「鮮人暴動事件」は、司法省の発表した犯罪をめぐって、「これ鮮人の凶悪はもとより憎むべき」と論じる一方で、その犯罪は政治的なものではなかったと記している。そして、「彼らは多く無教養な労働者などであって、あるいはその上に、乱に乗じていかなる罪悪をも[redacted]しない剽悍な性質の階級だったかもしれない」と、先入観に基づく憶測を述べる。そして、「我が国のセン人殺傷は、セン人の犯跡に比べては、あまりに大仕様に、執念深く行われた。〔……〕この凄惨な残忍性は、果たして日本国民に深く潜んでいる本質的なものであろうか」と問う。『読売新聞』も、民衆の責任に重きを置く形になっているが、「セン人の犯跡〔朝鮮人の犯罪の跡〕に比べれば」とあるように、流言発生直後の政府発表に端を発する「一部不逞鮮人が実際に犯罪をおかした」という流言の正当化のための流言を、行間で広めている。

一〇月二四日の『読売新聞』の社説「流血事件の考察」では、流血事件の根本原因は「主義者、鮮人、労農過激派の三角同盟が我が国に仇をなさんとするものであるとの恐怖観念」、すなわち疑心暗鬼だとする。そして、「鮮人主義者に果たして破壊的陰謀があったなら、これすなわち父母の家に放火する凶逆の徒と同然である。ただし、かかる不肖の子を産むに至ったのはその親、すなわちわが国の政治社会に大なる欠陥のあるためではないか」と問う。その一方で、流血事件の発端が震災にあった以上、人類の弱点としてなすすべがなかった事情は、「世界列強においても諒としてくれるはず」と述べ、官民のいずれに対しても、責任の追求にあたっては「手心が肝心である」と論じる。

以上、三社の社説を確認したが、朝鮮人への敵対行動については、基本的にすべての社説が自警団を批判している。しかし、自警団の暴走を促した要因に対する見解は、一様ではない。暴力主義的傾向を助長してきた間接的な責任を含めて、国家の責任を問う言説がある一方で、冷静さの欠如や、残忍さなどの、民衆の性質に問題の根を見出す文化論的言説もある。流言についても、全ての社説が批判的なスタンスに立っている。しかし、拡散を引き起こした原因をめぐっては、政府の責任を重視する言説がある一方で、民衆の社会的心理に焦点を当てる言説があるなど一様ではない。

流言をめぐる社説は、次の二点において共通の枠組みで論じられている。一点目は、「大殺傷」「流血事件」などと呼ばれている敵対行動の誘発を問題視しているのであって、流言それ自体を問題視しているわけではないことである。朝鮮人犯罪流言は、仮に敵対行動が後続しなかったとしても、それ自体がすでに朝鮮人の尊厳を破壊する言葉の暴力であり、象徴的殺人である。創刊時から地震発生までのおよそ三〇年にわたり、「暴徒」や「不逞鮮人」などの朝鮮人否定語によって象徴的な朝鮮人殺しを無自覚に反復してきた新聞が、非常事態下の朝鮮人犯罪流言における言葉の暴力の問題を自覚することはなく、破壊された朝鮮人の尊厳の問題を顧みることもなかったのである。命を失った「朝鮮人犠牲者」への哀悼の意を示す社説はあっても、朝鮮人に汚名を着せ、朝鮮人の尊厳を破壊したことに対する罪の意識を表明する社説は一本もない。

二点目は、朝鮮人に対する暴力を論じながらも、流言と敵対行動が他ならぬ朝鮮人を標的にした背景や原因を論じていない点である。最後に紹介した『読売新聞』の社説「流血事件の考察」は、「主義者、鮮人、労農過激派の三角同盟が我が国に仇をなさんとするものであるとの恐怖観念」に言及しているが、朝鮮人への「恐怖観念」の由来は不問にされている。「恐怖観念」が、朝鮮所有の欲望に根差す支配関係が転覆される恐怖である以上、「恐怖観念」の内実は、日本人の身体に書き込まれている。社説「流血事件の考察」は、朝鮮人に対する暴力を事後に検証しつつも、誰にとっても最も近くに存する身体を素通りして振り返る言説である。この言説構造は、致命的な結果をもたらしている。流言と敵対行動が、明治以降の帝国日本の朝鮮に対する諸政策と、それを正当化するための諸言説の植民地主義的実践との結果であるという自明の理に気づく機会を奪ったことである。身体的な次元に潜在する自らの朝鮮観を内省し批判することをせず、誰もが知っているはずのことを公共的な言説空間で論じることをしなかったために、朝鮮人犯罪流言と朝鮮人への敵対行動の最も明白で決定的な要因である植民地主義の問題が、不問にされたのである。「この凄惨な残忍性は、果たして日本国民に深く潜んでいる本質的なものであろうか」という『読売新聞』の文化論的な問いほど、問題の核心から人を遠ざける問いはない。

『東京朝日新聞』と『大阪朝日新聞』の流言と暴行に関する記事は、一〇月二〇日の解禁以降の一か月の間に、およそ三〇本程度が掲載されるが、次の一か月は八本と減り、次の一か月は三本とさらに減る。そして、一九二四年五月四日の「八人の鮮人殺し　判決言渡　実刑は一人」（『東京朝日新聞』）を最後に関連記事は消える。検証の枠組が、象徴的な朝鮮人殺しと植民地主義的実践を不問にするものであった以上、わずか一〇か月足らずのうちに流言および暴行関連の記事が途絶えるのは、当然だった。当局も庶民も早々に流言と暴行について語るのをやめ、復興へと邁進していったのである。『朝日新聞』の「クロスサーチ」で、同期間中で「復興」を見出しのみで検索すると、およそ八〇〇件の記事が表示される。

第二節　追悼会と美談記事

『東京朝日新聞』は、記事解禁直後の一〇月二四日に、殺害された朝鮮人を追悼する朝鮮人自身による追悼会に関する記事を掲載して以来、追悼会に関する記事を一九二七年までの四年間にわたり掲載している。また震災一周年の一九二四年八月から一か月間、一九回にわたり連載された特集記事「震災記念　一年前を偲ぶ　隠れた功労者」のうちの三回で、朝鮮人を救った日本人の話を掲載している。追悼会と朝鮮人救済談をめぐる新聞記事の言説上の特徴を分析することで、朝鮮人への暴行に対する事後の認識を確認する。

一　追悼会

『東京朝日新聞』の追悼会の記事における、追悼対象者たる朝鮮人に与えている名称は、多様である（表4―1）。

「震災中非業の死を遂げた朝鮮同胞」①、「朝鮮人遭難者」②とあるように、追悼会記事では当初から、追悼対象者の朝鮮人が日本人によって殺害された朝鮮人である事実を不可視化する表現が使われている。①は、「震災中非業の死を遂げた朝鮮同胞」のための追悼会が開かれる日時と主催者が書かれているだけで、「震災中非業の死」については何も書かれていない。

表 4-1　追悼会の記事における朝鮮人の名称

	年月日	記事の見出し	朝鮮人の名称	備考
①	1923.10.24	朝鮮人の大追悼会	震災中非業の死を遂げた朝鮮同胞	追悼会開催の決定
②	1923.10.28	朝鮮人の追悼会	朝鮮人遭難者	追悼会告知
③	1923.10.29	同胞追悼に悲憤の鄭然圭氏	朝鮮同胞	弔辞朗読阻止をめぐる混乱
④	1923.10.29	涙を隠して横死鮮人追悼会	横死鮮人	「涙の裡にも盛儀」
⑤	1924.1.17	集会(「虐殺鮮人追悼会」)	虐殺鮮人	追悼会告知
⑥	1924.3.17	日鮮人の追悼会 巡査警戒裏に悲憤の演説	日鮮人	警視庁の警戒
⑦	1924.3.18	追悼会の侮辱	震災犠牲者	論評
⑧	1924.8.23	鮮人団の追悼会 横死者の為め　警視庁目を光らす	不慮の横死	警視庁内鮮係の警戒
⑨	1924.8.26	震死鮮人追悼会	震災のため横死せる鮮人	追悼会告知
⑩	1924.8.29	集会(同胞鮮人追悼法要)	同胞鮮人	追悼会告知
⑪	1924.9.1	殉難外人の追悼会	朝鮮人外邦人大震災殉難者	幣原外相等の参列
⑫	1924.9.6	少数のお詫び 昨夜の鮮支人殺しの懺悔会		クリスチャン主催
⑬	1924.9.14	追悼会遂に解散を命ぜらる　物々しい警戒裏に開会した	震災当時あらぬ風説のために憐れ幽明を異にした同胞	解散命令
⑭	1925.9.21	鮮人追悼会遂に解散　中止又中止五名は検束	震死朝鮮人	追悼会中止
⑮	1926.9.29	鮮人追悼会の騒ぎ十七名検束	大震災で横死した鮮人	追悼会解散
⑯	1927.10.1	四十名を検束	鮮人震災横死者	追悼会解散

なお、「朝鮮同胞」の「同胞」は、朝鮮人から見た同胞の意味ではない。朝鮮人は大日本帝国の一員であり、帝国の臣民としての日本人の一員であるとするのが、「併合」以降の論理である。「朝鮮同胞」は、帝国の臣民としての日本人の同胞である朝鮮人の意味である。したがって、「震災中非業の死を遂げた朝鮮同胞」は、「非業の死」を、「我々日本人」がもたらした悲惨な事件としてではなく、「我々日本人」の一員が被った悲惨な出来事の一つとして表象している。②の「遭難」という言葉は、現代と同様に、当時も主に山や海で命に関わる危険に遭遇した場合に用いられている。山登りなどのレジャー時に危険に遭遇した際に使われることがあるのも、現代と同様である。②の記事も、追悼会の日時と主催者、参列予定者（水野練太郎内相が出席予定とある）が記されているのに留まる。②は、記事の書き手の意図がどうであれ、日本人が殺した朝鮮人を、災害後の一般の死者と同じ不可抗力の自然災害の被害者として表象している。不可抗力の自然災害や事故などによる死者と、人間の意志による死者とは、存在論的にも異質であり、常識的な規範意識においても、法システムにおいても、異質なものとして見なされている。両者の差異は、社会の成立の条件とさえ言える。①②の追悼対象者の命名は、社会の成立条件である差違を無化する「同等化」の操作[★7]であると同時に、語る存在として朝鮮人を否定する「朝鮮人の消去[★8]」でもある。

その後も「震災犠牲者」⑦、「不慮の横死」⑧、「震災のため横死せる鮮人」⑨、「朝鮮人外邦人大震災殉難者」⑪、「震死朝鮮人」⑭、「鮮人震災横死者」⑯と、殺害の事実の不可視化された表現が続いた。どの記事にも、殺害をされた事実は書かれていない。⑬は、「震災当時あらぬ風説のために憐れ幽明を異にした同胞を弔いたいという在京朝鮮人の希望はようやく達せられて〔……〕追悼会が行われた」とある。「風説のために」死んだという表現は、「風説」を信じた日本人により殺害された事実を消去しているが、消去が新聞社の一貫した方針の下でなされていることは明らかである。記事はこう続く。「演壇横には〔……〕『黒友会』と染めた黒旗と萎れた花を飾り壁の中央に「被〇〇同胞追悼会」と記した白布を掲げられてある」。〇〇の部分には、元々「虐殺」なり「殺害」の文字が入っていたことは明らかである。当局の圧力によるものと考えられるが、いずれにせよ、記事は一貫して、読者が殺害や虐殺の事実を想起したり、日本人の加害性を意識したりすることがない形で記述されているのである。

「虐殺鮮人」⑤と殺害された事実を言表化している名称が一例だけあるが、これは各種の集会についての告知コーナーに載せられた記事であり、追悼会の実施日と会場が記してあるだけで、他には何も書かれていない。

朝鮮人が集まる追悼会は、日本や日本人に対する怒りや抵抗の意志を表明する契機となりうる。それを恐れてか、一九二四年三月の追悼会以来、毎回警視庁から派遣された警官なり警視庁内鮮係なりが、会の警戒に当たっている。また、一九二四年八月二三日の記事⑧には「警視庁内鮮係では相当、警戒の眼を光らせている」とあるが、警視庁の警戒を記す際に、警視庁を批判的に論じている記事はない。関東大震災の翌年以降の新聞の言説は、治安当局の認知の様式に同調し、追悼会を治安を脅かしかねない不穏な動きとして書いているのである。[★9]治安当局はその後、一九二五年、二六年、二七年に「言辞が不穏」などの理由により追悼会を中止させ、かつ数十名の朝鮮人を検束している。⑮の「鮮人追悼会の騒ぎ　十七名検束」は「〔……〕横死した鮮人の追悼会を催したが、言辞が不穏にわたるので午後八時五十分解散を命ぜられその際李他十七名は検束された」とある。見出しにおいても、本文においても、追悼会は治安当局の認知の様式からのみ語られている。

追悼会への当局の認知と新聞言説は、一年足らずのうちに、関東大震災以前の朝鮮人の抵抗運動や独立運動に対する当局の認知や新聞論調に回帰していった。震災による一般の犠牲者への追悼会の記事は、震災一一周年の一九三四年まで続く一方で、殺害された朝鮮人の追悼会の記事は、一九二八年以降、まったく書かれなくなる。[★10]日本人に殺害された朝鮮人を悼む朝鮮人の存在も、言説空間からいち早く消去されたのである。

二　美談

関東大震災一周年の特集で紹介されている三本の朝鮮人救済エピソードは、いずれも、流言が広がる中で命の危機にさらされていた朝鮮人を、日本人が身を挺して救ったという展開である。はじめに流言や暴行が災難として背景的に描かれ、ついで日本人の救済が英雄的行為として示された後に、朝鮮人が日本人に感謝していることを、明示的にか暗示的に記して終わるというプロットは、三本に共通している。タイトルは次の通りである。「鮮人学生の命の親　自刃の下にも平然自若としたＡ氏」[★11]「鮮人六人の命の親　自宅の二階に匿い通したＢ氏夫妻」「決死的に鮮人団を救って／近く表彰されるＣ君」

「鮮人学生の命の親」を例に、内容を確認しよう。この記事では、流言をＡ氏に聞かせた人も朝鮮人に対する暴力行為に及ぼうとしている人も、名前や属性は示されていない。朝鮮人に対する暴行は、相手がまさに朝鮮人であるという理由のみで、実施されている。相手を懲罰を加えるべき朝鮮人として見なす意識は、常にすでに自らを日本人としてアイデンティファイしている。したがって、朝鮮人への暴力行為の犯人を示す最も適切な属性は、日本人以外にない。しかし、美談では日本人という属性さえも書かれてはいない。流言は、「もう誰いうことなく」広がり、「誰やら、メガホンで布令てくる」。刃物をつきつけ朝鮮人を出せと迫ってきた人物は、「刃物をつきつけて怒鳴り込んで来る者もあった」とのみ書かれている。流言と暴行は、外部からやってきた匿名の災難として描かれているのである。その一方で、暴行を食い止め、朝鮮人を守ったＡ氏の行動は、「自刃の下にも平然自若とした」と見出しにあるように、英雄的に描かれている。朝鮮人を殺すので、「『何でも出せ、一息にやってしまう」と迫られると、「もしその必要があるなら、まず俺をやってあとにしてくれ」とまで意気込んだこともたびたびあったのです」という記述が本文にはある。朝鮮人に関しては、A氏の英雄的な行為に対応する感謝に焦点を合わせた記述となっている。A氏に救われ、いったん帰郷したあと、東京に戻った朝鮮人は、A氏に「いろいろの土産」をもってきて「お礼」を言う。記事は、A氏がお礼の言葉を聞いたときの感想と、当時の述懐を紹介して終わる。「『〔朝鮮人にとって、救われたことが〕それほど嬉しかったかと思うと涙が出ます。しかし今となって思えば、まったくあのさわぎは夢ですね……』」。

特集で示された朝鮮人救済美談は、「災難としての暴行・流言」「英雄的日本人」「朝鮮人の感謝」というプロットで一貫している。このプロットに関して、注意すべき点が三つある。

一つは、朝鮮人の救済を英雄的に描いたエピソードが、暴行と流言をプロットの前段として過去化している点をめぐってである。過去化は、英雄物語の構造上、必然的に生じる現象である。英雄を語るためには、何かしら困難な状況を背景として語る必要があるからである。その一方で、現実に殺された朝鮮人は、その瞬間にすべての時間が止まっている。殺された朝鮮人が暴行や流言を過去の出来事として語ることのできる時は、永遠に訪れない。事件の最も過酷な当事者が過去化できない事件を、英雄の物語のための前段として過去化している点で、このプロットで書かれたエピソードは、個々の出来事のすべてが事実だとしても、事件の本質を改竄している。

次に、プロットが「朝鮮人の感謝」で終わることをめぐってである。朝鮮人が日本人をありがたく思う論理は、朝鮮の闇を日本が照らす「日本光明論」と同一である。「併合」時の社説では、朝鮮人が日本に対して感謝し、感服していることが執拗に表象されていた。朝鮮人救済美談では、日本人が朝鮮人を殺した事件について、「日本光明論」が用いられているのである。

最後に、このプロットが、集団暴行の実行者たちは処罰されなければならないという規範的言説に対して破壊的であることをめぐってである。処罰するためには、何よりも犯人の明確化が必要であるのに対して、救済美談は、言説の構造的必然性によって集団暴行を背景化し、犯人より救済者に焦点を当てる。また、犯人への怒りの公共化は、処罰を後押しする原動力になる一方で、救済美談は、ほとんどの朝鮮人が感じたはずの犯人への怒りではなく、朝鮮人のごく少数が感じたかもしれない救済者への感謝の念に焦点を当てる。この二点において、救済美談は、処罰を求める言説に対して破壊的である。

先に論じたように、事態収束後の流言と暴行に対し、社説は核心に触れない批判に終始し、一九二四年五月四日以降は、報道記事も掲載されていない。その後も、朝鮮人による追悼会の記事は書かれていたが、ほどなく治安の観点からのみ記事にされるようになる。はじめから曖昧にされていた日本人の加害性がさらに霞んでいく震災から一周年の時点で、流言と暴行に関して書かれたほとんど唯一の文章が、日本人を英雄的に描く美談だった。記事にされている事柄が事実であったとしても、言説空間全体における朝鮮人救済美談の記事の配分の偏りは、現実を改竄していると言わざるをえないのではないか。

第三節 『震災記念 十一時五十八分』

本節では『震災記念 十一時五十八分』に記されている震災時の経験談を取り上げ、言説上の特徴を把握することで、出来事に対する事後の市民の認識がどのようなものだったのかを考察する。『震災記念 十一時五十八分』は、「震災一周年記念日に当たり、震災当時の惨状と人情美の発露たる善行美事ならびに震災を機会とする精神作興の叫び及び小学児童の震災に対する感想」の四種を収録した文集である。作文が書かれたのは、一九二四年の三月から八月までの間と考えられる。[★12]

『震災記念 十一時五十八分』で朝鮮人や自警団に関する記述がある作文は、次の六本である。第一編の「焦髪日記」、第二編の「和風丸の四日間」「草鞋ばきのまま十日間」「愛は人情の鏡」「已むに已まれぬあの日の行動」の四本、第三篇の「スタートを新にせよ」である。第一項で「焦髪日記」を扱い、第二項でその他の作文を扱う。

一　**「焦髪日記」**

震災後の東京市内の悲惨な状況をつぶさに描く「焦髪日記」は、全体の分量が多いこともあり、[★13]朝鮮人に関する記述も他に比して相当に長い。朝鮮人と自警団関連連の記述は、「牛込、戸塚方面」「民衆警察とその編成」「民衆警察の脅威」「可惜青年」「気の毒な鮮人朱某」の章節に出てくる。

「牛込、戸塚方面」は、「後世の史家はこの数日間を称して帝都の**暗黒時代**とでも呼ぶであろう」（**太字**は原文の通り。以下同様。）という一文から始め、自警団についての批判を展開する。「〔震災時の〕不安焦燥に乗じて、ある種の変態心理者であろう?・面白半分に〔朝鮮人が毒を入れているなどの〕種々の現象を己が脳裏に捏造して、浮草の如き流言を言い触らすので、各自、不安のあまり、各区各町内には必要に応じて自警団なる**民衆警察**の一団が生まれた。てんでに思い思いの有り合わせの武器を持っている。ある者は祖先伝来の伝家の宝刀、烏丸を一本、腰に打ち込んでいる。〔……〕そんな結構なる武器を持ち合わさぬ者は、鎌、竹槍、棍棒と思い思いの武器を携えている」

書き手が身をもって経験した二日目の夜の出来事も記されている。棒や梶棒を携えた青年団の一群が、借家の一室にいる「早稲田へ通う鮮人学生」の様子を伺っている。どうしたのかと書き手が聞くと、「不穏な動静があれば、たちどころに切り捨てるのだという恐ろしい剣幕」を見せる。「人を切る位は芋か大根を切る位に心得ていらっしゃるから、まったくもって驚いた話である」。四、五人の留学生は恐怖に固まっている。書き手は常々、その留学生を見知っているので、「不穏なことを働く人たちではない」と説得する。「一杯機嫌から逆上している人達」は、説得に応じようしない。下手をすれば、「脇腹辺りへ竹槍や日本刀が、ぶすっと来ないでもない」ので、土地の生え抜きの老人になだめてもらって、青年団を帰らせたという顛末である。このあとの「民衆警察とその編成」「民衆警察の脅威」「可惜青年」には、自警団が国家権力の一部を委任されたかのようにふるまっていることや、誰彼なく誰何するので日本人にとっても脅威だったことなどについての批判的な論評が記されている。

「気の毒な鮮人朱某」は、はじめに知人の朝鮮人留学生「朱某」について紹介している。彼は、考え方や思想が「すっかり日本化し」、日本人の女性と結婚したいと常々言っていたが、「民衆警察」のために危険な目にあい辛くも生き残ったものの、国へ帰ると言っている。書き手は、「朱某」の紹介に続けて、再び自警団を批判する。「彼らの中に少数なる、不逞の徒があったにせよ、玉石混交、一網打尽の制裁はあまりに軽挙な仕打ちだった」。個別に対応しなかった「一網打尽の制裁」をめぐって、さらに自警団批判を展開する。不逞の徒は、古今東西のいつの世にもいた。日本にもいたし、今もいる。「この日本に哺育れ《ママ》たる日本人の中にさえもある位なれば、新付の鮮人中には猶更あろう」。そして、「鮮人中にも不逞の徒のありしは事実らしい」と記す。

興味深いのは、このあとすぐに「朝鮮に長らく居って、間島事件の時などにも一方ならぬ苦心を嘗めたという戒厳司令部の一将校」が言った言葉を紹介している箇所である。「私たちの方には職業柄、種々な証拠を握っている。第一、僕の家に放火したのなどは明らかに鮮人の所為だ。しかし、独立なんて、そんな男らしい考のある奴は一人もいない。皆、私欲のために悪いことを働くのだ」と将校は言う。将校の言葉は、直前の「鮮人中にも不逞の徒のありしは事実らしい」という記述の論拠として示されている。将校も言っているのだから、「事実らしい」という論の運びである。

書き手は、震災前の「内地」の「鮮人」の大多数が「下級労働者」だったことに言及して、「〔朝鮮人の〕多くは、無知な自覚なき、所謂、小人階級と見ねばならぬ」と言い、こうした小人階級をして、「事ある場合に、小人たらしむるも、良民たらしむるも、それは統御の巧拙如何に存しよう」と論じる。「焦髪日記」で言われている「小人」は、「無秩序に乗じて不逞を働き、又は働く人の手先になるような」人のことであり、「不逞の徒」の言い換えである。したがって、

「統御」次第で「不逞の徒」を生み出しうると主張しているのである。

　そのうえで、「我当局」が「保護すべきは保護し、拘束すべきは拘束し、事毎に機宜の処置」をとってきたことに対し、「感嘆」しないわけにはいかないと述べる。その一方で、民衆の「鮮人とさえ見れば、あたかも野兎を狩る如く、野良犬を追うが如く、ただこれ、騒ぎまわるというような軽挙な行動」に対し、「不満」をもたざるをえないと論じる。「気の毒な鮮人朱某」の考察は、「冷静大事を誤らないのが祖先このかた伝来の精神ではなかったか。世界の青年としての大国民の態度はどこに求められよう」と嘆いて終わる。

　「焦髪日記」は、自警団に対して明瞭に批判的な認識を示している。自警団批判には、国家の責任に重きを置く場合と、民衆に重きを置く場合とがあるが、[★14]「焦髪日記」は民衆の責任を相当に重く見ており、国家には全面的に称賛をしている。流言に関しては、震災時の「不安焦燥」が生んだ思い込みによって「捏造」された、「浮草」のような情報であったと論じている。自警団批判と同じように、流言拡散についても、批判の矛先はあくまで民衆に向けられている。「焦髪日記」の執筆時点では、すでに流言と暴行について国家を批判する議論が出ており、書き手が知らなかったとは考えにくいので、国家の対応についての全面的な称賛は、書き手の国家主義的傾向のためであろう。では、「己が脳裏に捏造」した朝鮮人犯罪に関する「浮草の如き流言」に基づいて朝鮮人に暴行を働いた民衆の「軽挙」を批判する書き手自身は、流言から批判的な距離を保っているのだろうか。

先に見た通り、書き手は、朝鮮人の「不逞の徒」について、一部にいたのは事実らしいと論じたあとで、将校の言葉を紹介しているが、「僕の家に放火したのなどは明らかに鮮人の所為だ」についても、「独立なんて、そんな男らしい考のある奴は一人もいない。皆、私欲のために悪いことを働くのだ」についても、疑うことなく受け入れている。

書き手は、将校の話を根拠に一部に不逞鮮人がいたとする一部不逞人説を正当化する際に、私欲のために犯罪をおかした者を「不逞の徒」と呼び、日本にいる朝鮮人の多くが下級労働者であり、「新付の国民」であるが故に、私欲に駆られて「不逞」を働く可能性が常にあるとの論を展開している。しかし、流言が広がっていた最中において、「不逞鮮人」という語が、窃盗などの私欲のための犯罪をした者に対して使われたことはない。流言として人々が語っていた「不逞鮮人」とは、日本社会の破滅を願い、凶悪犯罪をおかす朝鮮人である。書き手は、事態の収束後に、流言で語られていた「不逞鮮人」が実際には不在であったことが指摘されるようになったあと[★15]になって、「不逞」に窃盗犯までも含めるように定義を拡大している。定義の変更によって、関東大震災のときに「不逞鮮人」がいたことにしたのである。

書き手は、定義を変更することで流言を再生産している。しかも、「独立なんて、そんな男らしい考のある奴は一人もいない」と男根主義的修辞で抵抗運動の存在を否定する虚偽情報を加えている。そもそも「不逞鮮人」は、日本の支配に対して抵抗する市民や活動家に対してはられたレッテルである。抵抗運動は、日本の統治が望まれていない現実を示しているため、「日本光明論」を信じ、統治が望まれていると信じるためには、抵抗運動の存在を否認しなければならない。「不逞鮮人」のレッテルは、日本の朝鮮に対する現実を否認する機能を果たし続けてきた。将校の言葉を借りて、独立のための抵抗運動の存在を否定しつつ、新しい定義によって一部不逞鮮人説を正当化する「焦髪日記」の言説は、「不逞鮮人」言説が果たしている機能に着目すれば、書き手自らが批判する民衆の流言に対する態度との間に大きな差異を見出すことはできない。書き手は、たしかに震災時に「民衆警察」としての自警団に抵抗し、「焦髪日記」で民衆の軽挙を批判している。しかし、朝鮮人の身体に対する物理的な暴力を批判するために、独立運動の不在を冷笑的に語る将校の言葉を鵜呑みにし、日本人の「統御」次第で「小人」にも良民にもなる集団であるとする論述は、朝鮮人の尊厳に対する象徴的な暴力に他ならない。書き手は、拳の代わりに、言葉で朝鮮人を殴っているのである。

ほとんどの朝鮮人は「統御」が必要であるとする一文は、書き手の植民地主義的な見下しや支配の欲望を露呈している。民衆をして流言を信じさせ、朝鮮人を「野良犬を追うが如く」扱う「軽挙な行動」に走らせた基底的な要因が、同じ見下しと支配の欲望であるとすれば、国家主義者の書き手は、批判の目を向けている民衆と同じ土台に立っている。

二　その他の作文

本項では、『震災記念　十一時五十八分』第二編所収の四本と第三編の一本の作文について関連箇所を中心に概要を示したのちに、言説上の特徴を考察する。

第二編の「和風丸の四日間」は、浅草区在住の資産家らしい書き手が、隅田川に浮かぶ自分のモーターボートと、ボートに乗っているときに遭遇した砂利船の和風丸との間を往復しながら、幾人もを火災から救った経験を記したものである。書き手が他の避難者と共に和風丸に乗りこみ陣頭指揮をとっているときに、朝鮮人を警戒して武器を手にしている一団の乗る船が、取り調べに来て書き手に誰何する。書き手は、自分の身を告げる。一団は和風丸を検査するが、結局は事なきを得る。書き手は、別れ際に乗組員で在郷軍人であった人から避難経路について有用な情報を聞く。このことについて、「行動に指針を与えてくれたのは、この警備船の乗組員寺島町在郷軍人Ｄ氏[★16]の賚《たまもの》であった」と感謝の念を記している。

同じく第二編の「草鞋ばきのまま十日間」は、書き手が暮らす町の顔役の話である。顔役は、災害直後から草鞋履きのまま、わが身を顧みることもなく人助けに奔走する。そのうち人々が流言に戦々恐々となると、さっそく兵士と共に警備活動を始める。ある邸内を巡査しているとき、「黒い影」を見出す。顔役が懸命に追いかけると、「黒い影」は、同邸の広土間へ転げ込む。

顔役は胸倉をつかみ、「こいつは鮮人に違いあるまい」と怒鳴る。しかし、その人物は、同邸の「使用人」だった。このときの様子を、彼は書き手にこう述懐する。「あんまり馬鹿にしています。実際、こちらは真剣ですからね。〔……〕誰何されたら、そうとなぜ早く名乗らないのか。間違いというものはこんな些細な所から起るものですよ。もっとも向こうの男も我々を鮮人と勘違いしてにげたのでしょうけれど、あんまり慌てすぎていますよ。大いにその男をたしなめてやりました」。さらに顔役は、自分が率先して夜警に参加していたことや、五日目六日目になると立ち歩きながらまどろむような状態だったことを述べ、お互いに命あってのことだ、「ありがたいことですよ。まあ、息のある中です。おおいにやりましょう」と言い、「晴れ晴れしい顔に微笑」を浮かべる。書き手は最後に、「よく己を忘れ、妻子を忘れ、一意専心他念なく人のため町内のために尽くせしは実に特筆大書すべきだ」と称賛する。

続いて第二編「愛は人情の鏡」に朝鮮人関連の話が出てくるのは、ごく一部である。書き手は、九月三日にある倉庫の警備をしていたとき、震災後に別れていた夫婦が偶然に出会う場面に遭遇する。朝鮮人関連の記述は、「未だにその際〔夫婦が出会った際〕は鮮人が暴行するとかの流言にて警戒の任務も少なからず、諸般に通じて注意を怠らず遂行しました」のみである。

続く第三編「已むに已まれぬあの日の行動」には、朝鮮人救済談が記されている。地震発生から二、三日過ぎた頃から、消防組、在郷軍人団、青年団などが連合して夜警が始まる。書き手も参加している。「鮮人の暴動云々の噂が広がる」なか、自警団が書き手の貸し家に住む「鮮人」を引き渡せと迫る。同じ家の賃貸人からも同じ声が出る。書き手は、「鮮人」は一日以降外に出ていない、暴行を働く人ではない、責任は私が取ると言って引き渡すことを拒む。そして、「鮮人」にもよく言い聞かせておいた。そのうち、警察が習志野で保護するというので、「鮮人」は、結局はそこで殺されることになると思いながらも習志野へ行った。一か月後、「鮮人」は、「習志野から帰って現に無事を喜んでいる」。「已むに已まれぬあの日の行動」には、このあと在郷軍人などの団体の問題点が指摘されている。「思慮の乏しい向こう見ずの連中が、実戦の経験のある幾多の気の早い若者を率いて命令する」ので、これほど危険なことはないと述べ、当時のことを考えると冷や汗が出ると記して結んでいる。

第三編の「スタートを新にせよ」は、第二編の作文が経験談であるのとは異なり、評論文である。全体の主張としては、「国民精神を剛健たらしめ、協力一致文物の恢復と、国力の振興に努めねばならぬ」というもので、朝鮮人に関連する記述は、震災時に見せた人々の姿を描いている箇所に見られる。挫けない人々の姿や質実勤倹の風、忍耐や同情、犠牲的精神の発露の実例が点描されたのちに、「あるまじきことを見せ付けられた」と、流言と暴行について言及がされている。「鮮人暴行云々の流言と、これらの流言に一時に驚かされて、各地に自警団なるものが起こり、むしろかえってこの方面に、思いがけなき暴行が演出され、外国に聞こえても恥ずかしいような事件が頻発したこと」は、「いかにも日本人が、平素沈着と冷静の訓練を欠くかの証左」であり、その「欠点を覿面《てきめん》に暴露したもの」と論じる。そして、「このような場合だから仕方ない」と片付けられるものではない。「国民性の上の欠点として」「戒心自矯」すべきだと主張する。このようなことは、「思慮の乏しい結果で、軽佻詭激の風の因となり、復興の精神と容れぬのみならず、一国文化の源泉たる帝都市民のためにも、断じて名誉ではないから」である。

自警団活動と流言、朝鮮人の各々についての論じ方に着目して、作文の言説上の特徴を分析してみよう。まず、自警団活動についての語りであるが、実際に見聞きした経験について言及しているのは、「和風丸の四日間」「草鞋ばきのまま十日間」「已むに已まれぬあの日の行動」の三本である。

「已むに已まれぬあの日の行動」が、自警団の暴力性や危険性に言及しているのとは対照的に、「和風丸の四日間」と「草鞋ばきのまま十日間」は、自警団に参加した人物を肯定的に評価している。「和風丸の四日間」は、自警団員が「行動に指針を与えてくれた」と感謝の念を記し、「草鞋ばきのまま十日間」は、「町内のために尽くせしは実に特筆大書すべき」と最大限の賛辞を送っている。「和風丸の四日間」における竹槍などで武装した乗組員たちも、「草鞋ばきのまま十日間」における兵士と共に「黒い影」を追う町内の顔役も、朝鮮人を殺傷する準備ができている人たちである。武器の先には、殺されるかもしれない朝鮮人がいる。二つの作文は、自警団員が武装していることの異常さや残酷さについては沈黙したまま、自警団団員に感謝し、絶賛している。二つの作文において、朝鮮人は、死を恐れ、生きることを望む生身の人間としては存在していない。語られている朝鮮人の向こうに、武器からかろうじて逃げおおせた生身の人間と逃げ切れなかった人間がいることが想定されていない。流言の中の朝鮮人を現実の朝鮮人と見なして行動していた関東大震災から一年が経った時点においても、当時の認知の枠組みがそのまま維持されているのである。

流言についての記述を見ていこう。「和風丸の四日間」と「草鞋ばきのまま十日間」に、流言の内容が虚偽だったという批判的な認識は見られない。「愛は人情の鏡」においても、「流言が広がっていたので、注意深く警備をしていた」という素朴な記述からは、批判的な認識を見出し難い。流言に関しては、「已むに已まれぬあの日の行動」も同様である。この作文は、最後に自分の経験を含めて当時を振り返るが、自警団への批判に終始し、流言が広がったことについての言及はない。また、自警団批判は、組織運営に関わる技術的な側面に限定されている。「スタートを新にせよ」においても、「鮮人暴行云々の流言と、これらの流言に一時に驚かされて」という記述からは、批判的な認識を見出し難い。「平素沈着と冷静の訓練を欠く」という批判は、もっぱら自警団の起こした「事件」に向けられている。

最後に、朝鮮人の語り方について考えてみたい。「和風丸の四日間」と「草鞋ばきのまま十日間」については、すでに論じた通りである。二つの作文の中の朝鮮人は、ただ語られる対象としてのみ存在し、語る主体としても、生身の人間としても存在していない。作文は、朝鮮人が作文に異議を申し立てることを想定しておらず、竹槍で突かれたときに痛みに襲われることも想定していない。二つの作品における朝鮮人の位置は流言におけるそれに等しい。

これらとは異なり、朝鮮人が生身の人間として語られ、現実の接触が描かれている「焦髪日記」と「已むに已まれぬあの日の行動」は、共に、朝鮮人を救うストーリーである。『震災記念　十一時五十八分』で生身の人間として登場した朝鮮人は、いずれも日本人によって「救われる人」だったのである。この本が出版された一九二四年九月一日とほぼ同じ時期に『東京朝日新聞』に掲載されていた特集「震災記念　一年前を偲ぶ　隠れた功労者」でも、生身の人間として登場する朝鮮人は「救われる人」であった。関東大震災から一年が経った頃の流言と敵対行動をめぐる言説は、流言と同じ言説構造の中に朝鮮人を位置づけながら、自警団をありがたい存在として語る内輪の思い出話と、朝鮮人を救済する日本人の英雄物語が、支配的な語りになっていたのである。

第四節　『十一時五十八分　懸賞震災実話集』

一九三〇年に発行された『十一時五十八分　懸賞震災実話集』（以下、『実話集』）は、「関東大震災の記憶も印象も、その後六年の時が流れて、罹災者の胸から忘れられんとしている」中で、当時の経験を次世代に残すことを目的に編集されている。作文は、主催者の「震災共同基金会」が市民から募集した全七五二本から、三四本を選んだものである。市民が執筆した時期は、一九二九年八月から一〇月までの間と考えられる。[★17]『実話集』全三四本のうち、朝鮮人関連の記述のある作文は八本である。一つの作文に、関連するエピソードが複数記されている場合もある。時間的間隔や因果関係の有無などにより、本節では一三件のエピソードに分けた。以下では、そのうちの九件のエピソードを取り上げる。第一項で流言に関する記述を中心に、第二項で自警団などの日本人による朝鮮人への敵対行動に関する記述を中心に、特徴を分析する。

一　流言についての記述

流言に関する記述のある作文は、「氷で救いタドンで活きる」「紡績工女の遭難記」「ゴルフ・リンクの夜露」「末期の水を配る」の四本であり、エピソードとしては七件である。このうち「末期の水を配る」以外の三本（六件のエピソード）で、「朝鮮人襲来」の情報に接したあと、恐怖を覚えたり避難をしたり警戒行動とったりと、情報に翻弄される姿が描かれている。

①　嫌な夜へ間近い黄昏時でした。小屋へ入ると間もなく「女、小児《こども》は夜中外出するな。一軒から一人ずつ自警に出でよ」と、触れが回りました。壮年者のいない理由で、私どもは許されましたが、その夜は一晩中、方々に起る鬨《とき》の声や、呼子の笛、駆け出す足音で、怯えた心はいやが上にも募って、生きた心地はありませんでした。（「氷で救いタドンで活きる」、一〇九頁）

②　そのうち誰言うともなく、津波が襲ってくるの、××人が押し寄せてきたの、〇〇人が爆弾をもって皆殺しに来るのと恐ろしい事ばかり、一晩中安らかな心もなく脅かされ通しで、あっちへ逃げ、こっちへ逃げして、明かしていました。（「紡績工女の遭難記」、一四五頁）

③　〇〇人の一揆が起ったそうで、大騒ぎしているから、かえってこの野っ原の方が安全だと言いました。私は瞼がまた熱くなり、黙って幾度もお辞儀をしました。〔……〕そして、くぼ地に溜る穴水の上澄みに、唇をつけて飲みました。（「ゴルフ・リンクの夜露」、三四二頁）。

流言や自警団活動への参加の呼びかけの告知を聞いた後の反応（傍点部分）は、流言が虚偽の情報だった現実を考慮すれば、すべて空騒ぎである。さらに、触れを告げてきたことや、周囲が騒然となっていたこと、方々に逃げ惑ったこと、男が親切にも情報を伝えてくれて礼を言ったことなどの関連する状況や行動の一切も、無駄な騒動だったことになる。

その一方で、①②③の引用文がそれぞれ含まれている三本の作文には、伝えられた情報が誤りだったとは一切、記されていないし、その認識をもっていることを示す記述もない。作文には、書き手が震災時は情報を鵜呑みにしていたが、執筆時には誤った情報だったと明瞭に理解していたことを示す痕跡は残っていない。作文からは、流言を聞いた当時の書き手の認知の枠組みがのちに変わったことを示す記述はないのである。★18

①②③と違い、震災時に聞いた流言に違和感をもったことを記している作文が④「末期の水を配る」である。

④　下宿の婆さんが蒼い顔をして私の部屋へやって来て、変な臭いがするが、もし○○人がやってきたのではないかと震え声で言った（今から思うと滑稽なことだが）。〔……〕その日は盛んに流言を聞いていたので、そしてそれを伝えてくれるのは、ちょうど上の家に住んでいた学校教師であったので、私はいよいよ○○人がやって来て、毒ガスを放ったのでは

ないかと思った。が、そんなことがあるはずがない気もしたので、ともかくも探検に出かけてみることにした。(「末期の水を配る」、二九一頁)

「今から思うと滑稽なことだが」とある通り、流言に対する書き手の認識は、事後に更新されている。また、「そんなことがあるはずがない気もした」とあるように、書き手は、当時においても半ば信じかかっていたものの、流言の真偽に対してとりあえず態度を留保していた。『実話集』の中で、このように流言に対する認識の事後更新が読み取れる作文も、渦中での態度留保が読み取れる作文も、「末期の水を配る」以外には存在しない。関東大震災から七年後に書かれた『実話集』では、一本の例外を除いて、当時の流言が引き続き事実を伝える情報として記録されているのである。

二 自警団についての記述

『実話集』で日本人の敵対行動を取り上げているエピソードは、大きく三つに分類することができる。自警団による朝鮮人への暴行に焦点が当てられているエピソードと、朝鮮人の救済に焦点が当てられているエピソード、自警団による日本人への暴行に焦点が当てられているエピソードの三種である。

自警団による朝鮮人への暴行が焦点化されているエピソードは一件のみである。

⑤　××人の暴挙、社会主義者の陰謀等々が、誰からともなく伝わって、私たちの胸を衝きました。〔……〕／「××人を××が叩き殺しているぞ」不意に私の耳に激しい叫喚が響いてきました。／「暴動を起こそうとした片割れなのだ」／「太え野郎だ！畜生！」ウワアッ！／〔……〕そして一町近く走ったとき、群集の頭を越えた左側の田んぼの中で、恐ろしい残虐の事実をはっきり見たのです。粗い絣の単衣を着た者、色のくすんだ菜っ葉服を着た者達が七人、後手に縛りつけられて、しかも数珠繋ぎになってぶっ倒されていたのです。〔……〕／「あははは、ざまあ見ろ！」／不意にどす黒い○○○〔……〕×××が、高々と笑いました。彼の目は○○者のみの持つ野獣的な殺気に輝いていました。／〔……〕そしてこれが最初に見た○○でした。〔……〕これは受難記には縁がないかもしれませんが、震災時の一事実として目撃したままを記して、万一にも今後こうした災変に際した場合、再び繰り返すことのないようにと思っています。（「爛れた空に欠けた月」、三二一頁）。

朝鮮人に対する暴行場面の記述は、⑤の作文全一〇頁のうちの四頁が費やされている。○や×の伏せ字は文脈から考えて「朝鮮人」だけではなく、「兵隊」や「警察」も含まれている。

また、殺傷の生々しい描写も伏せ字になっている。
⑤は、殺傷現場にいた日本人の残忍さを浮き彫りにしているが、流言については、やはり誤った情報だったという認識は示されていない。「××人の暴挙、社会主義者の陰謀等々が、誰からともなく伝わって、私たちの胸を衝きました」という記述は、事件から七年が経過しても流言を虚偽情報と認識していることが確認できない本節第一項①②③における記述と大きく異なるところはない。
⑤では、「暴動を起こそうとした片割れなんだ」という一言が、「太え野郎だ!畜生」という反応を引き起こし、その後の朝鮮人への残忍な暴行のきっかけとなっている。注意すべきは、暴行の契機となる発話についても、虚偽情報であることが記されていないことである。朝鮮人への暴行は、日本人の妄想が生んだ流言に対する日本人自身の反応であり、現実の朝鮮人の行動とは無関係だが、⑤の作文は、日本人による暴行を朝鮮人による「暴動」に対する反応として示し、日本人の残忍さを日本人の反応の行き過ぎた部分として示している。⑤の作文においては、流言への明瞭な批判を欠いているために、日本人の暴力を批判する書き手の意図とは裏腹に、日本人の暴力は擁護可能なものとして表象されているのである。
震災から一年も経たないうちに、日本人による朝鮮人救済談が支配的な言説になっていたことを先に示したが、『実話集』にも救済話は掲載されている。

⑥　忌まわしい夜は明けた。皆はホッとする暇もなく、×人襲来の流言に悩まされねばならなかった。折柄、三人の×人が構内に現れた。それっと言うので、手に手に竹槍、棍棒、飛び口などをもった群集が取り押さえ、酷い目にあわそうとするのを会社で保護を加えた。（「枕を並べて仰向に」、二二九頁）

⑦　二日の晩は谷中の寺の縁側を借りて休ませていただいた。〔……〕僕は横になってウトウトと眠りかけると、床下でゴトゴトゴソゴソと何かいるような気配を感じた。犬でもはいっているのかと思い、床板を一枚、ソッとめくってみて、ハッと全身の毛が逆立つような思いをした。意外千万にも床下には真白な服を着た人が蹲《うずくま》っているではないか。僕は誰か呼ぼうと思って声を出そうとしたが、恐ろしさにそのまま竦《すく》んでしまった。床下から皺枯れた細々とした声が、懇願するようにとぎれとぎれに洩れてきた。「私……ここにいること知れる……私殺される……私怖ろしい。悪いことしない……私、片方、足折る。痛い。逃げることできない。……お坊ちゃんお願い。私ここにいること黙っててください。お坊ちゃん、おりこう。早くそこ閉めてください」。僕は言われるままにソッと板を元の如くして、誰か見知ったかしらと廻りを見回した。（「本堂の床下」、三二七頁）

⑥の作文は、書き手の勤める富士紡績川崎工場に現れた朝鮮人を会社側が保護した話である。

⑦の作文は、震災時に一二歳だった書き手の経験が書かれている。⑦のあとには、次のような話が続く。買出しに行っていた父が戻ってきて、朝鮮人がダイナマイトを投げたそうだ、ほんとうに憎らしい奴だと書き手に言う。書き手は、朝鮮人に黙っていてくれと頼まれたばかりだったから、すっかり驚いてしまう。そして、さっきかわいそうと思った気持ちが消えうせ、朝鮮人のことを父に伝えようとする。そのとき、往来が騒がしくなり、朝鮮人が日本人に追いかけ回され、ついには墓地に逃げ込む足音が聞こえる。それを追いかけて、「木剣をもった在郷軍人らしい人」と数人が墓地に入る。そのあと、朝鮮人の悲惨なうめき声が聞こえてくる。書き手は、今、床下の年寄りの朝鮮人のことを話せば、墓地で殺された人たちと同じように殺されるだろうと思い、かわいそうだと考え、父に告げるのをやめる。

⑦の作文に示されている流言についての認識は、これまで見てきた作文と同じである。父が流言を伝えながら、「それでこんなに火事が大きくなったんだね、本当に憎らしい奴だね」と言ったとき、床下の朝鮮人に対してかわいそうだと思った書き手の気持ちは、すぐさま消える。書き手は父の伝えた情報を事実として受け取っている。そして、その受け取り方が更新されて

いると解釈させる記述はない。

⑦の作文で描かれている朝鮮人は二人である。一人は床下に隠れ、年をとり、足が悪く、日本語が不十分な朝鮮人である。列挙されている情報はすべて、彼が憐れな存在であることを示している。もう一人の朝鮮人は、健脚の持ち主であるが、結局は日本人に殺される。作文に描かれている朝鮮人の声は二つだけである。「憐れな朝鮮人」の不十分な日本語による懇願と、日本人に殺される朝鮮人のうめき声だけである。

次の⑧は、毒を混入していると警察に疑われた書き手、⑨は、自警団に朝鮮人と誤解され、暴行を受けた書き手の作文である。関東大震災時には、朝鮮人と間違われて殺害された日本人が少なからずいたことは、新聞報道などにより同時代に知られていた。

⑧　巡査がやってきて、私に警察署へ同行を求めた。〇〇人の流言があったので、水の中に毒でも入れてあるとでも思ったのか、あるいは他に思うところがあったのか、とにかく私はバケツを提げて同行した。〔……〕私は巡査に連れられて、原警部の前に立った。「君、済まないがその水を飲んでみてくれ」と警部は言った。私は躊躇しないで飲んだ。（「末期の水を配る」、二九五頁）

⑨　私は王子町に入ろうとする所で、遂に自警団に引っ張られて、留置所へ朝まで叩き込まれました。「こんな危険なときに、一人で歩くからだ！」という親切からだったそうですが、それにしては鷲掴みにされて地べたへ這わされたり、頬っぺたを無茶苦茶に撲《なぐ》られたり、足蹴にされたり、罵倒されたりしたのが解せないのです。（「爛れた空に欠けた月」、三二二―三二三頁）

⑧は、成り行きから瀕死の人に水を飲ませていた書き手が、巡査に呼び止められたときの場面である。⑧のあとには、水を配りながら最期の言葉を聞き取っていることを伝えると、警部が涙をためて、「私の手をとって固く握り締めた」場面が記されている。

「不逞鮮人」に間違われた書き手が、水を飲むことで身の潔白を証明し、警部との間に絆ができたというハッピーエンドの外では、自警団に誰何されて、朝鮮人とわかれば暴行を受け、ときに殺されていた朝鮮人の現実がある。朝鮮人であるということだけで犯罪者と見なし、私刑を加えていた自警団もいた。日本人が朝鮮人に押し付けたこれらの不条理を思い描いたまま、書き手や警部、そして二人の握手の場面に共感することは不可能である。また、仮に朝鮮人が読んだとき、共感することは考えられない。⑧の作文は、朝鮮人に押し付けた不条理を忘れなければ感動できない。

⑨の作文も同様である。書き手に共感し、自警団の暴走に怒りを覚えるとき、その怒りが、朝鮮人と間違えて日本人である書き手に暴力的な態度をとったことを理由としているのであれば、朝鮮人に押し付けた不条理の忘却を伴っている。その怒りは、朝鮮人であればやむを得ないという認識を前提にしているからである。

朝鮮人について言及している『実話集』に、朝鮮人の目が意識されていると考えられる作文はない。『実話集』の作文において、朝鮮人はただ語られるだけの存在である。朝鮮人犯罪流言においてそうだったのと同様に。そして、新聞記事においてそうであったのと同様に。

第五節　まとめ

関東大震災後の言説の分析から考えられる朝鮮人犯罪流言と、朝鮮人への敵対行動に対する事後の一般的な認識および記憶の様態を中心に、本章の内容をまとめておく。

第一に、朝鮮人を放火犯などと決めつける流言それ自体が、朝鮮人の尊厳を破壊する言葉の暴力であるという認識が、社会的に共有されることはなかった。流言は、朝鮮人に対する殺傷を含む敵対行動を誘発した要因としてのみ問題化されていたのである。

第二に、流言で語られていた放火や投毒などの犯罪が朝鮮人によってなされた事実は、一件も確認されていないにもかかわらず、事後に朝鮮人犯罪流言が虚偽の情報だったという明瞭な認識が社会で共有されることはなかった。

第三に、朝鮮人を標的とした流言と敵対行動について、朝鮮侵略や植民地支配と関連付けて批判する世論が形成されることはなかった。朝鮮人を標的とした流言と敵対行動の、最も明白で根本的な要因が盲点化されていたのである。

第四に、日本人の敵対行動によって朝鮮人が受けた死を含む被害は、事後において、しばしば自然災害の一つとして表象された。

第五に、事後においても「日本光明論」的な図式は、朝鮮や朝鮮人について語る際の支配的なフレームであり続けた。朝鮮人救済美談は、このフレームの中で語られていた。

第六に、事後の言説においても、朝鮮人は依然として語られる対象としてのみ存在し、語る主体としても、生身の人間としても、存在していなかった。語る存在としての朝鮮人を消去して、朝鮮人について語る象徴的殺人の言説である点で、事後の言説は流言と同じ構造である。

★1 第一章第一節参照。

★2 大畑裕嗣・三上俊治（一九八六）前掲論文、七六―七七頁。なお、ここまで集中的に取り上げてきた『東京朝日新聞』は、東京社屋が火災により消失したため、九月三日まで発行していない（四日になって、謄写版刷の号外を出し、五日から活字を用いた号外を出すようになる。朝刊が発行されるようになるのは、一二日以降である）。

★3 第一章第一節参照。

★4 第一章第一節参照。

★5 第三章参照。

★6 本書では扱わないが、関東大震災時の朝鮮人犯罪流言は、地方新聞が事実として報じたこともあり、関東を越えて、日本全国に広がった。また関東から地方に逃れる避難民に混じる朝鮮人を探し出し捕縛しようと、地元の自警団による誰何も各地の駅で行われている。

★7 第二章三節第三項参照。

★8 第三章第三節第一項参照。

★9 唯一、一九二四年三月一八日の記事「追悼会の侮辱」⑦が、前日に行われた追悼会が官憲により中止に追い込まれたことをめぐって、「追悼会を侮辱するものである」と批判している。

★10 山本すみ子（二〇一四）「横浜における関東大震災時朝鮮人虐殺」『大原社会問題研究所雑誌』六六八号、五四―五五頁によれば、横浜では、同市南区にある宝生寺で、「一九二四年から毎年、虐殺された朝鮮人の法要が営まれて」いる。また、「労働運動が活発化していくなか、朝鮮人の労働組合「横浜朝鮮労働会」が組織され、虐殺朝鮮人の追悼が、重要な闘いの課題として」取り組まれるようになった。しかし、日本人労働者との協力の下で実施されてきた追悼会も、官憲による妨害により、二八年以降は実施されなくなったようである。

★11 原文には実名が記されている。他の二本も同様である。

★12 凡例に、一九二四年三月に震災美談を、七月に復興美談を市民から募集したとある。発行は同年の九月一日である。

★13 他の作文が長くても一〇頁程度であるの対し、「焦髪日記」はおよそ一〇〇頁にわたっている。

★14 本章第一節第二項参照。

★15 本章第一節第二項の「自警団の検挙」(『大阪朝日新聞』一〇月二七日朝刊)、「鮮人暴動事件」(『読売新聞』一〇月二二日朝刊)を参照。

★16 原文には実名が記されている。

★17 後援の『東京朝日新聞』が作文の募集の告知を行ったのは、一九二九年八月二四日であり、募集締め切りは同年の一〇月一〇日だった。

★18 流言に翻弄された姿を書いている①②③の書き手は、いずれも震災当時は一〇代から二〇代前半の女性で、朝鮮人についての記述を残している残りの五作品の書き手は、すべて男性である。

第五章　敗戦までの朝鮮人犯罪流言――太平洋戦争期を中心に

関東大震災時の朝鮮人犯罪流言は、非常事態の収束後に、虚偽の情報だったと認識が刷新された訳ではない。また、流言と敵対行動に関する諸言説において、朝鮮人が、痛みを覚える生身の人間として、また自分自身について語ったり日本人の朝鮮人に関する言説に抗弁したりする存在として語られていたわけでもない。朝鮮人は、依然として一方的に語られる存在であった。関東大震災のあとも、朝鮮人犯罪流言が発生する条件は整っていたと言える。

本章では、第一節で一九四五年八月の敗戦までの、大規模災害時における朝鮮人犯罪流言発生の実態を確認したあと、朝鮮人犯罪流言が、災害にどのような条件が加わることで発生しているのかを考察する。第二節と第三節は、太平洋戦争中に発生した「朝鮮人が人肉を食べた」

という流言（以下、朝鮮人食人流言）をめぐり、内容の構造的特徴や発生の背景と要因などを多角的に考察する。朝鮮人食人流言の考察に二節を費やすのは、今日に至るまで日本で発生したあらゆる外国人犯罪流言の中でも、語られている行為の残酷さや猟奇性、解釈可能性の多様さ、拡散範囲の広さ、拡散期の長さ、流言の変異形の多さなどの点で群を抜いているためである。第四節では、朝鮮人食人流言以外の流言を扱う。第五節はまとめである。

第一節　太平洋戦争敗戦までの災害と流言

日本では関東大震災以降、一九四五年八月の敗戦までの間で、死者行方不明者が三桁に上った自然災害が一二件発生している。第一項で、一二件の災害について朝鮮人犯罪流言が発生したかどうかを確認し、第二項で朝鮮人犯罪流言の発生についての仮説を提示する。

一　犯罪流言の実態

流言の発生は、災害後に多くの行政組織が作成する災害誌によって確認することができる。★1
警察は、関東大震災時の経験を踏まえ、災害時に各種の流言の発生を警戒し、統制しようと試みており、災害誌には、警察の流言対策が記載されているのが通例である。流言が発生していても、災害誌に記録されていない可能性も皆無ではないが、治安上の問題となるほどの大規模な流言が記録されていないとは考えにくい。

一二件の災害のうち、一九二七年と一九三二年の水害および太平洋戦争末期の一九四五年の三河地震は、災害誌が見当たらないので判断を留保する。また戦争中の一九四四年の昭和東南海地震時の流言については、第四節第二項⑧で別途、論じるので、本節の検証からは除外する。なお、一二件の災害について、『朝日新聞』のデータベース「クロスサーチ」と『読売新聞』のデータベース「ヨミダス」を確認したが、朝鮮人関連の流言が発生したことを報じている記事は一本もない。

表５―１の通り、朝鮮人関連の流言の発生が記されている災害誌は三誌である。[★2]『兵庫県北但震災誌』には「種々流言蜚語放つ者あるが為に警察部においてはこれが取締りを厳にする」とある。「種々流言蜚語」に朝鮮人犯罪流言が含まれていたことは、「特別高等警察課」が「鮮人に対する保護警戒と流言蜚語の取締のために」「鮮語に通暁せる警部補一、巡査一名を保護と警戒に当たらしめたり[★3]」とあるからわかる。なお、「鮮人に対する保護警戒」という表現は、朝鮮人が問題を起こしかねないと当局が疑っていることを示している。民衆の朝鮮人犯罪流言に警戒する当局が、民衆と同じ疑いを抱いているのである。『京都府奥丹後震災誌』には、「峰

表 5-1　災害誌と外国人犯罪流言の記録

災害年月	災害名	死者行方不明者数(人)	災害誌(**太字**＝外国人犯罪流言の記録あり)
1925.05	北但馬地震	428	**兵庫県北但震災誌**
1926.05	十勝岳噴火	144	十勝岳爆発災害志
1927.03	北丹後地震	2925	**京都府編奥丹後震災誌**／峰山町大震災誌
1927.09	九州西部・東京地方風水害	439	(災害誌なし)
1930.11	北伊豆地震	272	**駿豆震災誌**／函南村震災誌
1932.11	東海・関東・東北地方大水害	257	(災害誌なし)
1933.03	昭和三陸地震	3064	昭和8年3月3日大槌海嘯略史／昭和8年震災資料附学事関係救恤報告／岩手県昭和震災誌
1934.09	室戸台風	3036	兵庫県昭和9年風水害誌／甲戌暴風水害誌／大阪市風水害誌
1938.07	阪神大水害	708	昭和13年大水害誌
1943.09	鳥取地震	1083	鳥取震災小史
1944.12	昭和東南海地震	1223	愛知県震災記録／東南海大地震調査概報／(憲兵司令部資料*1)
1945.01	三河地震	2306	(災害誌なし)

*1　災害誌とは別種の資料だが、流言に関する記録あり。(本章第 4 節第 2 項参照)

山町において震災の困窮から自棄に陥った一町民が妻を惨殺した事件起り、折柄、鮮人等の多数労働者も入り込んでいた際とて、一時は流言蜚語盛んに行われ」たとある。[★4]『駿豆震災誌』には、「震災に際し鮮人に関する流言蜚語盛んに行われ、人心著しく動揺し、ややもすれば、鮮人に対して迫害暴行を加えんとするおそれあり」[★5]とある。関東大震災から七年後の災害時にも、「迫害暴行」事件発生の「おそれ」があるほどの流言が発生していたことがわかる。

二　外国人犯罪流言発生の要因

災害誌を見る限り、災害が起きたときに、必ず朝鮮人犯罪流言が発生している訳ではない。では、災害にどういう条件が加わったときに発生しているのか。この期間中で最も多くの犠牲者を出した昭和三陸地震と室戸台風において、朝鮮人犯罪流言が発生した形跡がないことから[★6]、単純に災害の規模が大きければ発生する訳ではないと推測される。

風水害や噴火による災害時に、朝鮮人犯罪流言が発生したことが記載されている災害誌は全くない。このことから、朝鮮人犯罪流言は地震災害以外では発生しないという、災害種別仮説が立てられそうである。災害の種別の特徴を考えれば、この仮説は説得力がある。風水害の場合、災害因である台風や低気圧の到来が、予報や経験によってある程度予想できるし、台風や低気圧が去ってしまえば、晴天が広がるなど環境が劇的に好転するのが通例である。噴火の場合は、災害因の場所が相当に狭く限定できる特徴がある。これらと異なり、地震の場合は、発生の時期や場所を予測することは困難であるし、災害後も余震により危険な状態が続くのが通例である。余震の予測も難しい。災害発生後の突発的で反復的な大地の揺れがもたらす恐怖や不安は、他の災害にない特徴である。特定の集団をスケープゴートにする流言の元になるのが、多くの人が等しく覚える恐怖や不安である限りで、地震は流言を生みやすい災害だと言えそうである。

しかし、昭和三陸地震の際には、朝鮮人犯罪流言が発生していない。★7 災害種別仮説は、朝鮮人犯罪流言発生の必要条件を示すものであり、十分条件を示すものではない。

前章までの考察によれば、関東大震災時に朝鮮人犯罪流言を生んだ主な要因は、新聞の朝鮮人表象だった。ここから、朝鮮人犯罪流言の発生は、災害発生前のメディアの朝鮮人表象によって左右されるというメディア表象仮説を立てることができる。★8

メディア表象仮説に基づき、『朝日新聞』のデータベース「クロスサーチ」で、各々の災害に関し、地震発生以前の半年の間に朝鮮人を否定的に報じる記事がどの程度書かれていたかを調べた。対象としたのは、『東京朝日新聞』（一九四〇年以降は『朝日新聞』東京版）朝刊で見出しに「鮮人」または「朝鮮人」とある記事とする。否定的といっても程度の差があるため、記事を六種に分けて目安として点数を設定した。

陰謀、不逞、暴動などと記される民族運動や独立運動に関する記事：六点
社会主義や共産主義、労働運動・労働争議に関する記事：五点
殺人や強盗に関する記事：四点
暴行や傷害に関する記事：三点
盗みやスリに関する記事：二点
その他の犯罪に関する記事：一点

表５―２の合計点の欄を見ると、関東大震災が九二点と格段に高いことと、北但馬地震から北伊豆地震までは、それ以降の災害に比べれば顕著に高いことがわかる。着目すべきは、昭和三陸地震では七点と点数が大きく下がっていることである。記事の検索条件を広くすれば、各々の点数に相当する記事の数が増えるが、これほどに明瞭に現れている傾向が変わることは考えにくい。昭和三陸地震時に朝鮮人犯罪流言が発生しなかったことは、メディア表象仮説に依拠すれば説明が可能である。

北伊豆地震の際の記事を確認しよう（以下はすべて『東京朝日新聞』朝刊）。六点の「陰謀、不逞、暴動などと記される民族運動や独立運動に関する記事」は、「間島に暴動起る　二百～

三百の朝鮮人蜂起し、我領事館、東拓を襲撃」（一九三〇年六月一日）と「朝鮮人の暴行　吉敦線で木橋に放火」（一九三〇年八月二日）、「朝鮮人百名、軍隊と衝突　死者一四名を出す」（一九三〇年九月一〇日）の三本である。五点の「社会主義や共産主義、労働運度・労働争議に関する記事」は、「朝鮮人労働者騒ぐ　友人の弔合戦」（一九三〇年一一月一四日）の一本である。六点の記事三本では、タイトルから想像できる通り、従来の朝鮮人否定語記事と同一の「暴徒の蜂起」「日本人の被害」「軍の鎮圧」という当局主体のプロットが用いられている。★9 間島の「暴動」を伝える

表 5-2　災害発生前の朝鮮人関連記事

発災年月	災害名	死者行方不明者数（人）	流言の記録	否定的記事数　（　）内は点数						
				6点	5点	4点	3点	2点	1点	合計点
1923.9	関東大震災	10万超	有	10(60)	0	2(8)	8(24)	0	0	92
1925.5	北但馬地震	428	有	4(24)	0	1(4)	4(12)	1(2)	0	42
1926.5	十勝岳噴火	144	無	0	1(5)	0	3(9)	0	1(1)	15
1927.3	北丹後地震	2925	有	4(24)	0	3(12)	2(6)	2(4)	3(3)	49
1927.9	九州西部・東京地方風水害	439	—*1							
1930.11	北伊豆地震	272	有	3(18)	1(5)	1(4)	1(3)	0	1(1)	31
1932.11	東海・関東・東北地方大水害	257	—							
1933.3	昭和三陸地震	3064	無	0	1(5)	0	0	1(2)	0	7
1934.9	室戸台風	3036	無	1(6)	0	0	0	0	0	6
1938.7	阪神大水害	708	無	0	0	0	0	0	0	0
1943.9	鳥取地震	1083	無	0	0	0	0	0	0	0

*1 「—」は災害誌の存在が確認できない。

六月一日の記事は、「暴徒の蜂起」と「日本人の被害」を報じたあと、「警務局では直に国境の警察署、駐在所に急電を発して出動準備を整えせしめた。〔……〕会議を開き断固たる処置をとる模様である」と結んでいる。

昭和三陸地震時の五点の記事は、「極左朝鮮人三名検挙」（一九三三年二月七日）一本であり、二点の「盗みやスリに関する記事」は、「市電でスリ損ね」（一九三二年一〇月九日）一本である。★10

朝鮮を植民地支配していた時期の日本人の身体には、人種差別的な朝鮮人イメージが刻み込まれている。朝鮮人の幸福を朝鮮人に代わって語る社説や、日本による支配への抵抗者を「不逞鮮人」と記すことが慣習となっている報道記事、朝鮮人を恐れることを火を恐れることと同じように自明のこととして描く作文、自警団の暴行について、植民地支配には言及しないままに日本人の軽率さに還元して論じる事後の社説など、前章までに確認してきた日本人による朝鮮人についての言説は、朝鮮人についての意識的な思考が働く前に、思考の方向性を決めたり、思考を促したり、制御したりする主体が、書き手の内部に書き手の意識に対しては姿を見せずに生きていることを示している。朝鮮人を鬼として対処しようと構える隠れた主体が、朝鮮史をあざ笑う言説の産出に駆り立て、日本人が殺した朝鮮人に日本人が何をすべきかについて考える回路を閉鎖する。朝鮮人をめぐる意識的思考をつかさどる、意識以前の主体が見ている鬼としての朝鮮人、すなわち身体的次元における朝鮮人イメージが、年ごとに大きく変動することはあり得ない。

しかし、災害が起きるたびに、身体的次元の朝鮮人イメージが表面化して朝鮮人犯罪流言を生む訳ではない。新聞の分析から考えられるメディア表象仮説は、災害発生前のメディアの否定的表象の累積が、閾値を超えたときに、身体的次元の朝鮮人イメージを意識の表層に吸い上げる呼び水となり、朝鮮人犯罪流言が発生するというものである。

第二節　太平洋戦争と朝鮮人食人流言

朝鮮人犯罪流言は、太平洋戦争期にも発生している。社会心理学者の南博は、戦局の悪化とともに朝鮮人に関する流言が「一層、悪質のものとなり、関東大震災の際に起きた流言と同様、朝鮮人が「内地人を虐殺した」というような流言がひろがった」と指摘し、「日本人の差別意識は危機が高まる程表面化するのである」と論じている。★11 歴史学者の鄭永寿は、一九四五年三月の東京大空襲以来、「朝鮮人が「暴動」し、「スパイ」をなしているという類の流言」が急増していることを指摘し、「関東大震災以来の「朝鮮人暴動」説」が噴出したと論じている。★12
本節では、太平洋戦争期に発生した朝鮮人が人肉を食べたとする流言を取り上げ、流布の状況を検証し、流言の言説構造や発生の原因および背景について考察する。『近代庶民生活誌４流言』[★13]に収録されている「憲兵司令部資料」と「東京憲兵隊資料」から成る憲兵隊資料[★14]と、『在日朝鮮人関係資料集成　第五巻』[★15]に収録されている『特高月報』[★16]を資料として用いる。

一　恐怖の享楽

朝鮮人食人流言が最も初期に記録されている媒体は、『特高月報』一九四三年一一月分である。内容は次の通りである。

①千葉県[★17]　先日、神戸村の土方部屋で朝鮮人が毒消し売りの女を強姦して、その挙句殺して煮て食べてしまったが、その際館山警察署の巡査が臨検に来たので、その連中が豚が煮えたから食べてくださいと言ったところ、その巡査も肉を食い、これは甘いと言ったそうだ。そのため房州海岸の女達は夜歩けない。[★18]（一九四三年一一月、千葉県安房郡・二〇歳妻（女）により流布、『在日朝鮮人関係資料集成　第五巻』二四九頁）[★19]

「毒消し売り」は、「毒消し」という食あたりの薬を各地で売り歩いていた越後の行商を指す。全員が女性で、通常は何人かで集団を成し、宿に泊まりながら行商をしていた。その姿は人目を引くものだった。「つばめと共に季節の尖兵　ふるさと後に行商へ」（『読売新聞』一九三六年五月一七日夕刊）には、「毒消しいりませんかねー。燕の来る頃ともなれば、どこからか現れてくる戸別訪問者、毒消売ガールの訛ったアクセントは初夏の言ぶれにも似て、青葉の都大路に田舎ありの風物詩を振りまいてくれる。藍のにおいの紺がすりに菅笠、手甲、脚絆もきりりとしたいでたちに、日焼けした頬を微笑ませて呼び歩く可憐なジプシー娘たちは、だが、軽薄な蔑視の瞳には想像も及ばないような地方産業の尖兵なのである」とある。

流言は、朝鮮人が毒消し売りの女性に乱暴し、殺害し、そのうえ煮て食べたという内容である。さらに、現場検証に来た巡査が、朝鮮人に勧められるままにその肉を食べたという話が加わっている。事実無根の流言であることは言うまでもない。この異様な話に、朝鮮人に関する事実は一片も反映されていない。話の異様さは、日本人の想像力の異様さである。

朝鮮人食人流言は、憲兵隊資料にも記録されている。憲兵隊資料と、『特高月報』に記録されている類縁性の認められる流言とを集計すると、一六件に上る。なお、一六件のうちには、朝鮮人が犯人として語られていない流言もある（下記、③千葉県）。朝鮮人食人流言という類型とは矛盾するが、確認された時期と場所、他の流言との内容上の類似性から、一九四三年の春から秋にかけて千葉県で流布していた流言の変異であることが明白であるため、朝鮮人食人流言の一つとして扱う。

記録に残っている朝鮮人食人流言一六件のうちから、八件を例として、時系列順に掲げておく。

②千葉県　最近房州方面で朝鮮人が越後の毒消売を殺して食ったという評判があり、警察官が私服で捜査に行くと奥に人間の股がつるしてあって驚いた。（一九四三年四月、千葉県君津郡・六九歳物品販売業者（女）により流布、『在日朝鮮人関係資料集成　第五巻』二五〇頁）

③千葉県　山武方面で姉妹連れの毒消売が殺されて金を取られたらしく、ずたずたに斬られて骨と肉が別々になっていたそうである。（一九四三年七月、千葉県印旗郡・三九歳靴修繕業者（男）により流布、『在日朝鮮人関係資料集成　第五巻』二四九頁）

④千葉県　佐倉町並木で越後の毒消し売りの姉妹が殺され、その肉は成田町方面で豚肉や鶏肉として販売された。付近の山林から白骨が風呂敷包として発見されたが、犯人は東京方面から買い出しに来る朝鮮人だということで、若い女たちは留守居もできないとのことだ。（一九四三年九月、千葉県印旗郡・三三歳食糧検査員（男）により流布、『在日朝鮮人関係資料集成　第五巻』二五一頁）

⑤千葉県　近頃は厳根（木更津市）の方へ女の人はうっかり行けない。先日も山の中へ若い女が行ったところ朝鮮人が五六人で押さえつけて滅茶苦茶にしてしまったそうだ（一九四三年一〇月、千葉県君津郡・三〇歳旅人宿雇婦（女）により流布、『在日朝鮮人関係資料集成　第五巻』二五二頁）

①～⑤は、全て千葉県内で確認されている（千葉県ではこの他に朝鮮人食人流言が三件確認されている。⑤が千葉県の記録の最後ある）。流言は⑤千葉県を最後に千葉県から姿を消したあと、他地域に出現するようになる。

⑥四国　半島人が女学生を強姦の上、これを殺して牛肉也と称し販売したそうだ。（一九四三年一二月、四国、『近代庶民生活誌4　流言』一五頁）[★20]

⑦流布地不明　内地人を殺害してその肉を食うている。又売っている。（一九四五年大空襲前、[★21]『在日朝鮮人関係資料集成　第五巻』（「特高月報原稿」）五〇五頁）

⑧岩手県　汽車の中で聞いたことだが、最近山田町の山奥で半島人五人が車座になって何か肉を食べていたところへ一人の炭焼きが通りがかったら、一人の半島人が肉を食べろと言ったので、気持ちが悪かったが二切ればかり食べて水を呑みに沢へ下ったら、筵《むしろ》をかけたものがあるので取ってみたら、女の惨殺死体だった。（一九四五年五月、岩手県下閉伊郡・四一歳事務員（男）により流布、『近代庶民生活誌4　流言』二四八頁）

⑨栃木県　半島人が女学生を殺して食べているところへ馬車引きが通りがかって何か甘味いものがあるか」と言うと、今日は肉があるから食っていきなと言うので、ご馳走になりその肉をもらって包み、家に帰って開いてみたら、人間の肉だった。（一九四五年五月、栃木県上都賀郡・二二歳無職（女）により流布、『近代庶民生活誌4　流言』三二四頁）

まず、流言の流布に関するアウトラインを確認しよう。流布者の年齢や職業、性別は様々である。最初の記録が一九四三年二月で（①千葉県）、最後の記録が一九四五年の五月である（⑨栃木県）。このあとは、資料そのものが存在しない。資料に記録されている流言に限っても、二年と数か月以上は持続している。地域的には、主に関東以北で確認されているが、四国でも確認されている。

⑧岩手県の資料には、「朝鮮人多数居住地域におけるこの種の造語は各地共、発生しあり」という情報が追加されている。一九三九年以降、敗戦までの間、最終的に七〇万人もの朝鮮人が各地の炭鉱や建設現場に連行され、死者が続出するほどの過酷な労働に従事させられている。[★22]「朝鮮人多数居住地域」は、主に連行されてきた朝鮮人労働者の集住地を指していると考えられる。朝鮮人食人流言が、国策として実施された連行による地域内の朝鮮人人口の急増を契機に発生していることは、ほぼ間違いない（本章第三節第二項参照）。朝鮮人連行の開始前の一九三七年から敗戦までの、①〜⑨で紹介した千葉県、岩手県、栃木県と全国の朝鮮人人口の変化は、表5—3の通りである（表の朝鮮人人口は連行以外の日本への移住者も含んでいる）。三県の朝鮮人人口は、一九三八年以降、一貫して増加しているが、流言の発生する一九四三年前後の朝鮮人人口の前年比増加率が特に高水準であることがわかる。岩手県と栃木県では一九三九年の増加率が高いが、人口そのものが決して多いとはいえない。一九四三年前後においては、一九三九年よりも数倍の人口に達している状態で、なおも高い増加率を見せているのである。

流言の内容の変異について確認しておこう。流言で語られている被害者は、当初「毒消し売りの女」だったが（①千葉県）、途中で「姉妹連れの毒消し売り」になっている（③千葉県）。その後は（一人の）「毒消し売り」と「姉妹連れの毒消し売り」の間で揺れるが、千葉の最後の流言では単に「若い女」となる（⑤千葉県）。他地域では、「女学生」（⑥四国、⑨栃木県）や「女子挺身隊」[★23]、「女」（⑧岩手県）が被害者として語られている。千葉県以外でも、一度だけ「姉妹連れの毒消し売り」が復活している[★24]。

流言の中の加害行為も、女性に乱暴し殺害する点では一貫しているが、その他は様々である。朝鮮人が食べたという語りだけではなく、鶏肉や豚肉、牛肉として販売されていたという語りもある。朝鮮人が人肉を買ったとする語りもある。

最初の流言である①千葉県は、臨検に来た巡査が朝鮮人に勧められて人肉を食べ、「これは甘い」と言った場面が最後に語られている。その後、巡査が朝鮮人に勧められて人肉を食べる場面は消える。しかし、一九四五年五月の岩手県で、類似した語りが現れる（⑧岩手県）。岩手県では、巡査ではなく炭焼きが朝鮮人の勧めで人肉を食べたとされている。炭焼きは、①千葉県の巡査とは異な

表　5-3　流言発生県における朝鮮人人口の推移＊1

	1937年	1938年	1939年	1940年	1941年	1942年	1943年	1944年	1945年
千葉県	3,914	4,029	4,627	5,983	6,106	8,170	10,425	13,996	17,985
増加率		3%	15%	29%	2%	34%	28%	34%	29%
岩手県	1,605	1,308	2,464	3,432	5,066	7,039	10,968	12,574	8,626
増加率		-19%	88%	39%	48%	39%	56%	15%	-31%
栃木県	1,205	888	1,731	2,494	3,105	3,973	5,738	10,610	18,917
増加率		-26%	95%	44%	24%	28%	44%	85%	78%
全国	874,217	892,109	1,037,573	1,241,315	1,552,424	1,730,604	1,938,289	2,103,346	2,206,541
増加率		2%	16%	20%	25%	11%	12%	9%	5%

＊1　実数は田村紀之（1998）「植民地期在日朝鮮人人口の再推計（I）」『経済と経済学』（88）東京都立大学経済学会、37-45頁から抜粋。1945年のみ8月15日現在で、他の年はすべて10月1日現在の人口。増加率は前年比の人口増加率で、田村紀之（1998）の実数を基に筆者が計算。

り、食べたものが人肉だったことに気づく。栃木県でも類似した語りが現れている。⑨栃木県は、馬車引きが人肉を食べたことになっている。馬車引きは、家に帰ったあとで、食べたものが人肉だったことに気づく。[★25] 朝鮮人に勧められた人肉を食べる語りを比べると、①千葉県の巡査の語り方は、岩手県の炭焼きや栃木県の馬車引きの語り方と異なっている。岩手県の炭焼きや栃木県の馬車引きは、人を食べた現実に気づく一方で、巡査は人肉を食べて甘いと言ったきり、それが人肉であることに気づかないままである。個々の朝鮮人食人流言の間には、すべてのケースに共通する特徴はないが、ゆるやかに似ているという「家族的類似性」が見てとれる。千葉県で生まれ口伝えで広がる間に、各地で様々な変異を生み出したと見られる。

①千葉県は、「そのため女達は夜歩けない」という文句が語りの最後に加えられている。同様の文句は、千葉県④の「若い女たちは留守居もできない」や⑤千葉県の「厳根（木更津市）の方へ女の人はうっかり行けない」など、何件かの流言にも付されている。これらの文句は、朝鮮人食人流言が、女性に「貞淑」の社会規範の遵守を迫る、教訓談の側面をもっていることを示している。[★26]

朝鮮人食人流言と名付けた流言の中で最も不変的な要素は、犯人として朝鮮人が割り当てられていることである。しかし、これも変異がある。先に述べた③千葉県の「姉妹連れの毒消売が殺されて金を取られたらしく、ずたずたに斬られて骨と肉が別々になっていたそうである」

という流言である。③千葉県では、朝鮮人が犯人だと語られていないだけではなく、犯人そのものについて何の言及もない。何が起きたか、事件だけが語られている。

以下では、食人流言に限らず、犯人への言及がないままに事件や被害についてのみ語られている流言を「事件型」と呼ぶ。★27 これに対して個人であれ、集団であれ、犯人が明示的に語られ、犯人の社会的属性に関する情報が含まれている流言を「犯罪者型」と呼ぶこととする。この類型を用いれば、犯人像が語られていない③千葉県以外の朝鮮人食人流言は、犯罪者型だということになる。★28

朝鮮人食人流言を関東大震災時の流言と比較すると、二点の顕著な形式の違いが見られる。一点目は、朝鮮人食人流言が物語の形式を備えていることである。流言の概略のみが示されている憲兵隊資料の概略一覧と「特高月報原稿」★29 を除けば、朝鮮人食人流言は複数の場面で構成され、出来事の推移が語られている。たとえば、⑧岩手県は、次のような場面で構成されている。（汽車の中で聞いたことだが）「山田町の山奥で半島人五人が車座になって何か肉を食べていた」↓「一人の炭焼きが通りがかった」↓「一人の半島人が肉を食べろと言った」↓「気持ちが悪かったが二切ればかり食べて」↓「水を呑みに沢へ下った」↓「筵をかけたものがあるので取ってみた」↓「女の惨殺死体だった」。

朝鮮人食人流言は、プロットやストーリーラインを伴う物語の形式で語られているのである。以下では、物語形式の流言を「物語型」と呼ぶ。物語型は、警告型や本質化型が主流だった関東大震災時には存在していなかった型である。

朝鮮人食人流言を含め、犯罪について語る流言は、犯人に関する言及の有無と物語性の有無の二つの指標によって四つの類型に分けることができる（表5―4）。

朝鮮人放火流言などの関東大震災時の朝鮮人犯罪流言も、太平洋戦争期の朝鮮人食人流言も、広義の恐怖心を人々に与える。関東大震災時の警告型や本質化型の流言が、命を奪われたり、暴力を振るわれたりなどの危険な状況が自分の身に近づいているとの意識に伴う恐怖である一方で、太平洋戦争期の物語型の流言は、語られている世界に意識が引き込まれることで

表 5-4　犯罪流言の類型

	犯人の言及あり	犯人の言及なし
物語性あり	犯罪者物語	事件物語
物語性なし	犯罪者報告*1 （警告・本質化・不安表出など）	事件報告*2 （警告・本質化・不安表出など）

各類型の例

犯罪者物語：「先日、神戸村の土方部屋で朝鮮人が毒消し売りの女を強姦して、その挙句殺して煮て食べてしまった〔……〕（①千葉県）

事件物語：「山武方面で姉妹連れの毒消売が殺されて金を取られたらしく、ずたずたに斬られて骨と肉が別々になっていたそうである」（③千葉県）

犯罪者報告：「鮮人が悌ちゃんの家のえんの下へ入った」（犯罪者に関する警告。第1章②）

事件報告：「世の中には死んだ人の指輪をとったりお金をとったりする人もあります」（事件に関する法則または不安表出。第1章第3節第3項）

*1　犯罪者報告としては警告型か本質化型が典型であるが、犯罪者への不安を表出していると見なすのが適切な流言も存在する。

*2　怒りや憎しみを向ける具体的な対象となる犯人が語られない事件報告型は、不安を表出する流言が主要なものとなる。

感じる、嫌悪感を伴う恐怖である。警告型や本質化型は、即座に身を守る行動を要求するが、物語型は最後まで話を聞き続けることを要求する。

朝鮮人食人流言が関東大震災時の流言と大きく違っているもう一つの点は、関東大震災時の多くの流言は、朝鮮人が流言の語り手と聞き手のいる場所を目指して接近中であるという形で語られていた一方で、食人流言は、「あそこで事件が起きた」という形で語られている点である。関東大震災時の流言では、朝鮮人が語り手と聞き手のいる場所にいずれ出現することが予告的に示されるが、朝鮮人食人流言で語られる朝鮮人は、語り手たちがいる場所に出現することは示唆されていない。朝鮮人食人流言は、語りの場とは別の場所で完結した出来事として語られる。

興味深いのは、語られている事件の現場と語りの場とが、絶妙な距離にあることである。語り手たちにとって既知ではあるが、自らの生活圏の外にあるような場所が、事件現場として語られているのである。千葉県の安房郡の住人は、同じ郡内の別の村で事件が起きたと話している（①千葉県）。君津郡の住人は、すぐ南側に広がる「房州方面」で事件が起きたと話している（②千葉県）。印旛郡の靴修繕業男は、半日歩けば到着する「山武方面」で起きたと話している（③千葉県）。千葉県の外でも同様である。岩手県下閉伊郡の住人は、同じ郡内の「山田町の山奥」で事件が起きたと話している（⑧岩手県）。

朝鮮人食人事件は、自分たちの暮らす村や町の中で起きたと語られることはなく、また、語っている場所から隔絶した場所で起きたと語られることもない。恒常的に保たれている、語る場所と語られる場所の絶妙な距離は[★30]、物語型の朝鮮人食人流言が、教訓談のほかに、もう一つの顔をもっていることを私たちに教えてくれる。

絶妙な距離は、聞き手に現実味を伴う恐怖を感じさせる一方で、聞き終えたあとは時間をかけずに日常に戻ることを可能にする。未知の場所ではないが、自らの生活圏の外で起きた事件として語られた朝鮮人食人事件流言は、恐怖の消費を可能にする。朝鮮人食人流言は、教訓談の顔と同時に、恐怖を愉しむための都市伝説の顔をもっている。

朝鮮人食人流言は、「貞淑」の教訓と共に、嫌悪しつつ恐怖する享楽を与える。関東大震災時の流言では、身に迫る恐怖の対象とされ、そのために攻撃の対象とされた朝鮮人は、太平洋戦争期の流言では、嫌悪を伴う恐怖を愉しむための素材にされたのである。朝鮮人食人流言は、日本人の民衆による朝鮮人の言語的な搾取である。

二　異邦人的生の否定

①千葉県のプロットは、どのような特徴をもっているだろうか。興味深いのは、①千葉県の全ての登場人物が、地域共同体にとっての異邦人だということである。朝鮮人と毒消し売りと

巡査の三者は、いずれも事件が起きた地域で生まれた人物ではなく、定着者でもない。三者は、それぞれの仕方で別の土地から訪れ、いずれ去っていく異邦人である。

タイプの異なる三人の異邦人は、互いに相関する行動や経験を通し、それぞれが異邦人についてのメッセージを地域の定着者に対して発している（図5―1参照）。

毒消し売りは、朝鮮人によってもたらされた死と、死後に被る身体への冒涜によって、故郷を離れて生きる危険を定着者に語りかけている。食人事件の現場検証に来て人肉を食べて「甘い」と言った巡査は、犯人を取り逃がしただけではなく、結果的に食人の共犯者になっている。巡査の言動は、地域の定着者に国家の代理人が頼りにならないし、頼りにすべきではないことを語っている。朝鮮人による食人は、朝鮮人に近づけば命を失うだけではすまないことを教えている。①千葉県は「村を離れるな」「異邦人を頼るな」「異邦人に近づくな」という三つの教えで構成さ

図5-1　定着者と異邦人

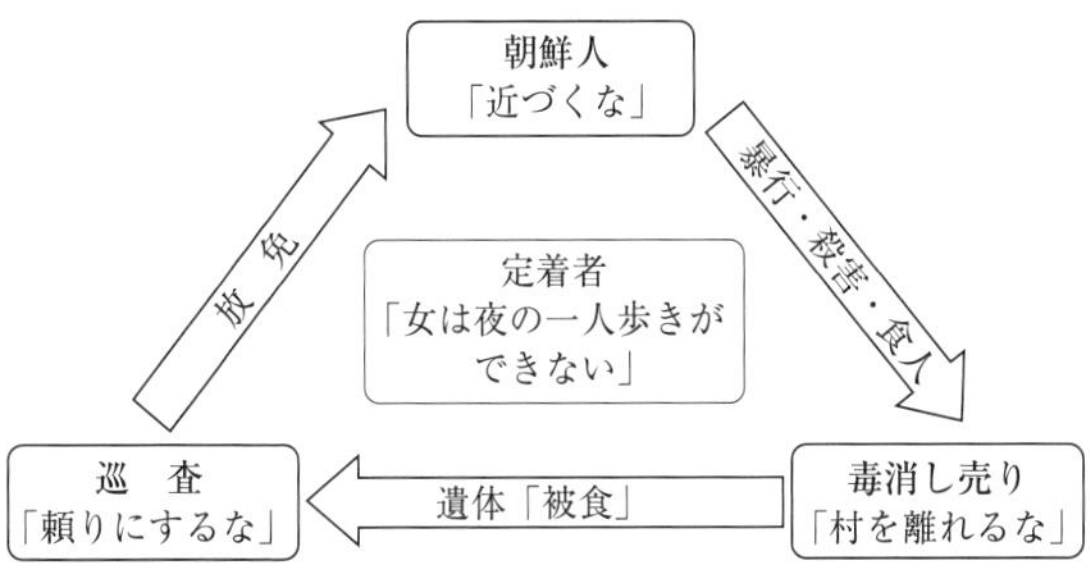

れている。

毒消し売りの悲劇は、巡査が朝鮮人を取り逃がし、結果的に放免してしまうことで救いの機会が失われている。救いのない物語は、異邦人たちの世界の出来事として示されている。このように異邦人の物語として見るとき、朝鮮人食人流言は、日本人の他者としての朝鮮人性の否定であると同時に、村落という地域共同体の他者全般に対する否定の物語であり、朝鮮人差別の語りであると同時に、地域共同体主義に根差し、故郷を絶対的で不可侵の存在として見なす、故郷神話の物語としての一面をもっている。

第三節　食糧不足の恐怖と朝鮮人食人流言

あらゆる流言は、語られている内容と、流言を語り聞く相互行為との、二つの側面で成り立っている。そのため、特定の流言の発生をめぐっては、内容を形作った条件と、相互行為を促すことで流言を流布させた条件との、二つに分けて考える必要がある。本節では、第一項で朝鮮人食人流言の内容（物語）を形作った条件について考察し、第二項で相互行為を促した条件について考察する。

一　食糧不足と朝鮮人食人流言

朝鮮人食人流言が発生し、拡散した時期が、敗戦が色濃くなっていく時期であることと[★31]、プロットにおける中核的な要素が食人であることに着目すれば、戦争中の食糧不足が朝鮮人食人流言を形成した一つの条件をなしていたことは明らかであろう。序章第一節で一例をあげたように、日本では、外国人が女性に対して性的な乱暴をしているという流言が、災害時ならずとも、しばしば生じるが、外国人が日本人を食べたという流言は、戦局が悪化し、食糧不足が深刻化すると同時に、戦地で兵士の餓死者も発生していた当時以外に確認されていない。朝鮮人食人流言の物語は、前節で見た文化の領域における故郷神話や、社会関係の領域における朝鮮人への妄想に基づく敵意や嫌悪、蔑視という条件に加え、物質や経済の領域における食糧不足という条件が複合的に作用して形成されたと見なすのが適切である。朝鮮人食人流言の物語は、ジークムント・フロイトが夢の「顕在内容」（実際に見る夢）の形成の特徴として論じた「多元的決定」（overdetermination）によって形成されているのである[★32]。朝鮮人食人流言は、物語に対しアレンジを加えて再創造することが誰にでも許されているために、複数の条件が物語の形成要因として働きうる。

では、食料不足という物質的条件は、人々にどのような経験をもたらすことで[★33]、物語の形成に関与したのだろうか。内務省警保局経済保安課編「一九四四年六月一〇日　食糧不足をめぐる流言蜚語の概要」[★34]では、「深刻なる食糧逼迫事情」により発生した流言を七種目に分類している。一九四四年三月以降の全ての「報告件数」八〇件のうちで最多の二七件が分類されている種目は、「警民離間に関するもの」である。この種目には、「米穀その他食料品[★35]をめぐる警察取締に対する反感」と「警察官の行為を憶測して取締をけん制せんとする意図」に基づくと経済保安課に分析された流言が分類されている。一九四二年の食糧管理法成立以降は、米穀の価格、流通、生産は国家によって統制されている[★36]。警察取締とあるのは、食糧管理法に抵触する国家を通さない個人間の食糧取引に対する取締りのことである。

注目に値するのは、「警民離間に関するもの」の例として何件か紹介されている、警察組織の存在や個々の警察官の行動が、結果的に子供の死をもたらしたとの内容の流言である。「リュックサックに米その他食糧品を入れて背負い歩くものが多いので、警察官が錐《きり》で刺しながら調べたら、米でなく子どもを刺し殺した」「応召家族の妻がどこからか米をもってきたところ、警察に掴まり、一晩泊められて帰宅したら、子ども二人は死んでいた」などである。「家庭不和悲劇に関するもの」の種目にも、警察と子供の死が主題の流言が紹介されている。「お内儀さんが配給中の米を盗み、警察に行く事になったので、子供を二人殺して、自殺した」とある。

これらの流言は、内容的に物語の形式を備えているが、いずれの物語でも、警察は意図しない加害者として登場している。巡査がそうと気づかないままに人肉を食べる①千葉県の朝鮮人食人流言は、巡査が結果的に死者に対する意図しない加害者になっている点では、警官子殺し流言と共通している。

その一方で、警官子殺しの物語と①千葉県の間には、大きな違いがある。警官子殺しの物語には、子殺しの意図しない加害者がいても、意図的に人を殺す、犯人と言える反道徳的な加害者はいない。対照的に、①千葉県では、暴行と殺害、食人に関して、朝鮮人が反道徳的な加害者（犯人）として登場している。そして、犯人の登場によって、巡査は意図しない加害者、または意図しない共犯者でありながら、事件に巻き込まれた被害者でもあるという両義的な存在になる。

この違いのために、二つの物語は、正反対の社会的意味をもつことになる。庶民対警察という対立構造の警官子殺し流言は、伝播の範囲や深度次第では、戦争を遂行している当局に対する批判的世論や抵抗運動を庶民に喚起する可能性を内在させている。★37 その一方で、①千葉県は、庶民対警察という構造に加え、許し難いと誰もが思い、怒りと嫌悪感を催させる反道徳的な加害者を物語に組み込んでいるために、当局への批判的世論や抵抗運動の可能性から庶民を遠ざける。朝鮮人食人物語は、食糧に関わる警察への反感や恨みを、朝鮮人への嫌悪に置換

（displacement）しているのである。

①千葉県以降の朝鮮人食人流言の物語は、警察への批判と抵抗の可能性を庶民からさらに遠ざける方向へと変異している。②千葉県からは、巡査そのものが消える。⑤千葉県以降では、被害者が異邦人の毒消し売りから地域共同体内の誰かに代替されている。朝鮮人食人流言は、朝鮮人が人肉を食べたというプロットだけが際立ち、もっぱら朝鮮人の反道徳性に焦点が当てられた物語に変わっていくのである。[★38] この変化は、食糧不足の現実がもつ当局への批判と抵抗の可能性を奪う物語として、朝鮮人食人流言が完成したのだとも言える。朝鮮人食人流言を語り聞き、朝鮮人を恐れている限りは、戦争遂行により食糧不足を招いている当局に怒りの矛先が向かうことはないだろうからである。

①千葉県は、朝鮮人食人流言の一つとして取り上げたものの、朝鮮人による食人のプロットのみで構成されている訳ではない。巡査が犯人の朝鮮人を取り逃がし、騙されて人肉を食べるプロットが後続している。「警民離間」の多様な流言と、警官と庶民の現実の葛藤や不満を考えるとき、巡査に関するプロットは、朝鮮人食人に関するプロットに対する付録として片づけられるようなものではなく、①千葉県をもっぱら朝鮮人への差別が生んだ流言であると考えるのは適切ではない。①千葉県は、警察への不満と朝鮮人への敵意や蔑視との二つの民衆の意識の合流によって形成された、ポリフォニックな物語である。また、現実世界で搾取の対象で

あった朝鮮人が犯罪者として語られることによって、現実世界で不満の対象であった警察が物語の中では被害者としての顔をもつようになることに着目すれば、①千葉県は、当局への不満を朝鮮人への敵意に転嫁するスケープゴートの物語としての面をもっていると言える。そして、時が経つほどに、もっぱら朝鮮人への敵意や蔑視を反映したモノフォニックな朝鮮人嫌悪の物語へと変わっていくのである。

後になるほどに朝鮮人嫌悪の物語へと純化していったのはなぜか。純化によって、当局が批判の矛先を向けられないで済む利益を得るからとしても、当局が純化した朝鮮人嫌悪の物語を意図的に拡散したことを示す記録はない。憲兵隊も特高も、朝鮮人についての他の流言と同様に、朝鮮人食人流言についても拡散を警戒し、流布者に対して処罰もしていた。処罰の実態も、憲兵隊資料や『特高月報』に記録されている。朝鮮人嫌悪の物語への純化は、あくまで民衆の生活世界の内部で生じている。

純化した朝鮮人食人流言は、朝鮮人への恐怖や嫌悪感などの否定的感情の存在を前提とする。否定的感情が人々に共有されていない状況で朝鮮人の食人について語れば、むしろ、語り手の見識が疑われるはずであり、流言として人々の間に拡散することはないはずである。同時に朝鮮人食人流言が、語り手の意図がどうであれ、否定的感情を聞き手に喚起する役割を果たすことは明らかである。朝鮮人食人流言は、朝鮮人への否定的感情を前提に、さらにそれを喚起する。問題は、朝鮮人への否定的感情の喚起が、なぜ他ならぬ食人の表象を媒介としているかである。ある集団が特定の外部の集団に対して嫌悪感などの否定的な感情をもつことは、歴史上、枚挙にいとまがない一方で、否定的な感情をもつ外部の集団と食人とを結びつける流言が一般的であるとは決して言えない。少なくとも近代以降の日本において、特定の集団と食人を結びつけた流言は、敗戦間近の時期の朝鮮人食人流言以外に確認できない。ある情報が人々の間で繰り返し語られる流言へと変化する条件の一つが、情報が「もっともらしいこととして知覚される」[★39]ことであるとすれば、どれほど否定的な感情を向けている外部の集団であっても、食人を帰属させた流言がほとんど見られないことに不思議はない。もっともらしさの観点からすれば、食人は他の犯罪に比べれば、明らかに劣る。食人の情報は、外部集団を貶める流言と化す前に、疑われることによって私的な会話で終わる公算が高いのである。では、なぜ太平洋戦争末期に限り、朝鮮人を食人と結びつける情報が流言と化したのか。

「食料不足をめぐる流言蜚語の概要」には、「朝鮮人が産婆を頼みに行き、途中でこれを殺し、その肉を宿屋に売ったところ、おかしい肉だと警察に届けたので、人間の肉であることがわかった」という流言が記録されている。「食料不足をめぐる流言蜚語の概要」には、すでに見た警官に意図せざる加害行為を帰属させている流言以外にも、軍人や村長や役所など支配者層の人たちに加害行為を帰属させている流言が、少なからず記録されている。加害行為が支配者層に帰属させられているのは、食糧不足に関わる社会の不満の反映であることは明らかであろう。その一方で、人肉売却だけは、支配者層ではなく、朝鮮人に帰属させられている。そして、「食料不足をめぐる流言蜚語の概要」に収録されている流言に朝鮮人が登場するのは、人肉売却に関する流言においてのみである。朝鮮人の人肉売却がまったくの事実無根であることと、他の流言で支配者層が反道徳的な主体として頻繁に登場していること、支配者層の頻繁な登場は不満という社会の現実を映していることを考えれば、可能性としては、支配者層に人肉売却を帰属させる流言があってもいいはずだが、実際には存在せず、朝鮮人に帰属させられている流言があるのみである。

同様のことは、食人流言に関しても言える。朝鮮人食人流言は、憲兵隊資料と『特高月報』で合計一六件が記録されている★40一方で、日本人による食人流言は、一件も記録されていない（物語型ではなく、報告型の食人流言は一件、記録されている。後述する）。朝鮮人による人肉売却と同様に、朝鮮人による食人の事実も、当然にも一切ない。少なくとも、当時、朝鮮人の食人の事実は確認されていない。したがって、支配者層に対する民衆の憤懣《ふんまん》が存在していた以上、人肉売却と同様に、食人を支配者層に帰属させた流言があっていいはずだが、やはり存在せず、朝鮮人のみに帰属させられている。

つまり、人肉売却や食人に関わる流言に関しては、一貫して帰属先から日本人が除外されている。そして、帰属先からの日本人の除外が単なる偶然ではないとすれば、精神分析学に由来する投射説に依拠して、朝鮮人を食人と結びつける流言が広がった理由を推し量ることができる。

心理学者のゴードン・オルポートとレオ・ポストマンは、「国内の特定集団を疑い、泥をぬったりするということは、まったく外面的な事実であって、真の原因は、私たち自身の心の裏部屋に閉じ込められた感情に根ざしている」とし、「私たちは自分の中にかくしているものを、他のあまり罪のない犠牲者に「投射」するのだ」と述べる。[★41] 社会学者のタモツ・シブタニも、様々な条件を付けながらも投射説を支持する。「自分はただ聞いたことを伝えているに過ぎないと主張することによって、自らの言葉の責任を負うことをしない」「流言形成」の状況では、「人々が感じることを恥じるような恐れや、公言できない疑惑や、禁じられている願望などが偽装して、流言の中に出現してくる」とする。[★42]

このような投射説に依拠するのであれば、朝鮮人が人肉売却や食人をしたとする流言が発生した理由について、次の仮説を提示することができる。自分や仲間たちが人間の身体に対して一線を越えた反人間的な振る舞いをするのではないかという不安や、すでにしているのではないかという認めたくない疑惑を、朝鮮人に投射したのだと。戦後になって、「皇軍」の兵士が女性の身体を性的欲求の処理のために組織的に利用していた従軍慰安婦問題や、捕虜の生体を解剖し人肉を試食していた事件、軍の部隊が細菌兵器の開発のために人体実験を行っていた事実、前線で飢餓に陥った軍人が絶命した軍人の人肉を食べていた事実などが明らかにされた。人肉売却や食人を朝鮮人に帰属させて語っていた日本人こそが、身体に対する一線を越えた反人間的な振る舞いをしていた現実がある。多くは隠されてきた現実である。

朝鮮人食人流言は、強制連行されてきた人々の集住地区の周囲で発生している。明らかなことは、朝鮮人食人流言を聞くことで朝鮮人を恐れ嫌悪するとき、朝鮮人を酷使している日本人の傲慢な残酷さと、朝鮮人の労働によって日本人が得ている利益に対し、日本人が無自覚でいられることである。朝鮮人に対する嫌悪を伴う、消費可能な恐怖を引き起こす朝鮮人食人流言ほど、日本人自身を罪の意識から遠ざけるのに効果的な言説はない。

物語型ではなく、報告型の流言では、朝鮮人を犯人として語っている訳ではない食人流言が記録に残っている。一九四四年三月に新潟で広がった「帝都罹災者に食料の配給なく、人肉を食った者が相当、あるそうだ」という流言である。[★43]「新潟市内女学生間に流布せられあり」と付記されている。女子学生の間で広がった事件報告型の流言は、食人をめぐる自分たち自身に対する不安や疑惑を表出している。食人を、自分たちとは異質な他者の行為として語っているわけではない。

投射説に立てば、朝鮮人食人流言は、新潟の流言に見られる自分たちの誰かが一線を越えて人を食べてしまうのではないかという不安や、すでに食べているのではないかという疑惑（のちに現実だったことが判明する）が、「扮装」して出現したと考えられる。よく知られているように、太平洋戦争期に当局は、戦局が悪化する中で、戦争の現実と未来に関して実態とは乖離した発表を続け、密告や相互監視によって「非国民」やスパイをあぶり出す組織として隣組や町内会を利用した。また、日本軍を「皇軍」として神聖視するよう国民を訓練していった。日本人、とりわけ日本軍が人間の身体をめぐり一線を越えた反人間的な行為をしているかもしれないと語ることは、不道徳な語りであると同時に、危険な語りであるほかない状況が作られていた。投射説に依拠すれば、日本人自身の身体の扱いをめぐる不安や恐れを口にできない葛藤が、朝鮮人食人流言の物語を形成した深層の要因として作用したと考えられる。朝鮮人食人流言は、日本人自身の「感じることを恥じるような恐れや公言できない疑惑や、禁じられている願望」を語っている。

二　「一心同体」表象の逆機能

朝鮮人を否定的に報じる記事の累積が閾値を超えると、朝鮮人犯罪流言が発生するというメディア表象仮説を第一節で論じた。同じ仮説によって、朝鮮人食人流言の発生も説明できるだろうか。朝鮮人食人流言が千葉県の各地を徘徊していた時期と、それ以前の六か月の間、すなわち一九四二年八月から一九四三年一〇月までの期間中に、『朝日新聞』東京版で「朝鮮人」「鮮人」「半島人」のいずれかが見出しで使用されている記事は、夕刊まで含めて八本あるが、朝鮮人を否定的に書く記事は一件もない。では、当該期間中の記事は、流言発生に関与していないのか。記事の内容ではなく、内容の呈示の仕方としてのフレームに示されている朝鮮人表象を考えると、決してそうではない。

一九四二年八月二〇日の朝刊記事「半島人も南へ　田中政務総監談」は、「半島人も志願兵として立派に行軍の一部をなしているし、この際、彼らに南進国策に協力させる機会を与えるのは必当」と論じる。記事のフレームは、傍点箇所に現れている。朝鮮人の戦争への協力についての内容が、「半島人」の国家への献身と国家による朝鮮人への恩恵を強調するフレームによって書かれているのである。記事が、フレームによって、日本人が始めた戦争に強制的に協力させられる朝鮮人の現実を隠滅しているのは明らかである。一九四三年一月一一日の朝刊記事「匪賊殲滅にも赫々の武勲　覆面脱いだ半島人部隊」は、「国軍の精鋭と称せられている朝鮮人ばかりの間島特設隊」に記者が訪れ、「匪賊を追うて飲まず食わず眠らず氷等吹き荒れる中を二十二時間も連続追跡した」と、朝鮮人が日本の「国軍」兵士として国家へ懸命に協力している姿を強調する。一九四三年三月三〇日朝刊の「中等校の徴集延期廃止　高校、予科は一年短縮・師範は延長　四月入学者から適用半島人の徴兵手続も改正」は、「半島人」の徴兵手続きに関するごく短い記事だが、「半島人にも内地人同様徴兵検査を受け得る恩典が与えられた」と、朝鮮人の身体を日本の戦争に利用することを、日本国による朝鮮人への恩恵として表象している。一九四三年一〇月三日夕刊の「半島人の錬成道場」は、八月に「朝鮮の兵役法」が実施されたことについて、「在都十余万の半島出身者はこれに感激して錬成道場を開設することになった」と伝える。

以上のように、①千葉県の発生前および発生期の新聞言説は、日本人の一員であることを誇り、国家に尽くす存在として朝鮮人を表象し、朝鮮人に対して恵みを与える存在として国家を表象するフレームが、一貫して用いられている。「日本光明論」を引き継ぎつつ、一心同体を強調するこの公定の朝鮮人表象は、国家総動員法が公布された一九三八年頃から朝鮮人の戦争への動員に関する記事で表面化している。[★44] 国家総動員法以降の朝鮮人表象が、戦争への朝鮮人の身体の利用を正当化するためのものであることは言うまでもない。

「併合」前の「日本光明論」を引き継いでいるとはいえ、表象を取り巻く状況は、以前とは大きく異なっている。一九四二年からの国家権力による朝鮮人強制連行[★45]によって、地域住民の生活圏に朝鮮人が急激に増加していたからである。連行されてきた朝鮮人は、過酷で差別的な労働環境に置かれている。暴力や脅迫を伴う拉致に等しい連行もあったために、朝鮮人が職場から逃亡を試みるケースも多かった。逃亡者にはリンチが加えられることもあった。

千葉県への強制連行と労働について調査した『朝鮮人強制連行調査の記録　関東編１』[46]には、朝鮮人食人流言について若干の言及がある。連行されてきた朝鮮人は、「警察・特高の方針により、周囲との交通関係が遮断されていた。そうした状況の中で、隊列をつくりトンネルに向かわされた朝鮮人の集団や、食事時間短縮のため立ったまま集団で食事をさせられる様子を、地元の人々は奇異なものを見る目で眺めていた」（一六八頁）と指摘し、こうした経験から「やがて差別偏見に満ちた流言蜚語が流布していったと思われる」と論じている。問題は、「奇異なる目で見ていた」経験から流言の発生に至るプロセスであり、このプロセスを促した条件である。

オルポートとポストマンは、『デマの心理学』で、「R（流言の量）＝I（問題の重要さ）×a（曖昧さ）」という「公式」を提示している。多くの人にとって重要な意味をもつ事柄に関して、本当の事実が曖昧さに覆われているときに流言が発生し、拡大するという見方である。また、流言を生む一方の要因である曖昧さ（a）は、「ニューズがまったくないか、あるいは不完全なとき、ニューズが矛盾した性質のもので、信頼しえないとき」などに生じるとされている。[47]

一九四〇年代前半の朝鮮人をめぐる状態は、オルポートとポストマンの流言の公式通りの状態だった。地域社会の文脈とは無関係に朝鮮人が生活圏で増加し、住民の間で朝鮮人が重要な関心事になっていたときに、当時の新聞は、朝鮮人がどのような存在であるのか、国家としての日本や日本人に対してどのような認識をもっているのかに関して、現実離れした情報しか提供していなかったからである。朝鮮人が日本という光明のために喜んで身を捧げているという、新聞による公定の表象は、現前している酷使される朝鮮人の姿と相容れるものではない。

地域の文脈とは無関係に朝鮮人労働者が急増したときに、信じるに値する情報がなかったことが、庶民が偏見以外の何者でもない手持ちの知識や想像力を駆使して、朝鮮人について語り聞く流言の相互行為を促したと考えられる。太平洋戦争期においては、メディア表象と現実との矛盾の累積が、朝鮮人をめぐる妄想を呼び出す役割を果たしたのである。

周知の通り、戦局の悪化に伴い、メディア情報は全面的に矛盾した性質を帯び、信頼できないものになっていった。「憲兵司令部資料」の最も早い時期の記録である一九四三年一二月分には、「大本営の発表は当てにならないものが多い」「事実は発表されていない」「ガダルカナルでも本当は日本が不利だ。転進という言葉を使っているが事実は後退なり」[★48]などと人々が語っていた記録が残っている。

朝鮮人食人流言は、朝鮮人についての公定の情報のみならず、戦争についての公定の情報も日増しに信用に値しなくなっていく中で、人々の非公式のコミュニケーションが活性化していた条件の下で、発生・拡散したと考えられる。

第四節　太平洋戦争と朝鮮人犯罪流言

憲兵隊資料と『特高月報』に記録されている朝鮮人犯罪流言のほとんどは、朝鮮人食人流言も含め、空襲と食糧などの物資不足を契機として発生している。また、朝鮮人犯罪流言で朝鮮人に帰属させられている行為の多くは、破壊的行為か利敵行為のどちらかに分けることができる。本節では、第一項で流言発生の契機と朝鮮人に帰属させられている行為の二つの指標に基づいて、太平洋戦争期の朝鮮人犯罪流言の全体像を四つの類型を用いて示したあとに、第二項で、戦時下の朝鮮人犯罪流言と関東大震災時のそれとの関係について多角的に考察する。第三項では、日本人が朝鮮人を殺害したとする流言を中心に論じる。

一　太平洋戦争期の朝鮮人犯罪流言の四類型

太平洋戦争期の朝鮮人犯罪流言の大部分は、次の四つの類型のいずれかに分類できる。

空襲に際した破壊行為

①　朝鮮人と言う奴は油断のならぬ奴だ。名古屋空襲のとき火災を起こしている。付近の

家に火をつけて走り回っていたということだ。始末におえぬ奴は朝鮮人である。（一九四五年五月、岐阜県稲葉郡（男）により流布。『近代庶民生活誌4　流言』（憲兵司令部資料・別紙）二四八頁）

空襲に際した利敵行為

②　今度の空襲で爆弾の落ちたところは半島部落が多い。半島人は八幡市を全滅させるため灯をつけたまま自分たちは待機していたらしい。（一九四四年六月、福岡県八幡市・八幡製鉄所工員により流布。『近代庶民生活誌4　流言』（憲兵司令部資料・別紙）七八頁）

物資不足に際した破壊行為

③　悪質鮮人が自分の配給の砂糖に硝子粉を入れて交換又は販売するので、これを買ったり交換したりした者は相当身体に障害を来たし、京都病院その他に入院加療中だそうだ。（一九四四年九月、京都市中京区・三六歳無職（女）により流布。『近代庶民生活誌4　流言』（憲兵司令部資料・別紙）一四九頁）

物資不足に際した利敵行為

④　安食町方面では朝鮮人が米一俵百円ないし二百円くらいで買い受け、これを利根川に

流し経済謀略をやり、憲兵に検挙されたそうだ。（一九四三年一〇月、千葉県印旛郡・四五歳農家兼精米（男）により流布。『在日朝鮮人関係資料集成　第五巻』（特高月報刊行版）二五一頁）

朝鮮人犯罪流言の大部分が、空襲か物資不足のどちらかを契機としているのは、二つの現象が命に関わる最も深刻な問題になっていたことの反映である。序章で紹介した、一九四五年の大空襲後の「B29には朝鮮人がのって敵機を誘導しているそうだ」★49という流言は、空襲に際した利敵行為の典型である。なお、資料からは、甚だしく荒唐無稽な朝鮮人敵機誘導流言が、相当に広範に広がっていたことがわかる。憲兵隊資料には、「撃墜された俘虜の中に半島人がいたそうだ」（一九四四年八月、『近代庶民生活誌4　流言』憲兵司令部資料・別紙、一六二頁）という流言が「関東・中部・近畿・九州・台湾・朝鮮」で広がったと記されている。

破壊行為と利敵行為を朝鮮人に帰属させる流言は、オルポートとポストマンが、特定集団への「反感や憎しみを反映した、「分裂デマ」」と呼んでいる流言に相当する。★50オルポートらは、アメリカの戦時中の分裂デマが、主に「反ユダヤ」「反黒人」「反政府」「反軍隊」だったことを、戦時中の一九四二年のデマの集計に基づいて紹介している。すでに見たように、日本でも、警察への反感を元にした「警民離間に関する」流言（本章第三節第一項）をはじめ、軍や政府への反感を元にした「分裂流言」が大量に流れている。アメリカの「反ユダヤ」と「反黒人」の分裂流言に相当する日本の分裂流言が、朝鮮人に破壊行為や利敵行為を帰属させる朝鮮人犯罪流言である。アメリカでも日本でも、分裂流言の主要な標的になっているのは、庶民の上に位置する当局や支配層か、逆に社会的に抑圧されている民族的または人種的マイノリティである。

支配者層を標的にした分裂流言は、本章第三節第一項で紹介した警察子殺し流言のように、物資不足を契機とした事例が主であるが、空襲を契機とした事例もある。「過日東伯郡〔……〕に空襲があったが、それは敵の爆弾ではなく鳥取県人が空襲に対する認識が足りないため日本軍が試に投下したのだそうだ」（『一九四四年八月、鳥取で流布、流布者不明、『近代庶民生活誌4　流言』一四六頁）という記録がある。

二　戦時下の朝鮮人犯罪流言と関東大震災時の流言

朝鮮人食人流言が関東大震災時にはなかった型の流言である一方で、戦時下の朝鮮人犯罪流言と関東大震災時の流言には、共通点も見られる。空襲後に朝鮮人が付け火をしていたと語る①は、火災発生下という流言発生時の状況も、放火をするという流言の内容も、関東大震災時の朝鮮人放火流言と共通している。関東大震災時には、朝鮮人放火流言と同時に朝鮮人謀略流言も流れていたが、火災を朝鮮人の謀略によるものだとする流言は、太平洋戦争期にも生じている。「鉱山や工場に火災が多く発生するのは朝鮮人の謀略である」（一九四五年大空襲後に流布、

『在日朝鮮人関係資料集成　第五巻』五〇五頁）という流言が記録に残っている。

太平洋戦争時には、軍関連工場で爆発事故が起きた際も、朝鮮人謀略流言が流れた。

⑤　多賀城海軍工廠の爆破は鮮人の謀略だそうだ（一九四三年一二月、仙台及び隣接市町村で流布、流布者不明、『近代庶民生活誌4　流言』一九頁）

「多賀城海軍工廠」は、航空機用機銃や弾薬などを製造していた海軍管轄の工場である。工場の建設のために数百人単位の朝鮮人が従事させられていた。★51 朝鮮人労務者の置かれていた環境は、劣悪を極めていた。「トロッコを押す後ろには棒頭（現場監督）がつきっきりで、まるで牛や馬を追うように棒で叩いていた。逃げられないように周囲にシェパードを放していた」と、地域住民が戦後に証言している。「土砂を満載したトロッコ押しの手を少しでもゆるめると、棒頭から樫の棒が飛んだ」と朝鮮人労働者も証言している。冬でも裸同様で、飢餓に絶え間なく襲われる。現場から戻るとタコ部屋に押し込められ、錠前をかけられた。病気になったり負傷したりしても、現場に連れて行かれる。多数の死者が出ているが、数はわからない。これらの証言を載せている『多賀城市史』は、「病人にムチ打っての強制労働と、逃亡防止のための見せしめ的なリンチの繰り返しによって、多くの犠牲者も生み出した」と記している。★52 その工場で、一九四三年一二月一一日に爆破事故が起きた。死者は、三〇名前後である。爆破事故後に生じたのが、「爆破は鮮人の謀略だそうだ」という流言である。同欄には、「仙台市内並隣接市町村一円に亘り流布」したとある。火災が起きると、避難者や被害者であるはずの朝鮮人が、加害者として表象される顕著な傾向がある。

③の「悪質朝鮮人が自分の配給の砂糖に硝子粉を入れて交換または販売する」という流言は、朝鮮人に帰属させられている行為が一般市民に対する無差別的な攻撃である点で、関東大震災時の朝鮮人投毒流言と共通している。

太平洋戦争期と関東大震災時の流言の多くが内容的に共通していることは、関東大震災から太平洋戦争まで時代を通じて変わらない朝鮮人をめぐる図式が、社会的に構築されていたことを示唆する。朝鮮人は禍を生む元であるとする見方と、朝鮮人は禍に乗じて犯罪をするものだとする見方とで構成された、朝鮮人を禍の相関物と見なす妄想の図式である。

太平洋戦争期の流言には、関東大震災時に広がった流言と地続きの流言も少なくない。

⑥　東京の震災の時には半島の人が井戸に毒を投げ入れたり、子供に毒の入ったビスケットをやったり山に行って青竹を伐ってきて竹槍を造って女子供等の日本人を突殺したそうだ。（一九四四年六月、大阪府旭区・二一歳無職（男）により流布、『在日朝鮮人関係資料集成　第五巻』

四五三頁）

⑦　関東大震災の時は朝鮮人が井戸の中へ毒薬を入れ自警団に相当殺された。（一九四四年九月一〇日、東京荒川区、流布者不明、『近代庶民生活誌4　流言』一五二頁）

⑥は、朝鮮人が毒を投げ入れたなど、関東大震災時に広がった事実無根の流言を繰り返したあとに、「〔半島人が〕竹槍を造って女子供等の日本人を突殺したそうだ」と、日本人が朝鮮人に対して行ったことを、朝鮮人が日本人に対して行ったと主客を転倒させて語っている。⑥では、被害と加害の関係が完全に転倒している。

被害と加害の関係の転倒は、⑦にも見られる。自警団が事実無根の流言を信じたために朝鮮人を殺したのが、関東大震災時の現実の因果関係だが、⑦は「朝鮮人が井戸の中へ毒薬を入れ」たことを「自警団に相当殺された」ことの原因として語っている。朝鮮人が日本人に対する加害者として表象された上で、加害者である朝鮮人への対抗措置として、自警団による朝鮮人殺しが位置づけられている。

⑥と⑦の流言において、関東大震災時に日本人が朝鮮人に残虐な行為をした事実は、単に忘却されているのではない。朝鮮人が日本人に残虐行為をしたという虚構が、歴史的事実として

記憶されている。虚構の歴史の基本のプロットは、新聞で延々と繰り返された「暴徒の蜂起」「日本人の被害」「軍による鎮圧」の、当局主体のプロットと共通している。

最後に、戦争末期の一九四四年暮れの一二月七日に東海地方を中心に大規模地震が起きた際に発生した流言を紹介する。

⑧　名古屋岐阜方面の大地震は関東大震災以上の被害で死者は何万と出るし、朝鮮人が暴動を起こし、殺人、強姦をやった。（一九四四年一二月以降、東北地方で流布、『近代庶民生活誌4　流言』憲兵司令部資料・別紙、二一一頁）

⑧は、東北地方で五件確認されたと記されている。注意すべきは⑧が被災地から離れた場所で発生していることである。災害後の不安や見知らぬ者同士のコミュニケーションの活性化、被暗示性の高まりなど、流言を生みだすとされる被災地固有の状況とは無関係に発生しているのである。⑧はもっぱら「災害の際には朝鮮人は犯罪をおかすものだ」という偏見によってのみ発生している。

三　日本人による朝鮮人殺害流言

本章の最後に、戦争期朝鮮人犯罪流言の四類型に分類することが難しく、しかも複数件記録されている流言を取り上げる。次の四件である。

⑨　空襲で爆弾があると半島人が混乱するから内地人が鎮めるため半島人全部を殺すかもわからん。（一九四四年二月上旬、大阪市西成区・四二歳国民学校保護会長・薬剤師（男）により流布、『近代庶民生活誌４　流言』四九頁）

⑩　兵隊は警戒警報が発令されて武装して出るのは十分くらいで営庭に整列する。自分たちは都島の京橋に整備に行くのであるが、空襲警報が発令されたら実弾十五発もらって、前弾丸入入れ《マ》にれ《マ》て〔前弾丸入れにいれて〕持っていき、着剣して警備に行くのである。あの辺は朝鮮人が多いから、眼目は朝鮮人を殺すのである。突き殺すか打ち殺すかの命令は、朝鮮の兵隊も入隊しているので、警戒警報が出た場合、朝鮮の兵隊は一か所に集めて営内より一歩も外へ出さない。（一九四四年九月、大阪府浪速区・二九歳木工指物職（男）により流布、『在日朝鮮人関連資料集成　第五巻』四五五頁）

⑪　今後、日本に戒厳令が布かれると朝鮮人は皆殺しになるそうだ。（一九四四年一〇月、千葉県東葛飾郡・六〇歳農業（男）により流布、『近代庶民生活誌4　流言』一七四頁）

⑫　戦争が終わったら内地に居る朝鮮人は皆殺しされてしまうそうだ。（一九四五年四月、千葉県銚子市・三八歳警備隊補助員（男）により流布、『近代庶民生活誌4　流言』三〇四頁）

四件は、すべて日本人が朝鮮人を殺すという内容を含んでいる。⑨と⑩は、共に大阪で確認され、⑪と⑫は、千葉で確認されている。

⑨と⑩の流言も、「災害時に朝鮮人は犯罪をおかすものだ」という強固な偏見が元になっている。⑨では、「空襲の爆弾があると、「半島人」が混乱するから」と語っているが、一九四四年二月上旬の時点では、大阪への空襲は行われていない。また、関東大震災時に「大混乱」に陥ったのは日本人であって、朝鮮人ではない。しかし、流布者は、有事に朝鮮人が混乱することを前提に、「殺すかもわからん」と言っている。⑩は、空襲の際には軍の指示で朝鮮人を殺害することになっているため、「自分たち」はそれを常時実践している体で語っている。軍が朝鮮人殺害の指示を出すことは考えられない。⑩の流布者も、朝鮮人は有事に混乱するという偏見に基づいて妄想を語っているのである。

「半島人全部を殺すかもわからん」と語る⑨の語りにも、「眼目は朝鮮人を殺すのである」と語る⑩の語りにも、朝鮮人の命を奪うことについての罪の意識を見出すことはできない。⑨と⑩において、朝鮮人殺しは有事における朝鮮人の騒乱を鎮圧するための措置として語られており、やはり「軍の鎮圧」で終わる当局主体のプロットと同じ語りである。

⑪「朝鮮人は皆殺しになるそうだ」と、⑫「朝鮮人は皆殺しされてしまう」の流言は、内容的に日本人が朝鮮人を皆殺しにするという語りであろう。実際の語りでは、「日本人が殺す」という行為は背景に退いており、日本人が朝鮮人にすることではなく、未来において朝鮮人の身に起きることを予言的に述べる形になっている。

関東大震災のあとの朝鮮人の追悼会に関する記事では、日本人が殺した朝鮮人を「遭難者」と記していることもあった。「遭難者」という表現には、日本人による朝鮮人への暴力を、自然災害として表象しようとする志向性を読み取ることができる。

⑪と⑫は、関東大震災時の出来事について施されていた日本人による暴力の自然災害化を、未来の出来事に適用する形になっている。自然災害に対して、人は倫理的な責任を追及することができない。語り聞いている人を含む「我々日本人」の朝鮮人への暴力を、自然災害の一つのように語る⑪と⑫のメタ・メッセージは、「我々日本人」が朝鮮人を殺したとしても、「我々日本人」の問題ではないというものである他ない。

第五節　まとめ

本章の考察をまとめておく。

第一に、関東大震災以降の大規模災害後時の朝鮮人犯罪流言の発生状況からは、外国人犯罪流言が地震発生時にのみ発生するという災害種別仮説と、メディア表象によって左右されるとするメディア表象仮説が想定される。二つの仮説は、排他的な関係ではない。

第二に、太平洋戦争期に発生した朝鮮人食人流言は、関東大震災時の警告型や本質化型とは異なり、物語型の流言であり、都市伝説と同じように恐怖する享楽を提供する流言である。

第三に、朝鮮人食人流言は、強制連行されてきた朝鮮人が急増する中で、新聞などのメディアの朝鮮人表象が現実と乖離していたために、人々による非公式のコミュニケーションが活性化する中で発生している。現実と乖離した肯定的表象が、否定的記事と同じ機能を果たしたのである。

第三に、最初に確認された朝鮮人食人流言（①千葉県）のプロットは、「多元的決定」に形作られている。文化的次元における地域共同体主義に由来する故郷神話と、社会関係的次元における朝鮮人への妄想に由来する朝鮮人への敵意や嫌悪感、そして物質的次元における戦時体制に由来する当局や支配層への反感など、複数の要因によって形作られている。朝鮮人食人流言は、流布の過程で、次第に朝鮮への敵意や蔑視のみを反映する物語へと変わっていった。投射説に依拠すれば、朝鮮人嫌悪の物語の純化を促したのは、人間の身体への反人間的な振る舞いに対する日本人自身の、互いに語りえない不安や疑惑である。

第四に、関東大震災時に日本人は流言に混乱し、朝鮮人殺害という犯罪をおかしたが、太平洋戦争期には、現実を転倒させた「災害の際には朝鮮人は混乱し、犯罪をおかす」という偏見に基づく流言が広がっていた。また、関東大震災時に発生した流言を、依然として事実として信じて語る流言も広がった。

関東大震災時の朝鮮人犯罪流言は、太平洋戦争期に回帰している。関東大震災時の非常事態が収束したあとに流言の虚偽性を公共的に明確化することがなかった以上、回帰は当然のことであるとも言える。犯人集団に対して恐怖や怒りという強い情動を掻き立てる犯罪流言は、事実無根だからといって、自動的に消えていくわけではない。長期にわたって火種が残り続ける。

朝鮮人に対する生理的な嫌悪感を伴う恐怖を覚えさせる朝鮮人食人流言を含めた、太平洋戦争期の無数の朝鮮人犯罪流言についても、情報の虚偽性の明確化の作業が、今に至るまで行われたことがないのが現実である。事後に批判の作業が行われないままに放置されてきた以上、敗戦直前期の朝鮮人犯罪流言が、戦後も続く朝鮮人への偏見に影響を与えなかったとは考えられない。現在もネット空間では、朝鮮人と犯罪と結びつける情報が徘徊している。

★1 災害誌は、宮間純一（二〇一七）「近代日本における災害のアーカイブズ化——行政組織による「災害誌」編纂事業」『国文学研究資料館紀要』第一三号、二三—二五頁参照。

★2 なお、表に掲載した災害誌には、朝鮮人以外の外国人を標的にした外国人犯罪流言は一件も記録されていない。戦前の日本で拡散した外国人犯罪流言は朝鮮人犯罪流言に限られていたと言える。背景としては、日本列島内（「内地」）に居住する外国人の大多数が朝鮮人だったことを指摘できる。一九三〇年の国勢調査では、日本列島（「内地」）に在留する朝鮮人は約四一万九〇〇〇人で、台湾人が約五〇〇〇人、中国（「中華民国」）人約三万九〇〇〇人だった。太平洋戦争開始直前の一九四〇年の国勢調査では、朝鮮人約一二四万一〇〇〇人、台湾人約二万二〇〇〇人、中国（「中華民国」）人約一万九〇〇〇人となり、外国人全体に占める朝鮮人の割合はさらに大きくなる。

★3 兵庫県編（一九二六）『北但震災誌』兵庫県、一〇五頁。

★4 京都府編（一九二八）『奥丹後震災誌』京都府、四三八頁。

★5 静岡県警察部編（一九三二）『駿豆震災誌』静岡県、五三頁。

★6 東北で発行部数が最大の『河北新報』にも、昭和三陸地震発生後に朝鮮人犯罪流言が発生したことを示す記述はない。

★7 朝鮮人犯罪流言を除く一般の流言については、昭和三陸地震の際にも発生している。

★8 関東大震災後にラジオ放送が始まっており、新聞が唯一のメディアではなくなっているが、もっぱら資料収集の困難のため、以下では、引き続き新聞表象を対象とする。

★9 第三章第二節参照。

★10　昭和三陸地震時の否定的記事の激減の背景には、中国東北部での抵抗運動が実際に抑え込まれていたことに加え、一九三一年に満州事変が起り、傀儡国家の満州国が作られる中で、日本社会の全体主義化が進み、日本人と朝鮮人が「一心同体」であることが強調されるようになったことが関係していると考えられる。

★11　南博（一九八三）「大戦末期の「流言」と民衆意識――軍関係資料をめぐって」『コミュニケーション紀要』第一輯、一九―二〇頁。池内一（一九五一）「太平洋戦争中の戦時流言」『社会学評論』第二巻第二号、三七頁も参照。

★12　鄭永寿（二〇一六）「敗戦／解放前後における日本人の「疑心暗鬼」と朝鮮人の恐怖――関東大震災との関連を中心に」『コリア研究』第七号、七四頁。

★13　南博編（一九八五）『近代庶民生活誌4　流言』三一書房。

★14　「憲兵司令部資料」には、一九四三年一二月と四四年五月から四五年五月までの間に確認された流言が記録され、「東京憲兵隊資料」には、一九四四年一二月と四五年一月から四五年五月までの間に確認された流言が記録されている。「憲兵司令部資料」と「東京（東部）憲兵隊資料」の両資料の性質や現存している事情は、南博編（一九八五）前掲書の「解題」を参照（四五三―四六九頁）。

★15　朴慶植編（一九七六）『在日朝鮮人関係資料集成　第五巻』三一書房。

★16　『特高月報』は、内務省警保局が主管する特高警察の月々の活動報告書で、表紙に「厳秘」と印字された内部資料である。朝鮮人についての流言は、一九四三年一一月から記載されている。現存しているのは、一九四四年一一月までの活字で刊行された版と、その後に手書きで書かれた原稿の一部である。朴慶植編（一九七六）前掲書には、刊行版（各月分）と原稿版の両者が収録されている。

★17 南博編（一九八五）前掲書と朴慶植編（一九七六）前掲書に記載された朝鮮人食人流言を引用する際には、通し番号の後に流言が流布した都道府県名を付す。資料に流布地の記載がない場合は「流布地不明」とする。

★18 読みやすさのために、読点を補ったところがある。

★19 『特高月報』刊行版（各月分）に記載されている流言には、次の五種類の情報が記されている。流言の発生した都道府県、「流言蜚語」か「不穏落書」などの種別、流言の流布者の職業・年齢・住所、流言の内容と流言を流布した場所および日時、流布者（「被疑者」と記載されている）に対する当局の対応である。中には情報の一部が欠落していることもある。引用文のあとの括弧内には、『特高月報』の記載事項から流布者の職業・年齢・住所と流布の場所および流布の時期のみを抜粋して記す。『特高月報』に流布者の性別は記されていないが、氏名から筆者が判断し、記す。

★20 憲兵隊資料は、当該月に新たに発生した主要な流言の概略が記された概略一覧表と「別紙」と書かれている表の、二つの表に流言が記されている。概略一覧表に記されている情報は、流言の概要と「時局関係」「空襲関係」など当局者による流言の種類の区分、「東北」や「関東」などの地方の区分のみである（地方の区分があるのは「憲兵司令部資料」のみ）。「別紙」の表には、概略一覧表の流言から特に注意が必要と当局が考えた流言を取り上げ、流布時期と流布者情報、流言の内容、流言の出所や原因、動機、伝播経路に関する情報、流言の影響、当局の対応が記されている。憲兵隊資料から引用する場合も、引用文の後の括弧内の情報は、『特高月報』と同じ方針で記す。

★21 『特高月報』原稿は、『特高月報』刊行版（各月分）のような詳しい情報は記載されていない。一九四五年三月九日から一〇日までに被った東京大空襲の前か後かを記した時期別欄、流言の概要欄、流言の件数欄があるのみである。

★22 一九三九年に始まる朝鮮人の日本への連行は、当初民間事業者の募集という形態だったが、一九四二年二月からは「官斡旋」の形で国家権力による強制連行が実施されるようになる。強制連行については外村大（二〇一二）『朝鮮人強制連行』岩波書店：朴慶植（一九六五）『朝鮮人強制連行の記録』未來社など参照。

★23 南博編（一九八五）前掲書、三二四頁。「江曽島の中島に勤めていた女子挺身隊二人が帰りがけに朝鮮人に弄ばされたあげく煮て食われた。たまたまそこを通った馬車引きが驚いて警察に届け出たそうだ」という内容である。一九四五年四月に栃木県県河内郡で流布した。

★24 朝鮮人に食べられた毒消し売りの姉の服を見つけた妹が、駐在所に駆け込んだという内容である。一九四四年七月に福島で流布した。朴慶植編（一九七六）前掲書、四三八頁。

★25 栃木県では、⑨栃木県のほかに★23の流言が記録されているが、★23の流言において馬車引きは警察に届け出る役回りを果たしている。

★26 外村によれば、「日本人青年男子が軍事動員され家を空けるケースが増えている中で、女性たちの「貞操」の問題が意識されるようになって」おり、「朝鮮人労働者が配置された事業所の近隣の日本人住民が女性の一人歩きや夜間外出を控えるなど相当警戒しつつある」ことが警察当局の

★27 資料からうかがえる（外村大（二〇一二）前掲書、九八頁）。

★28 たとえば、「被災地で指輪を盗む人がいた」と犯罪者に言及されていても、社会的属性など犯罪者の情報が付加されていない流言は事件型に分類する。

★29 朝鮮人食人流言に関しては、事件型が一件しか確認できないために、事件型流言が存在することを指摘するに留めるが、事件型と犯罪者型の関係については、一般に外国人犯罪者流言の発生の要因やメカニズムを考える際に重要なテーマになる。この点については、第六章第三節第二項参照。

★30 ★20および★21参照。

★31 流布者の住所と事件現場とされている場所の両方のデータが記されている場合は、次の一例を除き、二つの地点の間に絶妙な距離が保たれている。例外は、「青森県八戸付近に朝鮮人が若い女を殺し鍋で肉を煮て食っているそうだ」という流言である（南博編（一九八五）前掲書、一七五頁）。流布者は秋田県北秋田郡の大工とあるので、事件現場として語られている青森県八戸までは相当な距離がある。ただし、秋田県北秋田郡の生活者にとって、八戸は主観的にはさほど離れていないかもしれない。

★32 最初期の朝鮮人食人流言の①千葉県が確認された一九四三年二月は、太平洋戦争の転換点となるガダルカナル島をめぐる半年に及ぶ攻防の果てに、同島から撤退した月である。同島の日本軍の全兵士が餓死寸前に追い込まれ、戦死・餓死者を含めて二万五〇〇〇人が犠牲となった（森武麿（一九九三）『日本の歴史20　アジア・太平洋戦争』集英社、一八七頁）。

★33 哲学者のルイ・アルチュセールは、歴史的・社会的事象が単一の要因や原理によって発生するのではないことを論じる中で、フロイトから借りた「多元的決定」の概念を借用する（ルイ・アルチュセール（一九九四）「矛盾と重層的決定」『マルクスのために』（河野健二・田村俶・西川長夫訳）平凡社、一六四―一七四頁）。日本語訳にされるときは、通常「重層的決定」と訳されるように、アルチュセールにおいて、諸要因の存する諸領域は、垂直的な層（「審級」）として考えられている。その際、経済的領域が最終審級として論じられている（ただし、アルチュセールにおいては、経済がすべてを決定するという単純な経済決定論は退けられている。今村仁志（二〇〇七）『アルチュセール全哲学』講談社、一六六―一七五頁参照）。朝鮮人食人流言の最も衝撃的な点が、一線を越えた人間の身体の扱いにあり、それが物語の通底音だと理解するのであれば、この流言においては食糧不足の問題（「矛盾」）が存する経済的領域が、最終審級として作用していると言える。

★33　並松信久（二〇一八）「戦時体制下の食糧政策と統制・管理の課題」『京都産業大学論集人文科学系列』第三五号によれば、「終戦直前の一九四五（昭和二〇）年六月の厚生省による調査では、日本人の所要栄養摂取量は平均三〇〇〇カロリーとされていたが、東京や京都などの大都市部で平均一四〇〇カロリー程度、盛岡、前橋、山口などの地方都市で一二〇〇～一三〇〇カロリーという状態に陥っていた」という。

★34　内務省警保局経済保安課（一九四四年）「昭和一九・六・一〇・食料不足を続る流言蜚語の概要」（国立公文書館デジタルアーカイブ）

★35　内務省警保局経済保安課（一九四四年）前掲文書では、表紙の題目に「食料」が使われる一方で、本文冒頭に記されている題目には「食糧」が使われているなど、「食料」と「食糧」が併用されている。本書では原文のまま引用し、地の文では「食糧」を用いる。辞書によれば「食糧」は主食の食べ物を指し、「食料」はそれ以外の食べ物を指すとされているが、本書では「食糧」を生存に必要な食べ物全般を指すものとする。

★36 食糧管理法およびその前後の国家による食糧の統制に関しては、並松（二〇一八）前掲論文参照。

★37 経済保安課が流言の調査をしているのは、この可能性を怖れているからであろう。

★38 朝鮮人食人流言とよく似た流言に、フランスの街のオルレアンでユダヤ人の経営するブティックの試着室に入った若い女性がひそかに薬物を注射され、売春宿に売られているという「オルレアンの噂」がある。「内部の外部」たる異民族（ヨーロッパにおけるユダヤ人と帝国日本における朝鮮人）が若い女性に対して性的暴力をふるったという点で、プロットが等しいのである。この「オルレアンの噂」について考察したエドガール・モラン（一九七三）『オルレアンのうわさ』（杉山光信訳）みすず書房によれば、オルレアンの噂の土台を成すのは、「人間のうちにある原初的な衝動、つまり攻撃的でもあり、性的でもあるような衝動」と結び付いているために「人の心をひきつけてやまない」女性誘拐という現象であり（四八頁）、オルレアンの噂は、昔から様々な形で繰り返し語られてきた女性誘拐の物語の現代版である。オルレアンの噂は、警察沙汰になるほどに大きな社会的なインパクトをもつに至ったが、それはなぜか。オルレアン以外の地域では、従来、「いかがわしい居酒屋の主人」や「たちのよくない誘惑者の少年」が担っていた「女性誘拐者」の役回りを「商人」が担っていたが、単なる「商人」では、「神話」に具体性を欠く。オルレアンの地で「商人」が担っていた役回りを「二つの顔を持つ人物」としてのユダヤ人が担うようになったことで、「神話」が完成し、「都市生活の中にじっさいに出現しうる」ようになった

★39　というのがモランの解釈である。モランは、ユダヤ人が女性誘拐神話の「欠落部分の埋め合わせ」をしたのだと論じ、「起源において、神話はユダヤ人を撃つために用いられていない。神話の物語の欠けた部分を埋めるために、ユダヤ人が利用されるのだ」と指摘する（六二―六三頁）。朝鮮人食人流言にも、モランの説が適用可能であるかもしれない。すなわち、土台となっているのは、警察をはじめとする当局や権力者に対する反感を基にした警官子殺し物語であり、この物語における「欠如」（この場合は明確に犯罪者と言いうる存在）を埋めるために、朝鮮人への妄想が利用されたと考える余地がある。

★40　J－N・カプフェレ（一九九三）『うわさ――もっとも古いメディア（増補版）』（吉田幸男訳）法政大学出版局、九一頁。

★41　先に見たように、そのうちの一件は犯人についての言及はない。これを除けば、一五件ということになる。

★42　G・W・オルポート／L・ポストマン（一九五二）『デマの心理学』（南博訳）岩波書店、二三一―二四頁。

★43　タモツ・シブタニ（一九八五）前掲書、一三二頁。

★44　南博編（一九八五）前掲書、二二六頁。

★45　『東京朝日新聞』一九三八年一月一六日朝刊に「半島同胞の喜び　志願兵制度に」との見出しがある。

★46　★22参照。

★46　朝鮮人強制連行真相調査団編著（二〇〇二）『朝鮮人強制連行調査の記録　関東編1』柏書房。

★47 G・W・オルポート/L・ポストマン(一九五二)前掲書、四一頁。

★48 南博編(一九八五)前掲書、二三―二四頁。これらの言葉は流言として記録されているが、もちろん事実を言い当てている。

★49 朴慶植編(一九七六)前掲書、五〇五頁。

★50 G・W・オルポート/L・ポストマン(一九五二)前掲書、一一頁。戦時中の「デマ」(原著では流言または噂を意味するrumorであるが、訳書では一貫して「デマ」と訳されている)を願望デマと恐怖デマ、分裂デマの三つに分け、最も数が多かったのが分裂デマだったと論じられている。

★51 多賀城市史編纂委員会編(一九九三)『多賀城市史 第二巻』多賀城市に記録された当時の徴用工の宿舎の舎監の証言によれば、「多い時で七〇〇名位いた」という(三八〇頁)。

★52 多賀城市史編纂委員会編(一九九三)前掲書、三七六頁。多賀城への強制連行については朴慶植(一九六五)前掲書、一四二―一四四頁も参照。

第六章　戦後の外国人犯罪流言――東日本大震災時を中心に

一九四五年の敗戦時から二〇二三年二月の本書執筆時点までの間で、最も多くの犠牲者を生んだ自然災害は、周知の通り、二〇一一年の東日本大震災（死者行方不明者二万二二二二人）であり、次に多かったのは、一九九五年の阪神淡路大震災（死者行方不明者六四三七人）と、一九五九年の伊勢湾台風（死者行方不明者五〇九八人）である。『伊勢湾台風災害誌』[★1]には、朝鮮人や韓国人[★2]を標的にした流言に限らず、外国人犯罪流言が発生したとの記述はない。しかし、あらかじめ述べておくと、東日本大震災時も阪神淡路大震災時も、外国人犯罪流言は発生している[★3]。外国人犯罪流言は、決して過去のものではない。

本章では、第一節で阪神淡路大震災時の外国人犯罪流言の内容を確認し、発生要因について考察する。第二節から第四節までは、東日本大震災時の外国人犯罪流言を、東日本大震災後に筆者が実施した外国人犯罪流言に関するアンケート調査を基に論じる。★4 第五節がまとめである。

第一節　阪神淡路大震災時の中国人犯罪流言

一九九五年一月一七日に阪神淡路大震災が発生してから間もない一月二五日に、『毎日新聞』が「見事だったのは、これだけ大勢の人が被害を受けたのに、流言飛語、デマ情報のたぐいがさっぱり飛び交わなかったことだ」（朝刊）と報じているように、阪神淡路大震災時には流言が広がることがなかったという見方がなされることがあるが、実際には中国人を主要な標的とする犯罪流言が発生している。第一項で内容を確認し、第二項でメディア表象仮説によって発生の原因を検証する。

一　外国人窃盗団流言

ＮＨＫ放送文化研究所と大阪・神戸放送局は、地震発生から四週目に当たる二月九日から一二日までの間に、被災地の一七の避難所でアンケート調査を行っている。★5 調査には、「今度の地震の後で「震度六の余震が来る」とか「窃盗団が出没している」といった出所のはっきりしない話＝流言が広がった地域があります。あなたはそういったうわさ話を聞いたことがありますか」という質問が含まれている。この質問に対して、「聞いたことがある」が七八・一％、「聞いたことはない」が一九・九％という結果だった（有効回答数四九八）。「聞いたことがある」と答えた人には、さらに「そうしたうわさを耳にしてどう思いましたか」という質問が用意されている。これに対して、「本当だと思った」が三〇・四％で、「ひょっとする本当かもしれないと思った」が五九・四％、「ウソだと思った」が九・八％という結果である。

「ウソだと思った」のは一割程度という結果であるが、これは、ほとんどの人が虚偽の情報を鵜呑みにしてしまったことを必ずしも示す訳ではない。質問に例としてあげられていたのは二つだが、一方の「震度六の余震が来る」という情報は、気象庁が「マグニチュード六・〇前後の余震の恐れがある」と住民に呼びかけたところ、「震度六」と誤って伝わったものである。したがって、この例については、事実と異なっているという意味で「虚偽の情報を鵜呑みにしてしまった」と言えるが、もう一つの例の「窃盗団が出没している」という情報については、必ずしも虚偽情報とは言い切れない。兵庫県警察本部によれば、神戸市中央区三宮の宝石店で一億五〇〇〇万円相当の商品が盗まれるなど、震災直後に百貨店や宝石店、量販店などが窃盗被害にあった事実があるし、[★6]「商品盗難・買い出しの列…烈震の三宮を見る　兵庫県南部地震」（『朝日新聞』一九九五年一月二〇日朝刊）と報道もされていたためである。警察本部の発表では、震災後一〇〇日間の窃盗は、前年同期の六二四五件から五一九一件へと二割程度減少し、そのうち侵入盗は九二三件から四一二件へと半減しているので、[★7]「窃盗団が出没している」という情報は、事実が誇張されているとはいえ、事実無根でもない。窃盗団出没に関する情報は、虚実混交の流言なのである。

ＮＨＫ放送文化研究所の調査は、流言を聞いた人に、どのような流言を聞いたかも尋ねている。「集団窃盗団がいる」という流言を聞いた人は九％である。[★8]ただし、「外国人窃盗団」の流言については尋ねていない。

外国人犯罪流言が発生していたことは事実である。「不安が生む〝外国人窃盗団〟震災報道（メディア）」（『朝日新聞』一九九五年一月二六日朝刊）は、自宅の貴金属を盗まれた高齢の女性が、「イラン人や中国人が七、八人のグループで荒らしまわっているようだ。武器を持っているかもしれない」という話を近所の商店主から聞いたことや、その商店主が、「放火や盗みが多い。地震後に急に増えたイラン人や中国人の仕業だと思う」と記者に話したことを紹介したうえで、外国人の組織的な関与を示す証拠はないとの警察署の談話を紹介し、デマに惑わされないようにと注意を喚起している。『阪神淡路大震災誌』にも、「外国人の窃盗団が荒らし回っているとの流言も広まった」と記録されている。[★9]もっとも、「マスコミの情報提供及び行政の対応もあって、関東大震災のときのような混乱もなく、比較的安定した避難生活が確保された」とある。

外国人犯罪流言の発生は、当時、神戸市中央区に暮らしていた営業職の男性Aさんに対して筆者が行った聞き取り調査でも確認されている。[★10]中央区の自宅マンションにいるときに妻と子と共に被災したAさんは、翌日に須磨区にあるおばの家に妻と子を連れて行き、その翌日に、今後は京都にあるおじの家に移った。その後、妻と子は東京の実家に帰ったが、Aさん本人はおじの家に留まりつつ、自宅の片づけをすると同時に、これまでの営業先に顔を出すために神戸に通った。その間に、彼は二つの流言を聞いている。一つは、「三宮で中国人が宝石を略奪している」であり、もう一つは、「ガイジンがレイプしている」だった。二件とも一回ずつ聞いたと記憶しているが、正確にどこでいつ聞いたかは覚えていない。その話を聞いてどう感じたかと尋ねると、「レイプに関しては、あれだけ混乱していると、ひょっとしたらありえるかもしれないなという気持ちでした」と答えている。略奪についても、「ビルとかもう倒れている状況ですから、中国人に限らず、誰でも盗ろうと思えば盗れる状況だったので、これもありえるかもしれないな〔という気持ちだった〕」と答えている。そして、「その噂はとても信じやすい環境にあったんだと思いますね」と語っている。

阪神淡路大震災時には、外国人被災者を支援する動きが活発化すると同時に、外国人被災者と日本人被災者の間で、相互に未知の関係であっても協力し合う姿が見られた。関東大震災時にも、一部の日本人市民が旧知の朝鮮人を世間の人々に抗して救ったり、警官や軍が国の方針に基づいて朝鮮人を保護したりもしたが、公共的で相互的な共生の実践は、ほとんど見られなかった。この点で、戦前と戦後で非常時の日本人と外国人との関係が、劇的に変わったことに疑いはない。

しかし、阪神淡路大震災時に依然として外国人を犯罪者として語る流言が広がっていたことは事実である。すでに論じたように、関東大震災時の朝鮮人犯罪流言は、災害後の連帯や友愛のムードの中で広がり、自警団が結成された。注意すべきは、阪神淡路大震災時も、少なくとも一部では、イラン人や中国人を標的とする外国人犯罪流言が、かつてと同様のムードの中で広がり、しかも、同様の行動が持続していたと見られることである。先に紹介した一月二六日の『朝日新聞』の記事によると、高齢の女性に「イラン人や中国人が七、八人のグループで荒らし回っているようだ。武器を持っているかもしれない」と語った商店主は、「町内を守る自警団を組織し、丸二日寝ていない」と話したと記されている。この商店主の場合、町や人のことを大切に思う心情が、イラン人や中国人を中傷する流言を広げさせ、彼らへの不信感を伴った警備活動をとらせているのである。心理状態そのものには、関東大震災時に朝鮮人に対して敵対行動をとった自警団員と差異を見出しがたい。

二　事件流言と犯罪者流言

阪神淡路大震災時の外国人犯罪流言の標的は、主に中国人とイラン人だった。[12] なぜそうだったのか。地震発生から遡って六か月間の新聞を見てみれば、流言でたびたび語られていた犯人が朝鮮人や韓国人ではなく、中国人やイラン人だったのは、仮説通りだと言える。災害発生前の六か月間に当たる一九九四年七月一五日から一九九五年一月一五日までの『朝日新聞』朝刊を対象に、見出しと本文で「窃盗」を検索すると三八五件、「殺人」を検索すると一〇八件がヒットする。さらに、「窃盗」と「殺人」の記事で「中国人」「韓国人」「朝鮮人」「イラン人」「香港（の人）」が容疑者や被告として語られている記事の数を調べると、表6―1のような結果である。

この時期の中国人とイラン人に関する否定的記事は、韓国人や朝鮮人のそれとは比較にならないほどに多い。中国人の「窃盗」に関する記事で頻出するのは「自販機荒らし」で、「殺人」に関して頻出する記事は、歌舞伎町で起きた中国人によって中国人が殺害された事件である。香港の三件は、「香港の窃盗グループ」「香港爆窃団」による貴金属荒らしの記事である。

表6-1　阪神淡路大震災前の犯罪と外国人の記事（件）

	全体	朝鮮人	韓国人	中国人	イラン人	香港
窃盗	385	0	0	16	0	3
殺人	108	0	1	9	7	0

流言において犯罪者として語られる集団は、実際に犯罪をおかしたかどうかとは無関係に、犯罪をおかしそうだと多くの人がイメージしている集団である。その集団が、阪神淡路淡路大震災では中国人とイラン人だったのである。

注意すべきは、外国人以外の属性をもつ集団が犯罪者として語られることは、まれだという点である。阪神淡路大震災時には、神戸市の職員が火を放ったとする流言も広がったようだが、[★13]広範に広がった形跡は見当たらない。後に見るように、東日本大震災時には、ボランティアが女性に乱暴をしているという流言も発生したが、これも広範囲に流通した形跡はない。関東大震災時には、地震発生直後に社会主義者や大本教徒、刑務所の解放囚人が犯罪をおかしたとする流言が現れているが、早い段階で姿を消している。[★14]太平洋戦争期には、警察や軍、さらには政府などの支配者層を否定的に語る流言が広い範囲で長期に渡り流れている。これらも犯罪流言と見なすことができるかもしれないが、次の点で特殊である。食糧取締りの過程で子供を殺したとする流言や、鳥取県人が灯火管制を怠っているので日本軍が爆撃したとする流言（二七六頁参照）が示している通り、警察や軍という支配者層を批判する流言では、当の属性と否定的に語られる行為とが密接に関わっていることである。警察や軍に対する不満が元で生じた流言である以上、これは当然のことである。このような特殊な犯罪や加害行為を除く、窃盗や放火、女性への暴行、殺人などの一般的な犯罪に関する非常時の流言では、いくつかの例外を除けば、外国人が犯罪者として語られるのが常である。

非常時の犯罪を外国人に帰属させる顕著な傾向は、犯罪の実際の動向やメディア情報を反映しているわけではない。阪神淡路大震災発生までの六か月間の、一九九四年七月一五日から一九九五年一月一五日までの『朝日新聞』朝刊を対象に、「窃盗＋男」で検索すると、一四六件がヒットし、「窃盗＋無職」で一五四件がヒットする。「窃盗＋男」や「窃盗＋無職」のヒットの数は、「窃盗＋中国人」とは比較にならないほどに多い。犯罪流言が、現実の犯罪の動向やメディア情報を反映するのであれば、たとえば「無職の男」を犯人扱いする流言が広がるはずである。しかし、「無職の男が宝石店を荒らしまわっている」などという流言が広がったことは確認できない。

非常時に広がる一般的な犯罪に関する流言において犯人扱いされる集団は、現実やメディア情報とは無関係に、それらに先立って外国人に範囲が限定されている。まずは先験的限定ともいうべき無意識の集合的な選択が行われるのである。先験的限定ののちに、メディアの情報を受けて、多くの人が犯罪をおかしそうだとイメージする国の外国人を犯人として語りあうというのが、外国人犯罪流言の全般的な構成プロセスである。

では、現実やメディア情報に先立って、犯人の範囲が外国人に限定されるはなぜか。「無職の男が宝石店を荒らし回っている」という流言が通常は広がらず、制御される理由の一つは、証拠もないままに他者を犯人扱いするのは許されないことだと感じる人が多いからだろう。そうであるとすれば、非常時の犯罪の犯人を外国人に先験的に限定する理由は、外国人であれば犯人扱いしてもいいと感じている人が一定数はいるからだと言える。

三宮の宝石店荒らしの容疑者は、のちに逮捕されている。容疑者は「住所不定、無職、A容疑者（三五）」（『朝日新聞』一九九五年三月二九日朝刊）である。容疑者の氏名を報道しないでA容疑者などと表記するとき、特殊なケースを除けば、外国籍の場合は国籍が付されるのが常である。★15 記事には国籍が書かれていないので、容疑者は日本人（日本国籍者）だったと考えるのが自然である。同じ年の一一月六日には、震災直後から関西一円の貴金属店を狙って盗みを働いていた容疑者八人が逮捕、指名手配されたという記事が出ている（『朝日新聞』一九九五年一一月六日朝刊）。先と同じく国籍が書いてないので、容疑者は日本人だったと考えられる。

災害が起きると、多くの人は、「鬼は外」とばかりに、外部から犯罪者がやってくると考える傾向があり、その通念が外国人犯罪流言の発生の地盤をなすが、一一月六日の記事によれば、宝石泥棒の容疑者は、外国人ではなかったどころか、地域社会の外部の人間ですらなかった。記事には「〔容疑者の〕多くは神戸市内に住んでおり、うち三人は震災直後は避難所で生活していたことがわかっている」とある。日本の災害の歴史において、「鬼は外」の通念が正しかった事例を見つけることは難しい。

第二節　東日本大震災と外国人犯罪流言の拡散

東日本大震災では、地震発生時刻の午後二時四六分から一時間足らずのうちに、早くもツイッターに朝鮮人を標的にした流言が現れている。「阪神淡路大震災のとき、地震で、朝鮮人によるレイプ多発の事実と、放火説があります。みなさん、どうか、どうか周知をお願い致します[★16]（みや @rai_miya　二〇一一年三月一一日午後三時三〇分）」。朝鮮人犯罪流言は、このあとも次々に投稿されている。[★17]「どさくさまぎれの火事場泥棒が心配。朝鮮人、支那人には要注意[★18]（排害主義で行こう！ @somorecooky　二〇一一年三月一一日午後五時）」「関東大震災の時は朝鮮人の犯罪者が跋扈しらたらしいからなぁ[★19]（須藤慶次 @sudo_kg　二〇一一年三月一一日午後六時一七分）」。事実無根の外国人犯罪流言は、顔の見えないネットの中だけの問題だろうか。顔の見える現実の人間関係においてはどうだったのか。

本節では、東日本大震災時の外国人犯罪流言の実態を、筆者が実施した「東日本大震災の体験と多文化共生の実態調査アンケート」を基に明らかにする。東日本大震災時に外国人が犯罪をしていたのは事実だと主張する人は少なくない。そこで、まず第一項で、当時の宮城県内の外国人犯罪の状況と、犯罪をめぐるメディアの報道について確認する。続く第二項で、アンケート調査の実施概要を示し、第三項で実態を明らかにする。

一　震災時の宮城県内における来日外国人犯罪の実態と新聞報道

東日本大震災が発生した二〇一一年から前後数年の間に、宮城県において刑法犯で検挙された来日および永住外国人の数は、表6―2の通りである。[★20]

震災のあった二〇一一年に、刑法犯で検挙された来日外国人の数は二四人で、前年より大幅に減少している。また、二〇〇五年から二〇一六年までの一二年の間で最も少ない。宮城県の全検挙人員に占める来日外国人検挙人員の割合も、二〇一一年は〇・六％であり、同期間中で最も低い。平時においても、来日外国人検挙人員の割合は、ほとんど一％を下回っている。永住外国人の刑法犯検挙人員は、『犯罪統計書』に統計が公表されている範囲では、二〇一一年が最も多いとはいえ、前後の数年間も、おおむね年間で三〇人程度で、特別に多いわけではない。来日および永住外国人検挙人員の合計で見ても、二〇一一年は前年より数を減らしており、九年間で三番目に少なく、割合も一・五％と例年通りである。東日本大震災時に、刑法犯で検挙された外国人が一人もいなかったわけではないが、宮城県警の統計からは、災害に乗じて外国人が犯罪をおかしたとする見方を支持することはできない。例年の犯罪に災害便乗型犯罪が上乗せされた形跡はない。

なお、警察庁が公表している『犯罪統計資料』によれば、津波被害を受けた東北四県では、すべての県で二〇一一年の来日外国人犯罪人員が前年よりも大幅に減少している。[★21] 青森県は一二五人から六六人へと四七％減少し、岩手県は一三人から七人へと六九％減少し、宮城県は表の通り三三人から二四人へと二七％減少し、福島県では二三人から一一人へと五二％減少している。震災の年に、津波被害のあった四県で来日外国人検挙人員数が急減しているのは、犯罪によって得られる利益と逮捕されたときの不利益（刑罰）を比較して、利益が不利益を上回ると判断したときに犯罪が行われるとす

表 6-2　宮城県の刑法犯罪と来日及び永住外国人　『犯罪統計書』各年版*1より筆者作成

	2005年	2006年	2007年	2008年	2009年	2010年	2011年	2012年	2013年	2014年	2015年	2016年
来日外国人検挙人員（人）*2	93	62	44	40	39	33	24	24	36	29	36	30
来日外国人検挙人員割合*3	1.5%	1.1%	0.9%	0.8%	0.8%	0.7%	0.6%	0.6%	1.0%	0.8%	1.0%	0.9%
永住外国人検挙人員（人）*4	統計なし	22	29	28	21	26	33	30	31	18	統計なし	統計なし
来日・永住外国人検挙人員（人）*5	—	84	73	68	60	59	57	54	67	47	—	—
来日・永住外国人検挙人員割合*6	—	1.5%	1.4%	1.4%	1.3%	1.3%	1.5%	1.3%	1.9%	1.3%	—	—
総検挙人員（人）*7	6341	5585	5168	4949	4750	4549	3899	4001	3527	3537	3457	3209

*1　『犯罪統計書』（宮城県警察本部刑事部刑事総務課）2005-2016年版
*2　宮城県で刑法犯により検挙された来日外国人
*3　宮城県の総検挙人員（*7）に対する来日外国人検挙人員（*2）の割合
*4　宮城県で刑法犯により検挙された永住外国人（『犯罪統計白書』には2006年から2014年までを公表）
*5　宮城県で刑法犯により検挙された来日及び永住外国人（*2*4）
*6　宮城県の総検挙検挙人員（*7）に対する来日及び永住外国人検挙人員（*5）の割合
*7　宮城県で刑法犯により検挙された全ての人

る犯罪の合理的選択理論に依拠すれば、当然の結果である。震災後は、警察や自衛隊、消防士、消防団員が、津波被害地域にかつてないほどに大量に動員されていたし、外部から津波浸水地域に移動する道も警察による規制や崩落などにより寸断されていた。しかも、原発事故まで発生した。あえて言えば、外部から被災地にやってきて犯罪をおかすことは、まったく割に合わないというのが当時の被災地の状況である。イメージではなく、現実に即して当時の状況を振り返れば、統計が示す被災地の外国人犯罪の激減は、当然であることがわかるはずである。

　次に、犯罪に関する報道について確認しよう。犯罪に関する報道は、三種類に分けられる。第一に、被災地の災害便乗型犯罪について伝える記事で、犯人や容疑者が日本人であることが明らかにされているか[★22]、犯人や容疑者に言及せずに、事件の内容を報じる記事である。第二に、外国人による災害便乗型犯罪について伝える記事である。第三に、外国人犯罪に関する流言が飛び交っていることに注意を呼び掛ける記事である。

　第一の被災地の災害便乗型犯罪の記事は、発行部数が東北最大の地方紙『河北新報』でも『読売新聞』『朝日新聞』『毎日新聞』の三大全国紙でも、複数回掲載されている。二〇一一年三月一五日の『河北新報』の朝刊は、津波浸水地域の多賀城で店舗荒らしが起きていることや、仙台市の会社員が休業中のガソリンスタンドからガソリンを盗んで現行犯逮捕された事件など、災害に便乗した盗みが相次いでいると報じている。逮捕された人物は、「会社員（二四）」とのみ記されているので、日本人であることがわかる。『河北新報』は、他にも福島県伊達市の無職の男によるガソリン窃盗（三月二二日朝刊）や石巻市の解体工の少年によるＡＴＭからの現金窃盗（八月四日朝刊）などを報じている。『朝日新聞』も二〇一一年三月一七日朝刊で、ガソリン抜き去りと休業店の盗難について報じている。『読売新聞』も三月一七日朝刊で、岩手県大槌町の会社員がＡＴＭから現金を盗もうして現行犯逮捕された事件などを報じている。『毎日新聞』も四月二九日朝刊で、福島第一原発周辺の無人の家をねらって福島県いわき市の無職の男らが窃盗を繰り返していた事件などを報じている。なお、何件か紹介した通り、被災地の災害便乗型犯罪の記事で明らかにされている犯人や容疑者は、ほとんどが地域在住の人たちである。

第二の外国人による災害便乗型犯罪を伝える記事は、『河北新報』と三大全国紙では、二〇一一年七月二六日の『朝日新聞』朝刊の記事が一件あるのみである。報じられているのは、津波を被ったまま放置されていた自動車を中古車として海外で販売するために、アフガニスタン人やスリランカ人が持ち去っているという事件である。記事は、中古車業界が、「被災車は故障する可能性が高く、日本の中古車の信頼を失う」と問題視していることを伝え、「持ち主に被害感情は乏しいが犯罪に変わりはない」という捜査関係者の言葉で締めくくっている。

第三の外国人犯罪流言への注意を喚起する記事は、『河北新報』二〇一一年三月二二日朝刊と『朝日新聞』二〇一一年三月二六日朝刊で掲載されている。★23 共に、被災地で「外国人の窃盗団がいる」などの流言（デマ）が飛び交っていることを指摘し、県警が「デマに惑わされないように」というチラシを避難所で配っていることを伝えつつ、注意を喚起している。

以上の通り、外国人による災害便乗犯罪に関する記事は、持ち主に「被害感情が乏しい」被災車の持ち運び事件のみである。この事件は、問題視しているのが一般市民ではなく中古車業界である点で、店舗荒らしやＡＴＭからの現金盗み、ガソリン抜き去りなどの一般的犯罪とは異質である。この一件の記事を除くと、メディアが明らかにした犯人や容疑者は、すべて日本人であり、多くは被災地に暮らしていた日本人である。本章第一節第二項で、犯罪流言では、犯人の範囲が外国人に先験的に限定されると述べたが、この先験的限定がなされなかったとすれば、東日本大震災後に、外国人を犯人とする流言が広がる理由はない。

では、アンケートを基に外国人犯罪流言の実態を見ていこう。

二　アンケート実施概要

「東日本大震災の体験と多文化共生の実態調査アンケート」は、宮城県仙台市の若林区、宮城野区、青葉区の三区と、東京都新宿区に居住する二〇歳から六九歳までの日本国籍者を対象者として実施した。

四区はそれぞれ津波被害地域、津波被害地域に隣接する地域、津波被害地域からの遠隔地域という三層の地域のサンプルとして選んだ。第一層の津波被害地域としては、沿岸に位置し、浸水地域を含む宮城野区と若林区を、第二層の隣接地域としては青葉区を選んだ。青葉区は、宮城野区および若林区と接する内陸に位置し、津波被害は受けていないものの、中心街から津波浸水地まで車で三〇分ほどの距離である。第三層の遠隔地域として選んだのが、新宿区である。[★24]

アンケート対象者は、四区のそれぞれの選挙人名簿から無作為抽出した。配布と回収は、ともに郵送で行った。回答は、対象者が自ら記入する形をとった。配布調査票は、四区にそれぞれ七〇〇票ずつ、計二八〇〇票を送付した。発送は二〇一六年九月二日、締め切りは九月一六日としたが、最終的に一〇月三日までに返送されたものは、統計に算入した。[★25]

回収された調査票は、仙台市三区で七八二票、新宿区で一七六票である。全体としては、九五八票が回収された。そのうち回答が途中で打ち切られているものなど、回答が不十分な一四票を無効回答票とした。有効回答票は、仙台市三区で七七〇票（三六・七％）、新宿区で一七四票（二四・九％）、全体としては九四四票（三三・七％）である。以下の記述は、この九四四票の集計結果に基づいている（表6―3）。

三　外国人犯罪流言の実態

本項では、外国人犯罪流言の実態に関わる単純集計結果八点を順に紹介する。[★26]まずは、外国人犯人流言がどの程度広がったのかを確認しよう。「震災後、一年くらいの間に「被災地で外国人が犯罪をしているというううわさ[★27]」を聞いたことがありますか」という質問に対する回答の集計結果は表6―4の通りである。

仙台市三区では、外国人犯罪流言を聞いたことがある人（一回以上聞いた人）が過半数に達していた（青葉区よりも若林区と宮城野区がやや高い割合を占めている）。また、新宿区においても、四割を超す人たちが聞いていた。津波被害地域からの遠隔地域である新宿区でも、四割もの人たちがうわさを聞いている点については、のちに「うわさの経路」を紹介したときに論じる。

次に、流言を聞いた人たちのうち、どの程度の割合の人が信じたのか確認する。「あなたはそのうわさを信じましたか」という問いに対する結果は、表6―5の通りである。

仙台市三区では、信じた割合が八割五分以上である。なかでも、若林区は九割に近い。流言を聞いた人のほとんどが、信じていたことになる。新宿区は、仙台市三区と比較すると、「や

表6-3　回収（有効回答）率

	回収数	相対度数	回収率
若林区	229	24.3%	32.7%
宮城野区	269	28.5%	38.4%
青葉区	272	28.8%	38.9%
仙台市三区	**770**	**81.6%**	**36.7%**
新宿区	174	18.4%	24.9%
全体	**944**	**100.0%**	**33.7%**

や信じた」割合が「とても信じた」割合に比べ高いが、「信じた(計)」としては同水準の人が信じている。被災程度が大きく異なる二か所で、同水準の割合の人が信じた点は、本項の最後で、流言を聞いた際の心情についての集計結果を紹介する際に言及する。

回答者は、外国人がどのような犯罪をしていると聞いていたのだろうか。「そのうわさはどのような種類のものでしたか」に対する回答(複数回答可)の結果は、表6―6の通りである。これは「うわさで聞いた犯罪の種類」についての問いであるが、すでに見たように、流言を聞いた人の八割以上がそれを信じていたので、おおむねこの値をもって「信じた犯罪の種類」と考えて差し支えないはずである。

仙台市三区の場合、流言を聞いた人の九七%が「略奪・窃盗」の流言を聞いている。ついで高い割合(二八%)で聞いていたのは、「遺体損壊」である。新宿区でも「略奪・窃盗」は仙台市三区と同水準だが、「遺体損壊」は約四%で、仙台市三区と大きな開きがある。

では、具体的に何をしていたと語られていたのだろうか。外国人

表6-4　外国人犯罪流言の拡散

	たくさん聞いた	2回聞いた	1回聞いた	聞いた(計)	聞かなかった	無回答	N
若林区	36.2%	6.1%	11.8%	54.1%	45.4%	0.4%	229
宮城野区	30.5%	7.1%	16.0%	53.6%	46.1%	0.4%	269
青葉区	30.5%	5.9%	11.0%	47.4%	51.5%	1.1%	272
仙台市3区	**32.2%**	**6.4%**	**13.0%**	**51.6%**	**47.8%**	**0.6%**	**770**
新宿区	17.8%	5.7%	16.7%	40.2%	59.8%	0.0%	174

犯罪流言に関して詳細を求めた自由回答欄の記述から、具体的な内容が浮かび上がる（自由回答欄には、二五二件の記述があった）。自由回答欄の中から、表6―6で選択された数の多かった「略奪・窃盗」「遺体損壊」「強姦・暴行」に関わる記述を何件かを引用しておく。

「略奪・窃盗」に関する記述としては、次のようなものがあった。「スーパーでガラス等が割られ物をもち去って行く集団が多数いて、店の人があきらめて、もち去るのを黙認していた状況をよく聞いた」「こわれた、窓や、玄関から、住人が避難している間に窃盗等」「ヤマダ電機多賀城店の品物の窃盗」「被災地の家や店に盗みに入っている・遺体を傷つけてアクセサリーを盗んだりしている（指輪など）・自販機を破壊している・車からガソリンを抜いている」

「遺体損壊」に関する記述としては、「指輪を切断して取った」「死体から指を切り指輪をとったとか、財布を取ったとか、商店、コンビニなどの、レジをぬすむなど」などがあった（遺体から指輪

表6-5　外国人犯罪流言の信受

	とても信じた	やや信じた	信じた(計)	あまり信じなかった	まったく信じなかった	無回答	N
若林区	41.1%	48.4%	89.5%	8.1%	1.6%	0.8%	124
宮城野区	34.7%	46.5%	81.2%	16.0%	0.7%	2.1%	144
青葉区	38.0%	50.4%	88.4%	11.6%	0.0%	0.0%	129
仙台市3区	**37.8%**	**48.4%**	**86.2%**	**12.1%**	**0.8%**	**1.0%**	**397**
新宿区	25.7%	60.0%	85.7%	12.9%	1.4%	0.0%	70

を盗むという流言に関しては、本章第四節で詳しく論じる）。

「強姦・暴行」については、次のようなものがあった。「『窃盗・強姦・暴行が海沿いの地域で起こっている』という話から、震災後数ヶ月は、女性社員の退社時間が、暗くなる前（一六：〇〇位）の時期があった」「中国人が被災した銀行や家に入って物やお金を盗んだ話や女性がおそわれた話を友人から聞いた」などである。

第一項で確認した通り、一般的な災害便乗犯罪に関する記事で、犯人や容疑者について言及している場合は、すべて日本人が犯人か容疑者だった。その一方で、外国人犯罪流言についての自由回答欄にある「略奪・窃盗」に関する記述の相当な部分は、店舗からの商品などの持ち去りやガソリン抜きなど、一般的な災害便乗犯罪に関する記事に書かれていた内容と一致している。また、唯一、外国人による犯罪として報じられていた被災車の運び去りに関する流言を聞いたとする記述は、外国人犯罪流言についての自由回答欄に一件もない。もちろん「遺体損壊」も「強姦・暴行」も、外国人がした事実は一切、確認されていない。報道によって日本人が犯人である

表 6-6　語られていた犯罪の種類

	略奪・窃盗	詐欺	遺体損壊	強姦・暴行	その他	N
若林区	96.8%	8.9%	32.3%	20.2%	1.6%	124
宮城野区	96.5%	8.3%	21.5%	14.6%	1.4%	144
青葉区	97.7%	5.4%	31.0%	20.9%	0.8%	129
仙台市3区	**97.0%**	**7.6%**	**28.0%**	**18.4%**	**1.3%**	**397**
新宿区	97.1%	11.4%	4.3%	22.9%	0.0%	70

ことが明らかにされていた犯罪が、人々が語りあう「情報の闇市場」[★28]では、当の犯罪とは無関係な外国人が犯人にされて語られていたというのが、外国人犯罪流言全体の構図である。

次に、犯人として語られていたのは、どこの国の外国人だったのかを確認しよう。「その流言はどのような外国人が犯罪をしているというものでしたか」という質問に対する回答（複数回答可）[★29]の結果は、表6―7の通りである。

仙台市三区では、六割以上の人が中国系の人を犯人とする流言を聞いている。また二割以上の人が、朝鮮・韓国系の人と東南アジア系の人を犯人として語る流言を聞いている。それ以外の外国人を犯人とする流言は、ほとんど聞いていない。新宿区も基本的には仙台市三区と同じ傾向である。割合は、中国系の人が五割程度とやや少ない。朝鮮・韓国系の人と東南アジア系の人も、二割程度とやや少ない。仙台市三区と新宿区で大きく異なっているのは、「特に聞かなかった」を選択した人の割合で、仙台市三区がおよそ四分の一だったのに対して、新宿区は四割程度である。

表 6-7　外国人犯罪流言で語られていた国

	朝鮮・韓国系の人	中国系の人	東南アジア系の人	左記以外アジア系の人	その他	特に聞かなかった	N
若林区	29.0%	61.3%	28.2%	2.4%	0.8%	19.4%	124
宮城野区	21.5%	61.1%	20.1%	2.1%	1.4%	26.4%	144
青葉区	24.8%	64.3%	19.4%	2.3%	1.6%	24.8%	129
仙台市3区	**24.9%**	**62.2%**	**22.4%**	**2.3%**	**1.3%**	**23.7%**	**397**
新宿区	21.4%	51.4%	21.4%	1.4%	1.4%	38.6%	70

流言で犯人扱いされていた外国人のほとんどは、日本の近隣アジアの人々である。これは、仙台市三区でも新宿区でも同じである。震災時の新聞で犯罪が報じられていた外国人は、スリランカ人とアフガニスタン人である。これらの人がアンケートの「左記以外アジア系の人」に含まれるとすれば、震災直後に犯罪者として語られていた外国人も被災地における犯罪についての新聞報道を反映していないことになる。

では、外国人犯罪流言は、どのような経路を通して広がったのだろうか。「そのうわさを次のような人からどの程度、聞きましたか」という質問に対する回答結果は、表6―8の通りである。★30

うわさの経路は、仙台市三区（点線上段）と新宿区（点線下段）で大きな違いがある。仙台市三区では、「家族や、震災前から交流のあった地元の住民」から聞いた人が七割に近い。ついで多いのが、「ネットから」で四割程度。「震災前には交流のなかった地元の住民から」で二割程度である。この三つが主要な経路である。

新宿区では、「家族や、震災前から交流のあった地元の住民から」は仙台市三区より格段に少ない二割に過ぎない。その一方で、「ネットから」は、仙台より多く五割以上に達する。「震災前には交流のなかった地元の住民から」は、やはり仙台市三区より格段に少なく、わずか四％に過ぎない。

「家族や、震災前から交流のあった地元の住民」「震災前には交流のなかった地元の住民」「ネットから」の経路について区別に示すと、表6—9のようになる。

本項の最初で、仙台市三区では五割以上の人が外国人犯罪流言を聞いた一方で、津波被害地域や隣接地域から離れた新宿区でも四割程度と同水準の人たちが流言を聞いていた（流言に接していた）ことを紹介した。流言を聞いた主要経路の比較からは、その理由がネットという新しい情報入手の手段が誕生していたからだと考えられる。ネットが経路となったために、新宿区も仙台市三区

表 6-8 うわさの経路（点線上段＝仙台市 3 区 N397 ／下段＝新宿区 N70）

	3回以上聞いた	2回聞いた	1回聞いた	聞いた（計）	まったく聞かなかった	無回答
家族や、震災前から交流のあった地元の住民から	32.2%	13.1%	22.7%	68.0%	27.2%	4.8%
	8.6%	2.9%	8.6%	20.1%	68.6%	11.4%
震災前には交流のなかった地元の住民から	7.8%	4.8%	9.1%	21.7%	68.3%	10.1%
	1.4%	0.0%	2.9%	4.3%	82.9%	12.9%
行政の人から	3.5%	1.0%	6.3%	10.8%	78.6%	10.6%
	1.4%	0.0%	2.9%	4.3%	82.9%	12.9%
取材に訪れたメディア関係者から	2.8%	1.8%	4.0%	8.6%	81.1%	10.3%
	12.9%	4.3%	4.3%	21.5%	70.0%	8.6%
復興支援ボランティア参加者から	3.3%	3.3%	5.0%	11.6%	77.6%	10.8%
	1.4%	2.9%	4.3%	8.6%	77.1%	14.3%
ネットから	20.7%	8.1%	14.1%	42.9%	47.4%	9.8%
	25.7%	10.0%	18.6%	54.3%	34.3%	11.4%
その他	9.1%	2.3%	4.8%	16.2%	56.9%	27.0%
	4.3%	1.4%	12.9%	18.6%	54.3%	27.1%

と同程度に外国人犯罪流言が拡散したのである。

次に、外国人犯罪流言に対して根拠がないという対抗的な主張を聞いたことがあるかを確認しよう。「うわさに根拠がないという主張を聞いたことがあるか」という質問に対する回答の結果は表6―10の通りである。

流言に根拠がないという主張を聞いたことがある人は、仙台市三区で約一六％であり、新宿区で約一三％である。外国人犯罪流言は根拠のない虚偽情報であるが、そのことを口にするのを聞いた人は二割に満たない。流言を聞いた人の八割以上が信じたという表6―5と符合する結果である。

次に、外国人犯罪流言を聞いたときの心情を確認しよう。「うわさを聞いたとき、どのように感じましたか」という質問に対する回答の集計結果は、表6―11の通りである。

仙台市三区では「自分が被害にあわないか不安に感じた」人が半分に近く、「誰かが被害にあわないか心配になった」人は一割程度である。新宿区では、これらの不安や心配を覚えた人の割合

表6-9　流言を聞いた主要経路の区ごとの違い

	家族や、震災前から交流のあった地元の住民	震災前には交流のなかった地元の住民	ネットから
若林区	75.8%	25.8%	41.1%
宮城野区	65.3%	18.8%	41.7%
青葉区	63.6%	20.9%	45.7%
仙台市三区	**68.0%**	**21.7%**	**42.9%**
新宿区	20.1%	4.3%	54.3%

が格段に低い。「犯人に怒りを感じた」人も仙台市三区で五％程度であるのに対し、新宿区では二％に満たない。

これらの結果は、仙台市三区と新宿区で流言が同じ程度に信受されたとしても、捉え方に質的な違いがあったことを示している。仙台市三区では、根拠のない「外国人犯罪」が身近な問題として認知されていたのである。仙台市三区では、「誰かを守るため」の名の下で犯人にされた集団に対して暴力が振るわれる可能性が皆無だったとは言えない。

「うわさによって日本各地に住む外国人が暮らしにくくなると感じた」人は、仙台市三区で五％であるのに対し、新宿区では一七％と大きな差がある。新宿区に外国人居住者の多いことが影響しているのかもしれない。被災地に住む外国人に関する質問では、仙台市三区の方が高い結果になっている。全体的には、どちらの地域も外国人犯罪流言を聞いたとき、外国人の身になって考える態度は稀薄であると言える。

最後に、流言を聞いたあと、それを人に話したかどうかを見てみよう。「被災地で外国人が犯罪をしているという噂を話したことがありますか」という質問に対する回答は、表6―12の通りである。

流言を話した割合は、津波浸水地域の若林区と宮城野区で最も高く、ついで隣接地帯の青葉区が高く、これらの地域に比べて、津波浸水地域から離れた新宿区では相当に低いという結果

表6-10　犯罪流言について根拠がないという主張を聞いた割合

	たくさん聞いた	2回聞いた	1回聞いた	聞いた（計）	まったく聞かなかった	無回答	N
若林区	6.5%	3.2%	4.0%	13.7%	83.9%	2.4%	124
宮城野区	5.6%	1.4%	11.1%	18.1%	80.6%	1.4%	144
青葉区	6.2%	4.7%	5.4%	16.3%	82.2%	1.6%	129
仙台市3区	**6.0%**	**3.0%**	**7.1%**	**16.1%**	**82.1%**	**1.8%**	**397**
新宿区	7.1%	1.4%	4.3%	12.8%	87.1%	0.0%	70

表6-11 流言を聞いたときの心情　点線上段が仙台市三区（N = 397）、下段が新宿区（N = 70）

	とてもあてはまる	ややあてはまる	あてはまる（計）	あまりあてはまらない	まったくあてはまらない	無回答
自分が被害にあわないか不安を感じた	32.2%	13.1%	45.3%	22.7%	27.2%	4.8%
	8.6%	2.9%	11.5%	8.6%	68.6%	11.4%
誰かが被害にあわないか心配になった	7.8%	4.8%	12.6%	9.1%	68.3%	10.0%
	1.4%	0.0%	1.4%	2.9%	82.9%	12.9%
犯人に怒りを感じた	3.5%	1.0%	4.5%	6.3%	78.6%	10.6%
	1.4%	0.0%	1.4%	2.9%	82.9%	12.9%
うわさによって日本各地に住む外国人が暮らしにくくなると感じた	2.8%	1.8%	4.6%	4.0%	81.1%	10.3%
	12.9%	4.3%	17.2%	4.3%	70.0%	8.6%
うわさによって被災地に住む外国人が暮らしにくくなると感じた	3.3%	3.3%	6.6%	5.0%	77.6%	10.8%
	1.4%	2.9%	4.3%	4.3%	77.1%	14.3%

表6-12　外国人犯罪流言の流布

	複数回話した	2回話した	1回話した	話した(計)	まったく話さなかった	無回答	N
若林区	11.8%	5.7%	8.7%	26.2%	70.3%	3.5%	229
宮城野区	11.2%	3.7%	8.9%	23.8%	74.7%	1.5%	269
青葉区	8.1%	2.9%	8.1%	19.1%	79.8%	1.1%	272
仙台市3区	**10.3%**	**4.0%**	**8.6%**	**22.9%**	**75.2%**	**1.9%**	**174**
新宿区	5.7%	0.6%	6.3%	12.6%	85.1%	2.3%	174

である。ここまでのデータと合わせて考えれば、被害の大きい地域では、コミュニケーションの障壁の低減という被災地固有の条件によって、流言の流布が促進されていたと考えて無理がないはずである。

第三節　流言の信受・流布の傾向

流言を信じたり、流布したりする人には何らかの傾向があるのかだろうか。また信じたり、流布したりしやすい状況があるのだろうか。本節では、これらの問いにアプローチするために、流言を信じること（信受）および流布と他の諸因子との間の関係を、統計上の相関係数[★31]によって検証する。第一項では、次の三つの次元で検証する。第一は、職業や性別、年収などの社会的属性との関係、第二は、ナショナリズムに関わる日本や外国に関する態度との関係、第三は、流言の経路や流言を聞いた際の心情などの流言接触時の状況との関係である。第二項では、「外国人が犯罪をしているといううわさ以外のうわさ」に関する回答の集計結果をめぐって考察する。

一　社会の問題としての外国人犯罪流言

まず、外国人流言の信受・流布と性別、年齢、学歴、年収、職業の社会的属性との関係を確認しよう。表６―13の通り、仙台市三区で専門職の場合に若干の相関性（専門職の人は流言を信じない傾向）が見られる以外は、統計的に有意な相関性を見出すことはできない（統計的に有意な相関係数は、数字の右肩に＊＊か＊があるもの）[★32]。

次に、外国人犯罪流言の信受・流布とショナリズムに関わる態度との関係について見てみよう。ナショナリズムの傾向が強くなるほど、外国人犯罪流言を信じ、流布する傾向が現れることが予想される。ナショナリズムには愛国心、排外主義、同化主義など相互に絡み合う様々な側面があるが、アンケートでは、これらの各々の側面を測定するために、いくつかの項目を設定した。相関係数は、表６―14の通りである。

仙台市三区で、流言の信受とナショナリズムに関して最も強い相関性があったのは、「他の国の人たちが日本人のようになれば、世界はもっと良くなるだろう」（〇・二二〇）である。ついで強い相関性があったのは、「外国人が増えれば、犯罪発生率が高くなる」（〇・二一四）である。一応は、愛国心や排外主義が強いほどに外国人犯罪流言を信じる傾向が見られる。しかし、最も高い相関係数でも〇・二二〇であり、若干の関係があると言える程度である。仙台市三区における流布との関係は、「外国人が増えれば、犯罪発生率が高くなる」との相関性が最も強いが、これも若干の相関性が見られる程度である。

新宿区では、流言の信受とナショナリズムに関して仙台市三区より強い相関性が見られる。「他の国の人たちが日本人のようになれば、世界はもっと良くなるだろう」は〇・四〇三であり、「日本が悪く言われると自分が悪く言われたような気がする」は〇・三九三である。仙台市三区に比べ、新宿区では愛国主義やナショナル・アイデンティティが外国人犯罪流言の信受を左右する、より大きな要因になっていると言える。流布に関しても新宿区の方が、ナショナリズムがより重要な要因になっている。新宿区のナショナリズ

表 6-13　外国人犯罪流言信受・流布と社会的属性の関係

		仙台市三区		新宿区	
		信受	流布	信受	流布
性別(女性)		0.034	−0.071	0.076	0.076
年齢		−0.011	0.001	0.099	0.037
学歴		−0.065	−0.023	0.026	−0.03
本人年収		−0.01	−0.054	−0.045	−0.013
職業	学生	−0.05	0.031	0.031	−0.1
	専門職	−0.145**	0.014	0.014	0.021
	管理職	0.048	−0.115	−0.115	−0.008
	事務・保安職	−0.07	0.059	0.059	−0.036
	販売職	0.076	0.104	0.104	0.008
	技能職	0.098*	−0.121	−0.121	0.002
	生産工程・運搬	0.003	−0.014	−0.014	−0.062
	農林漁業	0.019	0.076	該当者なし	該当者なし

**　1% 水準で有意（両側）
*　5% 水準で有意（両側）

表6-14　外国人犯罪流言の信受・流布とナショナリズムの関係

		仙台市三区		新宿区	
		信受	流布	信受	流布
愛国主義	他のどんな国の住民であるより日本の住民でいたい	0.095	0.106**	0.285*	0.102
	他の国の人たちが日本人のようになれば、世界はもっと良くなるだろう	0.220**	0.156**	0.403**	0.145
	一般的に言って、他の国々より日本は良い国だ	0.160**	0.141**	0.262*	0.13
	日本のためになることをしたい	0.084	0.125**	0.013	0.095
ナショナルおよび地域アイデンティティ	日本が悪く言われると自分が悪く言われたような気がする	0.077	0.145**	0.393**	0.199**
	地元が悪く言われると自分が悪く言われたような気がする	0.104*	0.111**	0.211	0.121
同化主義	本当の日本人になるためには、日本の慣習や伝統を身につけなければならない	0.119*	0.113**	0.263*	0.177*
	もっと日本人らしくなって日本社会に同化しなければ、日本にいる資格はないと思う	0.095	0.154**	0.236*	0.173*
	同じ日本社会の一員なのだから、もっと日本社会になじんで、将来的には完全な日本人になってほしい	0.136**	0.107**	0.22	0.175*
排外主義	異質な人たちは日本社会になじまない	0.161**	0.152**	0.204	0.088
	外国人が増えれば、犯罪発生率が高くなる	0.214**	0.205**	0.208	0.213**
	外国人の援助に金を使いすぎている	0.112*	0.130**	0.138	0.062

** 1% 水準で有意（両側）
* 5% 水準で有意（両側）

ムとの相関性の強さは、流言の主要な経路がネットであったことと関係しているかもしれない。

外国人犯罪流言の信受・流布の傾向と、ナショナリズムの傾向との間には、若干の相関性を認めることができるが、新宿区の流言の信受と愛国主義およびナショナル・アイデンティティとの相関性を除けば、強い関係があるとまでは言えない。

最後に、外国人犯罪流言の信受・流布と、経路および流言を聞いたときの心情との関係を見てみよう（表6―15）。

経路に関しては、仙台市三区で、流言の信受と、家族や既知の地元住民から流言を聞くこととの間に一定の相関性（〇・三〇五）が見られた。また、流布との間にも一定の相関性（〇・二六九）が見られる。「ネットから」と流布との間にも若干の関係があるが、〇・一七八と前二者にくらべて弱い。

表 6-15　外国人犯罪流言の信受・流布と経路および流言接触時の心情の関係

		仙台市三区		新宿区	
		信受	流布	信受	流布
経路	家族や、震災前から交流のあった地元の住民から	0.305**	0.269**	0.245	0.227
	震災前には交流のなかった地元の住民から	0.096	0.257**	-0.024	0.214
	ネットから	0.048	0.178**	0.18	0.079
心情	自分が被害にあわないか不安を感じた	0.143**	0.171**	0.297*	0.349**
	誰かが被害にあわないか心配になった	0.258**	0.219**	0.188	0.268*
	犯人に怒りを感じた	0.394**	0.225**	0.393**	0.374**

**　1% 水準で有意（両側）
*　5% 水準で有意（両側）

仙台市三区では、外国人犯罪流言の信受・流布に関し、被災地である以上は当然に予想される通り、地域内の口コミという昔ながらの伝達手段の影響力が大きかったと考えられる。

心情に関しては、仙台市三区で「犯人に怒りを感じた」と信受との間に強い相関性（〇・三九四）が見られる。ナショナリズムとの相関係数も含めて、「犯人に怒りを感じた」と信受との相関係数が、仙台市三区で最も高い値である。ついで強かったのが、「誰かが被害にあわないか心配になった」との相関性（〇・二五八）である。「自分が被害にあわないか不安を感じた」（〇・一四三）よりも「誰かが被害にあわないか心配になった」との相関性が強いことは、注目に値する。流言の流布に関しても同じ傾向が見られる。仙台市三区では、「犯人に怒りを感じた」「誰かが被害にあわないか心配になった」「自分が被害にあわないか不安を感じた」の順で流言流布に強い影響を与えている。

新宿区においても、信受・流布ともに「犯人に怒りを感じた」との相関性が他よりも強いのは同様である。なお、心情と流言の流布との間にある関係は、心情が流布に影響する方向の影響だと考えられるが、心情と信受に関しては、心情が信受に影響すると共に、信受が心情に影響する双方向の循環的な関係が考えられる。循環的な関係は、外国人犯罪流言に対して批判的な距離を取ることができないまま、内容に対して素朴に感情的に反応する人の姿を映し出す。

流言の信受・流布と、流言経路や流言接触時の状況との間には、ナショナリズムとの間に比べて、全体的により強い相関性を見出すことができる。しかし、流言の信受・流布に関して、統計的に決定的と言える要因は見出せない。この結果は、次の事実を示してもいる。外国人犯罪流言を信受・流布する傾向は、個別の要素に還元することが不可能だということである。日本社会の構成員であれば、どのような属性をもち、国に対してどのような考えをもち、どのように流言に接しようとも、外国人犯罪流言を信受する傾向と無縁ではない。非常時の外国人犯罪流言の拡散の問題は、日本社会全体の問題と見なすのが適切である。

二　非外国人犯罪流言とのかかわり

アンケートでは「「外国人が犯罪をしている」といううわさ以外の犯罪のうわさ」(「非外国人犯罪流言」と呼ぶ)について、どの程度聞き、信じたかについても調査した。

単純集計結果は6―16および表6―17の通りである。

非外国人犯罪流言の内容は、本節の第一項で論じた、犯人や容疑者が日本人であるか、犯人に関する言及がない記事の内容に該当する。したがって、非外国人犯罪流言を聞いた割合が約半数で、信受した割合が九割以上と、ともに高い値を示したのは当然である。非外国人犯罪流言の内容は、メディアを通して報じられていた事柄だからである。実際のところ、非外国人犯罪流言の詳細を求めた自由回答欄への二七七件にのぼる記述は、店舗荒らしやガソリン抜きに関して書かれているケースが多く、メディアを通して知ったという記述も少なくない。その一方で、「自衛隊の服装で早朝に被災宅に侵入し、物・お金を盗む」など、報道されたことのない内容についての記述もある。非外国人犯罪流言は、虚実の入り混じった流言である。

　非外国人犯罪流言の信受と外国人犯罪流言との信受の間には、表6―18の通り、他の因子と比べると格段に強い相関性が見られる。特に仙台市三区では、〇・五八四と相関係数が極めて高い。

　この相関性は、どのように解釈するのが適切だろうか。

　自由回答欄の記述を参考にすると、実際に広がっていた非外国人犯罪流言は、大きく分けて二種類あったと考えられる。一つは、「津波の被害にあったお店で盗難が横行しているらしい」と仙台港周辺

表 6-16　非外国人犯罪流言の拡散

	たくさん聞いた	2回聞いた	1回聞いた	聞いた(計)	まったく聞かなかった	無回答	N
仙台市3区	33.0%	6.0%	13.0%	51.9%	46.6%	1.4%	770
新宿区	19.0%	6.9%	13.8%	39.7%	58.0%	2.3%	174

表 6-17　非外国人犯罪流言の信受

	とても信じた	やや信じた	信じた(計)	あまり信じなかった	まったく信じなかった	無回答	N
仙台市3区	40.9%	52.1%	93.0%	6.3%	0.3%	0.5%	399
新宿区	34.8%	58.0%	92.8%	7.2%	0.0%	0.0%	69

に住んでいる会社の同僚にききました」とあるように、犯人に直接的に言及しないまま、何が起きたかに焦点を当てて語る流言である。この種類の流言は、本書の類型では事件型に相当する。もう一つは、外国人以外の属性の持ち主が犯人として語られている流言である。たとえば、ボランティアが犯罪をしているという流言である[★33]。本書の類型では、犯罪者型に属する（表6―19。第五章表5―4も参照）。なお、非外国人犯罪流言の中で、犯罪者型はボランティアを犯人として語る流言のみであり、また全記述の中で三件のみである[★34]。非外国人犯罪流言の主流は、事件型の流言である。

非外国人犯罪流言とは、日本人が犯罪していると語る流言を指すように思われるかもしれない。しかし、日本人が日本社会における圧倒的な多数者であるために、「日本人も（が）泥棒をしている」（表6―19）のように日本人と明示して犯罪を語る言説は、特定の文脈においてのみ生じることに注意する必要がある[★35]。犯罪に関する言説において外国人と明示されていない以上は、犯人は一般に日本人であることを意味するが、特定の文脈以外で「日本人」という徴《しるし》を付けることは原則的にはない[★36]。

日本人を犯人として明示的に語る主要な文脈は二つある。一つは、外国人犯罪流言がトピッ

表 6-18　外国人犯罪流言の信受と非外国人犯罪流言の信受の相関係数

		非外国人犯罪流言を信じた
仙台市3区	信受	0.584
	流布	0.186
新宿区	信受	0.396
	流布	0.212

クになっていたり、念頭に置かれていたりする文脈である。「被災地で外国人が犯罪をしている」と誰かが語ったとき、対抗的に「日本人犯罪流言」が語られることがある。その場合の典型的な語りは、「日本人も犯罪をしている」という語りである。[★37] もう一つは、災害後の日本人の秩序の良さが話題になっている文脈である。「緊急時にも日本人は秩序正しくふるまう」と誰かが語ったときに、対抗的に「日本人も犯罪をしている」と語られることがある。

注意すべきは、同じ非外国人犯罪流言でも、犯罪者型のボランティア犯罪流言と事件流言とでは、聞き手に対して根底的に異なる影響を与えることである。ボランティア犯罪流言を聞き、信受したときには、ボランティアに対する敵意や不信感を覚える蓋然性は高いだろう。その一方で、犯人についての言及がない事件型流言を信受したときの典型的な反応は、犯人を知りたいという欲求をもつことである。犯人が個人に特定されるか、特定の集団に限定されるかしないうちは、社会全般の治安に不安を抱かざるをえないし、犯罪に対する怒りを抱え込んでいるよりないからである。この点で、事件型流言と犯罪者型流言は、問いと答えの関係にあると言える。

表 6-19　犯罪流言の4類型と例

	事件型(焦点:犯罪)	犯罪者型(焦点:犯人)
外国人犯罪流言	——	外国人が泥棒をしている
非外国人犯罪流言	盗難が横行している	ボランティアが泥棒をしている (日本人も(が)泥棒をしている)

事件型流言が掻き立てる犯人への問いに、犯罪者型流言が答えるのである。

以上の考察から、事件型流言の信受の度合いが強くなるほど、犯罪者型流言への被暗示性が高くなると想定することができる。この想定が正しいなら、外国人犯罪流言の信受と非外国人犯罪流言の信受との間の強い相関性は、単に一方を信受する人は他方も信受する傾向があるというだけにとどまらず、通常は事件流言であるところの非外国人犯罪流言の信受が、外国人を犯人とする犯罪者型流言である外国人犯罪流言の信受を促した結果だと解釈することができる。

第四節　東日本大震災と遺体からの指輪泥棒流言

東日本大震災後には、遺体から指輪などの金目のものを奪っているとする流言（以下、「指輪泥棒流言」と呼ぶ）が広がった。店舗荒らしやガソリン抜きが実際に報道されていた事件であるのに対し、指輪泥棒は一度も確認されたことのない完全な虚構である。その一方で、遺体から盗むという内容から考えて、指輪泥棒流言が信受されたときには、犯人として語られた集団に対して、他の流言よりも一層強い怒りや驚き、蔑み、不信感などの否定的な反応を惹起することが予想される。これらの点を踏まえ、本節では、第一項で、指輪泥棒流言に限定して考察する。第二項では、指輪泥棒流言も含めた東日本大震災時の外国人犯罪流言が、主に中国人を標的にしている点をめぐって、メディア表象仮説を基に考察する。

一　指輪泥棒流言

まず、指輪泥棒流言の拡散の実態を見ていこう。アンケートでは、指輪泥棒流言を聞いたかどうかを直接的に尋ねることはしていないが、流言で語られていた行為の種類についての質問（表6―6）で「遺体損壊」を選んだ人のほとんどが指輪泥棒流言を思い描いていたと考えられることから、「遺体損壊」の選択数によって指輪泥棒流言の拡散の程度を推定できる。[★38]

アンケートでは、外国人犯罪流言と非外国人犯罪流言の各々の質問で行為の種類を尋ねている。両者での「遺体損壊」の選択数と、アンケート回答者数に対する割合は、表6―20の通りである（表6―6は外国人犯罪流言を聞いた人を母数（N）としているが、表6―20は各区の全回答者を母数としていることに注意）。

仙台市三区では、回答者七七〇人のうち一一一人の一四％程度が外国人犯罪流言として指輪泥棒流言を聞いている。最も割合が高い若林区では、一八％程度もの人が聞いている。また、仙台市三区のすべての区で外国人犯罪流言での選択の割合が著しく高く、非外国人犯罪流言のおよそ二倍から三倍の割合になっている。指輪泥棒流言は、非外国人犯罪流言（事件型流言。本章第三節第二項参照）として語られることが少なく、ほとんどが外国人による犯罪として語られていたのである。行為の種類として最も多く選択されていた「略奪・窃盗」は、外国人犯罪流言と非外国人犯罪流言で、ほぼ同じ程度に選択されているので、指輪泥棒流言は、特異的に外国人犯罪流言として語られる傾向が強かったと言える。

指輪泥棒流言の流布に関わるデータを、さらに補っておく。指輪泥棒流言は、外国人犯罪流言に関する自由回答欄と、非外国人犯罪流言に関する自由回答欄の、各々に記されている。各々の回答欄への記述の数と比率は、表6―21の通りである。

仙台市三区で確認すると、指輪泥棒流言は、非外国人犯罪流言解答欄の方に約一三％、外国人犯罪流言解答欄の方に約八七％が記されていた。表6―21からも、指輪泥棒を外国人に帰属させて語るケースが圧倒的に多かったことがわかる。

拡散の実態をめぐり、指輪泥棒流言を二種類に分けることで、さ

表 6-20　遺体損壊選択数

	外国人犯罪流言	非外国人犯罪流言	N
若林区	40(17.5%)	11(4.8%)	229
宮城野区	31(11.5%)	14(5.2%)	269
青葉区	40(14.7%)	18(6.6%)	272
仙台市3区	**111(14.4%)**	**43(5.6%)**	**770**
新宿区	3(1.7%)	0(0.0%)	174

らに詳しく確認してみよう。指輪泥棒流言は、泥棒の仕方に関して語り方が二種類ある。外国人犯罪流言の自由回答欄の記述から例をあげる。

①　水死体からゆびわ等を盗む。

②　中国人が大勢やってきて空家から物を盗んでいる。遺体の、い、い、い、指を切断し指輪を奪っていたそうだ。

一つは、①のように遺体から指輪などを外して盗む抜取型で、もう一つは、②のように遺体の指などを切断して盗む切断型である。自由回答欄に記述されている指輪泥棒流言七四件のうち、抜取型は三六件で、切断型は三八件である。二つの型を比べた場合、切断型の流言の方が、一層、強い反感や嫌悪感を引き起こすと予想される。では、抜取型と切断型は、非外国人犯罪流言の自由回答欄と外国人犯罪流言の自由回答欄でどのような割合になっていたのだろうか。

表 6-21　自由回答欄への指輪泥棒流言記述件数と割合

	外国人犯罪流言回答欄	非外国人犯罪流言回答欄	計
若林区	19(82.6%)	4(17.4%)	23(100%)
宮城野区	23(92.0%)	2(8.0%)	25(100%)
青葉区	20(87.0%)	3(13.0%)	23(100%)
仙台市3区	**62(87.3%)**	**9(12.7%)**	**71(100%)**
新宿区	3(100.0%)	0(0.0%)	3(100%)

表6―22の通り、抜取型よりも切断型において、外国人犯罪流言回答欄により多く記述されている（外国人抜取泥棒が七七・八％であるのに対して、外国人切断泥棒は九四・七％）。日本人が語る流言では、許しがたく反人間的だと感受される犯罪であればあるほど、外国人を犯人に仕立てあげて語る傾向が一貫して見られる。

では、指輪泥棒流言は、なぜ、どのように発生したのだろうか。考察のための材料として、外国人犯罪流言の自由回答欄に記述されていた指輪泥棒流言を表6―22の類型に沿っていくつかあげておく。流言についての回答者のコメントも、合わせて引用しておく。

外国人犯罪流言×抜取型

③ 石巻の方に近所の被災された貴金属店に夜日本語じゃない言葉で話している声を聞き、朝品物がなくなっていた。中国系、アジア系がウロウロしていた。遺体から金品を盗んでいた。多賀城の電気屋がガラスをわられて品物が無くなっている。

表6-22　指輪泥棒流言の記述数

	抜取型実数	切断型実数	計実数
外国人犯罪流言の自由回答欄	28（77.8％）	36（94.7％）	64（86.5％）
非外国人犯罪流言の自由回答欄	8（22.2％）	2（5.3％）	10（13.5％）
計	36（100％）	38（100％）	74（100％）

外国人犯罪流言×切断型

④うわさは、震災後、一〜二ヶ月の頃に、「津波で死亡した人の指を切断して、指輪をぬすんだり、流されたお金をひろい集めている中国人がいる」というものでした。生きている人への犯罪のうわさは、聞いたことありません。

⑤がれきの下に埋まっている人を探す仕事をしている人から、指輪をしている指が切られていたりなど、部分的に切断されている死体をいくつも見た事、そして夜になると、中国系の人達が死体が身につけている金品を探している事を聞きました。

⑥うわさではない。事実、指だけを切られた死体があった。中国人が多く不安感はあった。（石巻渡波地区）

⑦中国人が大勢やってきて空家から物を盗んでいる。遺体の指を切断し指輪を奪っていたそうだ。

⑧津波の被災地において中国人や韓国人の犯罪集団が関東地方から現地入りして、遺体

の指輪や財布、時計などをゆびやうでを切って盗った話しはよくききました。

⑨　親戚（亡くなった（津波で））の指輪をしている指のみがなくなっていた。中国のボランティア団体が早々と来ていた。（三日目）

非外国人犯罪流言×抜取型

⑩　遺体から指輪等、金品を盗っている物〔者〕がいるという話を知人から聞いた。

（二〇一一・三月一二日〜二〇一一・三月末ぐらいの間で）

非外国人犯罪流言×切断型

⑪　津波などで亡くなった人の指を切り落とし指輪をぬすんだ。避難で空屋の所にどろぼうが入った。

指輪泥棒流言の形成の背景に、震災後の遺体をめぐる未曽有の事態があったことは明らかだろう。震災後の数日間に、いくつもの港や沿岸の町で一〇〇人単位の遺体が発見されたことや、自衛隊や消防隊などによる遺体の捜索が、大量の瓦礫に阻まれて難航したこと、そのために遺体の捜索が延々と続いていたこと、火葬場も遺体保管場所も不足していたこと、遺体の身元確認が遅々として進まなかったこと、その間に保管所の遺体の損傷が進んでいたこと、壊滅的な被害を受けた地域では、やむなく土葬することもあったことなどである。

これらはすべて『河北新報』をはじめ、被災地のメディアがしばしば報道していたことである。地震発生から一か月ほどが経った二〇一一年四月二〇日の『河北新報』朝刊は、宮城県内で依然として八〇〇〇人近い人たちの行方がわかっていないとし、捜索を続ける警察の様子や、行方不明の家族を探す人の姿を伝えている。仙台市若林区の海沿いにある荒浜地区では、三〇〇人の遺体が見つかっているが、行方不明者は依然一〇〇人前後いるとみられると報じ、「震災後、休みなしで任務に当たる警察官や自衛隊員、消防局員の疲労の色は日に日に濃くなっている」が、「つらい思いをこらえ、捜索をじっと見守る家族の姿に後押しされる。力を合わせ一刻も早く行方不明者を見つけたい」との警部の言葉を伝えている。さらに、津波で息子を亡くした名取市の会社員が、行方不明の妻を探して市の安置所に通い続けていることや、すでに一〇〇〇体以上の遺体と対面したことを伝えている。

忍耐強く遺体を探す警察や市民の姿を伝える『河北新報』の記事が示唆しているように、取り残された遺体の問題は、津波被害の甚大さが根本的な原因であるため、誰かを責めることのできる問題ではないし、それは、被災地の人々の共通の了解だったと考えられる。一刻も早くすべての遺体が発見され、身元が明らかになることを望む一方で、望み通りに事態が推移しない認知的不協和[★39]を多くの人が経験せざるをえない状況だったが、取り残された遺体のことで誰かを責める世論が被災地で形成された事実はない。取り残された遺体への加害責任の引き取り手は公共的な世論の領域では不在のままであった。

その一方で、指輪泥棒の流言においては、取り残された遺体に対する明瞭な加害者が存在している。もちろん指輪を盗んだ犯人である。指輪泥棒流言で語られる被害者は、津波浸水域を中心とする被災地に取り残された遺体であるために、犯人は、ガソリン抜きや食料品の窃盗などの流言で語られる犯人よりも、一層、強い怒りや嫌悪感、恐怖、不安などの否定的な感情を喚起する。注意すべきは、指輪泥棒流言が、遺体への加害者である犯人への強い否定的感情を単に喚起するだけではなく、「うわさではない。事実、指だけを切られた死体があった。中国人が多く不安感はあった。（石巻渡波地区）」（⑥）とあるように、信受する限り、犯人に対する否定的感情を、正当で当然のこととして表明することを可能にすることである。指輪泥棒流言は公共的な世論の領域で、不在のままだった、取り残された遺体への加害責任の引き取り手を提供しているのである。

指輪泥棒流言が虚構である以上、流言の形成を促した要因は、現実の犯罪にあるのではなく、流言を語り聞き、納得する人たちの心の中にある。そして、指輪泥棒流言が被災地に限定されて広がった以上、当時の被災地に暮らす人々の何らかの心的エネルギーによって流言が形成されたと考える必要がある。

以上のことを前提にするとき、指輪泥棒流言は、取り残された遺体をめぐって生じていた認知的不協和を条件に形成されたと考えることは合理的である。指輪泥棒流言は、虚構の犯人への否定的感情を通して、言明の抑圧された遺体をめぐる被災地の悲嘆や憤懣を吐き出させる機能を果たすことによって、拡散したと考えられる。外国人犯罪流言の自由回答欄にあった次の記述は、指輪泥棒流言が果したと思われる機能の一端を示している。「〔外国人が〕ご遺体から金品を奪っていた。そのため身元確認が遅れた〔と聞いた〕」。

二　中国人犯罪流言の拡大とメディア

指輪泥棒流言を含め、東日本大震災時の外国人犯罪流言で主要な標的になったのは、中国人である。なぜ、中国人だったのだろう。メディア表象仮説に従って、前章で行ったのと同じように二〇一〇年九月一一日から二〇一一年三月一一日までの『朝日新聞』朝刊の見出しと本文で関連する語句を検索したところ、次の結果になった。阪神淡路大地震の直前六か月の結果も併記しておく。

	東日本大震災直前六か月	阪神淡路大地震直前六か月
「窃盗」	一三四五件★40	三八五件
「窃盗＋中国人」	五件	一七件
「窃盗＋韓国人」	一件	一件
「窃盗＋朝鮮人」	○件	○件
「窃盗＋イラン人」	○件	○件
「窃盗＋香港」	二件	五件

こうして見てみると、中国人の窃盗に関する記事は、実数も窃盗記事全体に占める割合も、大きく減少していることがわかる。次に『朝日新聞』の東京本社版の本紙に絞って、見出しのみで「中国人」を検索すると三一件が出てくる。この三一件について見てみると、最多は尖閣諸島関連の記事の一三件である。ついで多かったのは、獄中にいた中国人人権活動家へのノーベル平和賞授与に関わる記事の六件、そして、中国人観光客の減少に関する記事の四件であった。中国人が加害者になった刑法犯は、一件も出てこない。

尖閣諸島関連の記事は、どのような報道がされていたのだろうか。二〇一〇年九月二五日『朝日新聞』朝刊の記事「中国人船長釈放、与党内に批判／「敗北だ」野党追及／尖閣沖衝突」

は、中国漁船と海上保安庁の巡視船が衝突した事件で、海上保安庁が逮捕した中国人船長の釈放を那覇地検が決定したことに対して、野党自民党から「外交的敗北だ」と民主党内閣を批判する声が上がっていると報じている。与党議員からも「『我が国の法秩序を蹂躙するもので到底容認できない』と厳しい意見が噴き出した」と伝えている。同日の『朝日新聞』朝刊の論説は、「中国の強引な対外姿勢は、尖閣問題以外にも様々な場面に登場している」とし、「中国が国際社会の共通ルールを尊重する「分別ある大国」とはいいにくい」と結ぶ。中国人船長の釈放問題は、翌二〇一一年も引き続き記事になっている。『朝日新聞』の関連記事は、震災後の二〇一一年七月二二日が最後である。

領土問題がナショナリズムを刺激しないことはない。二〇一〇年九月二六日の『朝日新聞』の読者投稿者欄『声』には、「日本は自己主張が本当に下手である。宣伝に負けて日本にマイナスの影響が及ばないよう、早急に工夫してもらいたい」という意見が寄せられている。九月二五日の『毎日新聞』朝刊東京地方版は「〔釈放の〕論拠はわが国の利益だろうが、利益とは金目の問題。それ以上に国家として、民族にとって大事なものがある。日本はこのまま沈む」という石原都知事の発言を紹介している。翌日の『毎日新聞』朝刊は、「中国人船長の釈放撤回を要求し、受け入れられなければ包丁で脅そうと思った」男が、包丁をカバンに入れて首相官邸の方へ向かっていたところを現行犯逮捕した事件を報じている。領土問題によってテロ未遂事件まで起きていたのである。

中国人を犯人に立て上げる流言が拡散した背景にあるのは、尖閣諸島問題に端を発する中国への反感や、不信感の高まりであり、国際秩序に対する無法者であり、日本の領土を奪おうとする国家としてメディアが中国を表象するようになっていたことが、中国人を犯人として語る流言を生む主因になったと考えられる。★41

津波浸水地域の治安や未来への不安、無数の死へのやりきれない思いが堆積していたのが被災地だった。同時に、領土問題に端を発して、急激に大国化した中国に対する反感や不信感が、急速に拡大しつつあったのがこの時代である。別の文脈で生じた感情や意識が合流して出来上がったのが、中国人を標的とする犯罪流言だったのではないだろうか。

第五節　まとめ

本章の内容は次の四点にまとめられる。

第一に、阪神淡路大震災時には、中国人やイラン人を標的とした外国人犯罪流言が発生している。両外国人が標的になったのは、その時点までの、否定的報道の累積が影響していると見られる。

第二に、東日本大震災時に主要メディアによって報じられた、窃盗などの一般的な災害便乗型犯罪の犯人や容疑者は、「日本人」と徴づけられることはないものの、すべて日本人だった。その一方で、現実とは無関係の中国人をはじめとする近隣諸国の外国人を犯人に仕立て上げる外国人犯罪流言が発生している。仙台市三区では過半数、新宿区では四割が外国人犯罪流言を聞いており、両地域で聞いた人の八割以上の人が信じていた。

第三に、外国人犯罪流言の信受と社会的属性との関係は、統計的に有意な水準では見られない。ナショナリズムに基づく社会観や流言接触時の経路や心情と信受との間には、一定の相関性が見られたが、必ずしも強いとはいえない。事実無根の外国人犯罪流言が拡散するのは、個別の要素に還元するより、日本社会全体の問題であると見るのが適切である。

第四に、仙台市三区では、被災地の遺体から指輪を盗んでいるという流言が発生した。完全な虚構だが、ほとんどの場合で、外国人による犯罪として語られていた。

★1　名古屋市総務局調査課（一九六一）『伊勢湾台風災害誌』名古屋市。

★2　朝鮮人も韓国人も同一の民族（エスニック・グループ）であるが、植民地支配からの解放後に朝鮮民主主義人民共和国と大韓民国の二つの国家が成立したために、対応する別個のネイション（国民）と名称が誕生している。民族の名称としては、韓国人を含めて「朝鮮人」と呼ぶ考え方もあるが、朝鮮や朝鮮人に対する差別意識が今日に至るまで残っているため、日本では朝鮮半島出身者が「朝鮮人」と呼ばれることを嫌うこともある。戦後の流言を扱う本章では、自らを朝鮮人にアイディティファイする者を朝鮮人と呼び、自らを韓国人にアイデンティファイする者を韓国人と呼ぶこととする。

★3　外国人犯罪流言が伊勢湾台風時には発生せず、二度の巨大地震の際には発生した結果は、外国人犯罪流言は地震災害時に発生するという災害種別仮説に適った結果である。

★4　本書の第二節と第三節は、拙稿「震災後の「外国人犯罪」の流言」『震災学』第一〇号を基に執筆した。

★5　小田貞夫（一九九五）「災害放送の評価と課題――被災地アンケート調査の分析から」『放送研究と調査』第四五巻第五号。

★6　兵庫県警察本部（一九九六）『阪神・淡路大震災警察活動の記録――都市直下型地震との闘い［本編］』兵庫県警察本部、二二三頁。

★7　オートバイ盗だけが、一四一六件から二一二二件と増加している。［兵庫県警察本部、一九九六］、二二三頁。

★8　小田貞夫（一九九五）前掲論文、一七頁。

★9　日本消防協会（一九九六）『阪神・淡路大震災誌』日本消防協会、一二一頁。外国人地震情報センター（一九九六）『阪神大震災と外国人――「多文化共生社会」の現状と可能性』明石書店も、外国人窃盗集団の流言はあったが、パニックや排斥運動は起きなかったと論じている（一五頁）。

★10　二〇二二年七月二九日、オンラインミーティングで実施。

★11　阪神淡路大震災の被災地には、留学生を含めて多様な外国人が暮らしていた。特に神戸市長田区には、植民地支配期に朝鮮から渡日したオールドカマーの在日朝鮮人や韓国人に加え、戦後、地場産業のケミカルシューズ関連業種に従事するようになったニューカマーのベトナム人などが多く居住していた。長田区では、公園でテント暮らしをしていたベトナム人被災者と日本人被災者が自治会を形成し、持続的に住民集会を開くなど、災害が「共生の心」を生んだという（外国人地震情報センター（一九九六）前掲書）、一九二頁。阪神淡路大震災時の外国人の状況や共生の可能性や課題については、同著を参照。

★12　あるいは「ガイジン」という言葉で表現されることもある。この点について筆者が聞き取りをしたAさんは、中国人や韓国人、アメリカ人というどこかの国民や民族を表す名称ではなく、たしかに「ガイジン」という言い方で聞いたと語った。

★13　ニューズワーク阪神大震災取材チーム（一九九五）『流言兵庫――阪神大震災で乱れ飛んだ噂の検証　噂でなければ見えない「真実」もある！』碩文社、五三頁。

★14　警視庁（一九二五）『大正大震火災誌』警視庁の記録では、社会主義者や大本教、囚人を犯人として語る流言は、発災翌日の九月二日午後二時を最後に姿を消している（四四五―四五一頁）。本書第一章第一節も参照。

★15 一例として阪神淡路大震災が起きた一九九五年一月の外国人による犯罪の報道をあげておく。「連合特別捜査本部は〔……〕中国人男性を身代金目的で誘拐したとして横浜市中区居住の中国籍でパチンコ店員A容疑者（三〇）と同区大和町一丁目、無職B容疑者（二三）を恐喝の疑いで〔……〕逮捕した」（『朝日新聞』一九九五年一月一二日朝刊）。「A容疑者」は中国籍であることが徴づけられている一方で、「B容疑者」は国籍に関して無徴である。二人の容疑者が共に中国籍でありながら、一方だけに中国籍と徴づけるということはあり得ないので、常識的な読み方をすれば、「B容疑者」は日本国籍者である。この記事のみならず、国籍の無徴は、有名人による犯罪や有名企業を舞台にした犯罪に関する記事など特殊なケースを除けば、日本国籍であることを示す。一般に日本で起きた日本人の犯罪に関しては日本国籍と徴づけることはない。メディアの犯罪報道における日本国籍者の無徴化と、外国籍者の有徴化というダブルスタンダードの慣行は、犯罪流言における犯人の外国人への先験的限定のプロセスと並行的である（メディアの慣行が流言のプロセスの直接的原因と見なせるかどうかは不明だが）。

★16 https://twitter.com/rai_miya/status/46095517746348033（二〇一三年二月一一日確認）。

★17 ツイッターでは、本文で例示したような内容をそのままリツイートしたり、同調のツイートをしたりするケースもあるが、批判・非難し、デマに惑わされないようにと注意するリツイートも多い。

★18 https://twitter.com/somorecooky/status/46118377135149056（二〇一三年二月一一日確認）。

★19 https://twitter.com/sudo_kg/status/46137702814449664（二〇一三年二月一一日確認）

★20 宮城県警察本部刑事部刑事総務課（各年）『犯罪統計書』宮城県警本部では、来日外国人を「定

着居住者（永住権を有する者等）、在日米軍関係者及び在留資格不明の者以外の者」と定義している。

★21　警察庁刑事局捜査支援分析管理官（二〇一四一月訂正）『犯罪統計資料平成二三年一〜一二月分【確定値】第五〇二号』(https://www.e-stat.go.jp/stat-search/files?stat_infid=000031358996)「第一〇表　来日外国人による刑法犯・特別法犯検挙件数・検挙人員対前年比較」。同資料には永住外国人の検挙人員に関する統計はない。

★22　日本で起きた犯罪で犯人が日本人だった場合、ことさら「日本人」と記載されることはほとんどない。「会社員（二八）」のように職業や性別、年齢に関する情報が含まれており、国籍に関する情報が含まれていない場合に日本人であることがわかる。すでに述べたように、外国籍の犯人または容疑者に関し国籍を書かないことはなく、日本籍の犯人または容疑者に関し国籍を書くことはないのが新聞などの報道のフォーマットである。

★23　『読売新聞』二〇一一年三月一九日朝刊と『毎日新聞』二〇一一年三月二二日朝刊もデマに惑わされないようにと注意を喚起する記事を出しているが、共に原発事故関連のデマなどで、外国人犯罪流言に関しての言及はない。

★24　仙台市五区のすべてを調査対象地にしていないのは、仙台市全体の状況を把握することを目的にした調査ではないためである。本文で述べた基準に従って、仙台市の三区と新宿区を選定した。

★25　震災から五年以上が経過した時点で実施したアンケートである点に注意が必要である。五年以上前の出来事に対する回答者の記憶に基づいているので、アンケートの精度にはそれなりに限界がある。

★26 本書で言及しなかった集計結果は「「東日本大震災の体験と多文化共生の実態調査アンケート」調査地域別単純集計」https://www.tohoku-gakuin.ac.jp/info/content/170511-1_1.pdf を参照。全ての質問に対する区ごとの集計結果が示されている。

★27 アンケート票では一貫して「流言」ではなく、「うわさ」という言葉を用いた。主に二つの理由による。一つは、「流言」という言葉がどの程度一般的であるか測りかねたためである。「うわさ」は、日常的な言葉であるとしても、「流言」を同様に考えられるとは言い切れない。もう一つの理由は、「流言」には「真実ではないもの」というニュアンスがあり、信じることが望ましくないという価値判断を呼び起こす可能性があるためである(「うわさ」にも同じニュアンスがある程度は含まれているが、「流言」の方がより強いと判断した)。アンケート票で「流言」という言葉を用いて質問すれば、回答者の中に価値判断が働くことで、回答に歪みが生じる可能性がある。本文では原則的に「流言」を用いるが、アンケート票の質問文を引用する場合は「うわさ」と表記する。

★28 J-N・カプフェレ(一九九三)『うわさ――もっとも古いメディア(増補版)』(吉田幸男訳)法政大学出版局、一五頁。

★29 「特にどの人たちとは考えなかった」を選択した場合、それ以外の選択肢を選ぶことはありえないはずなので、これを選びつつ他の選択肢も選んだ場合は他の選択肢は無効とした。

★30 「取材に訪れたメディア関係者から」という項目を作ったのは、アンケート作成前に被災地に取材に来たメディア関係者から「外国人が犯罪をしているという噂を聞いたことがあるか」という質問を受けたことのある住民がいたため、メディアによる質問が流言の拡散を後押しした可能性があると考えたからである。しかし、この項目は新宿区の値が仙台市三区の値よりも高くなっているので、作成者の意図と回答者の解釈がずれていたと考えざるをえない。「取材に訪れたメディア関係者から」を単に「テレビや雑誌などのメディアからうわさを聞いたか」という質問として受け取った人が多かったと推測される。この項目については、信用できるデータとしてカウントすることはできない

★31　相関係数は二種類のデータの間の関連の強さを示す指標で、〇から±一までの値をとる。＋（プラス）一または－（マイナス）一に近いほど強い関連があることを示す（〇の場合には、まったく関係がなく、一の場合には完全な関係があることを示す）。プラスの場合には正の相関性（身長が高ければ高いほど、体重が増える）があることを、マイナスの場合には負の相関性（煙草を多く吸えば吸うほど、寿命が短くなる）があることを示す。社会現象に関する分析では、一つの現象に対して様々な要因が同時に影響することが通例であるため、相関係数が±〇・四で、かなり強い関連があると見なされ、〇・二程度でも十分に意味のある関連があると見なされている。相関係数はあくまで相関性の強弱についての指標なので、因果関係があるのか、また二つのデータのどちらの因子が原因または結果なのかを示す訳ではない。

★32　有意水準を一％または五％とする。統計分析では、有意確率が一％または五％以下であるときに統計的に有意と見なすのが一般的である。有意確率が一％以下であるとは、統計の結果が単なる偶然に過ぎない可能性が一％以下であること意味する。つまり、九九％以上の確率で統計の結果が信用できることを意味する。＊＊が一％水準、＊が五％水準を意味する。

★33　次のような記述があった。「ボランティアで来ていたスタッフが避難所で強姦（未遂）した」。報

道でも警察発表でも、該当する事実は確認できない。

★34　ボランティアを装って犯罪をしていたという記述も三件あった。

★35　日本で起きた犯罪について、犯人が日本人であると語っても、日本社会の構成員の外延と日本人の外延がほぼ一致している以上、犯人の範囲を限定していないのに等しいため、情報としてはほとんど無価値だからである。

★36　本章★15を参照。

★37　自由回答欄にも「日本人でもスーパーや商店の商品、食材をぬすむ集団で、よるに行う」という記述があった。この記述は、回答者がかつて実際に聞いた言葉を書いたわけではなく、アンケートの作成者（筆者）に対して、外国人犯罪だけがあった訳ではないと伝えるために書いたものだと解釈できる。アンケートの質問が、外国人犯罪がトピックになる文脈を構成したのである。なお、第一項で見たように、被災地の一般的な災害便乗犯罪で逮捕された犯人は、微づけられることがないとはいえ、すべて日本人なので、外国人犯罪の存在を自明視した、「日本人も」という語りは、犯罪の現実から乖離している。

★38　外国人犯罪流言と非外国人犯罪流言の、各々の自由回答欄には、指輪泥棒に関する記述があわせて七四件あった（表6―21参照）が、指輪泥棒のほかに遺体損壊に関わる記述は一件もない。「遺体損壊」に関わる流言とは、指輪泥棒流言だったと考えられる。

★39　社会心理学者のレオン・フェスティンガーは、認知的に矛盾した状態を認知的不協和（cognitive dissonance）と呼ぶ。認知的不協和は、不協和を「低減または除去」しようとする圧力を生じさせる（フェスティンガー（一九六八）『認知的不協和理論』（松永俊朗監訳）誠信書房、一八頁）。

たとえば、タバコが体によくないという知っていながら、煙草をすっている場合、不協和を除去するために、タバコの害が言われているほど大きくはないことを示す証拠を集めるかもしれない。フェスンティンガーの理論は、人は無矛盾的な世界像を希求する傾向があると要約できる。流言の発生条件をめぐる社会学者の清水幾太郎の次の指摘も、フェスティンガーと同様に、無矛盾的な世界像の希求という人間の傾向に着目している。清水は、「知識の断片と断片の間」、すなわち個々の情報の間に「溝ないし矛盾」があることが、流言発生の条件であると論じる。aという情報とcという情報があるとき、「aとcがあるからには、どうしても両者の間にbがなければならぬ。bがあってこそ、a－b－cという具合に一つの統一ある全体に接することができる。しかし、誰もbを見たものはなく、当局もbについて発表している訳ではない。しかし、aとcを統一するためにはbが必要である。bを作り上げる必要があるのである。bを作り上げて全体を首尾一貫したものにするのは想像力の作用である」（清水幾多郎（二〇一一）『流言蜚語』筑摩書房、三二頁）。このように清水は、情報の間にある「溝ないし矛盾」を解消しようと想像力を働かせる過程で流言が発生すると論じる。

★40　東日本大震災直前六か月の「窃盗」の記事が、阪神淡路大震災時の三倍近くになっているが、一九八〇年代半ば頃から、持続的に「窃盗」記事が増加していった結果である。事件そのものではなく窃盗事件を記事にすることが多くなったものと思われる。

★41　中国人が標的になった要因は、尖閣諸島問題以外にも考えられる。二〇一一年の在日中国人人口は、在日外国人中で最大の六八万人程度で、この人口の多さが要因だとする見方もあるかもしれない。その一方で、人口が増えたとしても、肯定的なイメージが広がったとすれば、標的になることは考えにくい。では、東日本大震災時の対中イメージはどうだったのか。各国に対する国民の親近感を毎年調査している内閣府の「外交に関する世論調査」によれば、中国に親しみを感じない人の割合は天安門事件（一九八九年）以降、増加し、二〇〇三年くらいまでは四〇〜五〇％で推移するが、二〇〇五年の反日デモにより六〇％強に上昇する。その後も上昇し、二〇〇八年には六〇％台後半に至るが、北京オリンピック（二〇〇八年）のあとは、五九％（二〇〇九年）まで下降する。しかし、翌年（二〇一〇年）は、七八％と調査実施以来、最悪の値に上昇する。同年九月に発生した、尖閣諸島周辺領海内での中国漁船による海上保安庁巡視船への衝突事件の影響が、決定的だったと考えられる（「外交に関する世論調査」の実施は、毎年一〇月）。東日本大震災は、尖閣諸島問題の余波が続く中で生じている。

終章　多文化共生の現実と外国人犯罪流言の言説間構造

非常時の外国人犯罪流言は、被害を受けた生活圏の外からやってきた外国人が悪事を働くというイメージに基づいている。そのイメージは、犯罪者は外からやってくるという「鬼は外」の通念と、外国人は生活圏の外にいるという「単一民族国家」の通念が交差するところに成立している。二つの通念による犯罪に関するイメージは、外部から届けられた善意さえ歪曲して理解させることもある。東日本大震災のときには、中国からボランティアのためにやって来た団体を指輪泥棒の犯人として語る流言も発生している（第六章⑨）。

「鬼は外」の通念は非常時の現実の犯罪についての集合的経験から生まれた訳ではない。非常時の犯罪が、被害地域に居住する住民によって行われることが少なくないことは、すでに見た通りである。そして、「単一民族国家」の通念が現実離れしていることは、言うまでもない。関東大震災のときも、敗戦直前期や阪神淡路大震災のときも、そして、東日本大震災のときも、被災地には災害が起きる前から多くの外国人が居住しており、日本人と同じように被災をしている。「単一民族国家」の通念の不合理を知っている人は少なくないと思われるが、被災地の犯罪について語り合うような場面では、しばしば「単一民族国家」の通念が、無自覚のうちに適用される。外国人犯罪流言を聞いたとき、「うわさによって被災地に住む外国人が暮らしにくくなると感じた」人は、仙台市三区で七％弱だったことは、コミュニケーションをする可能性のある一住民として外国人が同じ生活圏に住んでいることの認識が、社会的に極めて乏しいことを示している。では、外国人を犯罪者扱いする流言が流れる中で、被災地にいた外国人は、災害をどのように経験してきたのだろうか。終章では、第一節で、東日本大震災後に筆者が単独で行ったり、共同で行ったりした聞き取り調査やアンケート調査を基に、被災地に住む外国人の震災の経験を紹介する。ついで第二節では、東日本大震災を事例に、外国人犯罪流言が発生するメカニズムを、言説間の構造という観点から考察する。第三節は、本書全体のまとめである。

第一節　共生と差別の現場

三人の外国人の被災経験を紹介したい。津波被害にあった中国朝鮮族出身の女性と、同じく津波被害にあった韓国出身の男性、そして中国から来日し、仙台市内で被災した留学生の三人の経験である。

一九六三年に中国の吉林省で生まれた朝鮮族のOさんは、同省で結婚と離婚を経験したあと、北京で数年、ついで韓国で数年の生活をした。韓国にいる間に日本人男性と結婚し、二〇〇五年に来日してからは、宮城県石巻市の牡鹿半島のK浜で暮らすようになった[★1]。彼女の父親は、朝鮮戦争の際に朝鮮民主主義人民共和国の兵士として参戦し、失明をしている。彼女は長い間、目の見えない父親が外を出歩くときの手助けをしていた。

Oさんには前の夫との間に娘と息子がいたが、日本に来たときは息子だけを連れてきた。彼女は、二〇一一年の二月頃から三月初旬頃までのほぼ四〇日間にわたり、入院をしていた。時々、意識不明になる心因性の症状があったためである。特に、同居している姑と舅との関係が重荷だった。Oさんは、入院期間中に韓国にいた娘をK浜の家に呼んだ。姑と舅の世話の代わりをしてもらうためである。退院したのは、三月三日だった。その一週間後に、想像もしていなかった災害に遭遇した。

K浜の漁港は、壊滅的な打撃を受けた。彼女の家は海まで歩いて二、三分の位置にあったが、高台にあったためにかろうじて波が入ることはなかった。自宅は、波を被った近隣の人たちの緊急の避難先になった。翌日、近隣の浜の住人の一人が、道に迷った中国人をOさんのところに連れてきた。中国人は石巻市内に住んでいるが、たまたまK浜の先にある港町に来ていたのである。市内に帰りたいが、幹線道路が通行不可能になっていた。ガイド役を頼まれたOさんは、女性を方角のわかるところまで歩いて連れて行こうとした。

途中のコンビニの付近に人だかりができていた。上空からヘリコプターが下りてきた。人だかりの中にいる一人を病院に緊急搬送しようとしているらしかった。ヘリコプターから隊員が降りてきて、「誰でもいいから介護ができる人がついて来てほしい」と呼びかけた。Oさんはとっさに手をあげた。そして、そのまま石巻日赤病院までヘリコプターに同乗した。

病院に到着してから後悔した。帰る術がなかったのである。院内は混乱を極めていた。常用していた精神安定剤も手元にない。自宅には日本語のわからない娘がいる。

数日後、ようやく夫と娘が車で病院に来てくれた。ほっとした。家に戻ると、今度は、避難に来ている近隣の人たちの食事などの世話をすることになった。しばらくしてから、津波に怯えている娘を連れて韓国に行った。Oさんは、首が思うように曲がらなくなっていた。

Oさんは、4月中旬にK浜に戻った。家には依然として地域住民の何人かが寝泊まりしていた。彼女は、再びその人たちの世話をすることになった。そのうち、外からボランティア団体がやってくるようになると、団体と住民を繋ぐ役割を担うようになった。その団体は、キリスト教系の団体だった。彼女もクリスチャンだったのである。団体を通して中国や韓国から支援物資が届くと、取扱説明書などを地域の人に翻訳した。

この頃、夫から中国の彼女の故郷で暮らしたいと持ちかけられた。夫は、主にワカメやカキを養殖する漁師だった。彼女は、自分は食堂で働くなどすればなんとか食べていける。しかし、あなたは適応することができるのかと言った。結局、二人はK浜で住み続けることになった。しばらくすると、夫は、Oさんにカキの養殖を始めようかと相談をした。まだカキの殻剥きをする作業小屋ができておらず、販路を再度確保することができるかどうかわからないときだった。何もしないよりは何かしたほうがいいというのが彼女の考えだった。彼女は、夫にカキ養殖の再開を勧め、夫はそれに従った。

二〇一二年になると、Oさんは保険勧誘の仕事を始めた。そのときも、ボランティア団体と地域のパイプ役を担い、漁協の組合長や地域自治会の幹部との折衝もこなしていた。

筆者が彼女に最初に会ったのは、この頃である。アイパッドを片手に現れた彼女は、快活に見えたが、精神安定剤を飲んでいると聞いた。その後、二〇一四年一〇月に会ったときには、地区に親睦会を作り、定期的な食事会を開いていると言っていた。皆が私を頼って声をかけてくれる。それがうれしい。そんなことはこれまでなかった、と筆者に語ってくれた。

次に、宮城県仙台市宮城野区の蒲生で被災したGさんの話を紹介したい。[★2]一九七五年に韓国京畿道の楊州で生まれたGさんは、高校卒業後に飛行機整備の学校に進んだ。徴兵により軍隊に行くことになると、自分を鍛えたいと考え、訓練の厳しさで知られる海兵隊に入った。除隊したあとの一九九八年に、仙台にいた知り合いの先輩の勧めで仙台に来た。マッサージ店で働いている間に、同じ職場で出会った一つ年下の日本人女性と結婚した。

Gさんは、二〇一〇年に仙台市宮城野区の海沿いの町である蒲生に家を建てた。そのときには三人の子供がいた。妻が近所の工場で働く一方で、彼はトラックの運転の仕事をしていた。

二〇一一年三月一一日、仕事が夕方からだったため、Gさんは家で休んでいた。地震が来たあと、「津波が来ている」という放送があったが、意味がよくわからなかった。津波がどんなものか想像もできなかった。彼は、ともかくも工場に妻を迎えに行った。工場の人たちは皆、上層階に避難していた。妻だけを連れて帰るのも悪いと思い、家にいるとだけ伝えて、また家に戻った。

妻が家に戻ってきた。二人は避難所に指定されていた学校に行こうと家を出た。すぐに、聞いたことのない音が後ろから聞こえた。振り返ると津波だった。家をばりばりとなぎ倒して、土煙をあげていた。恐ろしかった。走り出したが追い付かれた。とっさに妻を抱きしめたが、すぐに気を失った。

意識が戻ったとき、あたりは真っ暗だった。自分がどこにいるのかわからなかった。津波のことを思い出して、自分が水の中にいるとようやく気づいた。瓦礫の中を泳いで明るい方へ行くと、水面に出た。体育館の中だった。バスケットボールのゴールが見つかると、泳いでいき、リングにしがみついた。二時間近くつかまっていた。体育館の中で瓦礫が渦を巻く光景に死を覚悟した。

体育館の二階ギャラリーにたどり着いたとき、Gさんの体はぶるぶると震えていた。窓にかかっていたカーテンを体に巻き付けた。窓の外の光景を見たとき、地獄だと思った。

校舎の方に移動した彼は、妻を探した。見つけることができなかった。水に濡れて低体温症になっている人や、ケガをしている人がたくさんいた。知り合いの学校の教員が、負傷者の手当てをしていた。彼は、手当ての手伝いをしようとした。教員はGさんを止め、自分の体の状態がわかっているのか、と言った。Gさんは、自分の体が傷だらけになっていることにはじめて気づいた。

その後、Gさんは、緊急搬送のヘリコプターに乗って病院に運ばれた。妻と子供の安否が気がかりで残りたかったが、教員に言われて従った。病院にいる間も、妻と子供のことが心配で気がおかしくなりそうだった。結局、Gさんは、病院を出て妻と子供を探しに行った。子供は無事だった。Gさんが入院している間に、妻の父親が岩手から駆けつけてくれて、託児所で子供たちを見つけ、そのまま岩手に連れていっていたのである。Gさんはすぐに岩手に行き、子供たちの無事を確認した。そして、また仙台に戻った。妻を探さなくてはいけないということしか頭になかった。

Gさんは遺体安置所に行った。係の人に事情を話すと、写真を見せてくれた。もしかすると、と思った人がいたが、何かが少し違う。係の人に尋ねると、発見された遺体に化粧をしていると答えた。彼は写真の遺体と対面した。妻だった。

そのあとのことは、よく覚えていない。葬儀は岩手で行った。一つだけよく覚えているのは、子供たちに会うのがつらかったことだ。子供たちに会う前に「ごめん、お父さんはお母さんを助けられなかった、お前たちのお母さんを助けられなかった」と心の中で呟いていた。

筆者を含めた聞き取りチームがGさんから話を聞いたのは、二〇一五年の五月である。そのとき、彼は建設会社の社員として働いていた。子供たちは岩手に預けてあった。子供といっしょに暮らそうと、名取市に家を再建した。岩手に仕送りし、蒲生のローンも払っているから、経済的には厳しい。包丁で何かを切っていると、トントンという音に妻のことを思い出す毎日である。Gさんは、「子供たちが大人になるまでは父親として責任をもっていきたい」と筆者たちに言った。「遺体安置所で妻と会ったとき、約束したんです。僕はここで子供たちを立派に育て上げるから、見守っていてくれって」

一九八五年生まれの中国人留学生のSさんは、震災後、彼女がアルバイトをしていた大学内機関の先生の自宅に二日間避難させてもらい、その後は友人宅に他の留学生と共に泊まるようになった。数日後、原発の影響への恐れから一時帰国する直前に、指導教官へメールを出したところ、「帰国するのは無責任だ」という内容の叱責を受けた。

Sさんは、「一緒にがんばろうと思ったけれど、先生からのはじめてのメールがこんなものとは思わなかった」と始まる長いメールを返した。内容は、おおむねこうである。「原発のことも誰からの説明もなかった。安全と言っても次々に爆発していた。中国の親が心配して泣いていた。食料も足りなかった。ここにいれば、日本人と食料の競争になる。いたら、先生は私をケアしていたのか」。メールが功を奏したのか、そのあとの先生の対応は「優しかった」という。日本に戻ったときは、「帰ったのはよかった」と言ってくれたという。

母国に戻ったことについて、申し訳ないという気持ちを抱えていたSさんは、中国にいる間に募金活動を行い、女川町に送金をしている。再来日後は、五月中旬に二度、他の留学生を組織して若林区の瓦礫撤去作業を行った。ボランティアをすることは、中国にいたときから考えていたことだった。悲惨な状態を放ってはおけないと思ったからである。

Sさんは、外国人であるために不快な経験をすることは一度もなかった。逆に特別に親切にされたことがある。震災後の物資不足の時期にスーパーのレジの前に並んでいたところ、Sさんが友人と中国語で話しているのを聞いて中国人と知った中年女性が、「たいへんでしょう」とSさんの買い物の支払いをしてくれたのである。

Sさんの言う「悲惨な状況を放っておけない」感覚は、彼女だけに見られるものではない。見知らぬ人の介護のためにとっさにヘリコプターに同乗したり、自宅に緊急の避難に来た近隣の人たちのために世話をしたりしたOさんや、体育館にできた渦からかろうじて脱出した直後に、見ず知らずの負傷者の手当てをしようとしたGさんは、「悲惨な状況を放っておけない」感覚に突き動かされている。

二人の行動は極端かもしれないが、被災地に暮らす外国人のほとんどが、緊急時に人助けをしている。二〇一二年に筆者が加わって実施した石巻市在住の外国籍市民に対するアンケート調査[★3]によれば、「避難の呼び掛け」「安否確認」「食料の調達や買い出し」「話し相手」「その他」のうちのどれかを近所の人に対して行った人は八四%で、同国の人に対して行った人は六八%である。家庭内の要介護者のためにケアをしていた人は九七%に上る。

アンケートの自由回答欄には、アルツハイマー型認知症の義父と足の不自由な義母、さらに他の親戚も含めて一〇人で共同生活を営み、自分が食事の担当していたために、とても帰国できる状態ではなかったと記述した人もいる。また、聞き取りに応じた人[★4]の中には、喀血をしたために帰国を余儀なくされるまで、避難所にいた義母の介護に加え、他の避難生活者のために自宅にあった米を提供し続けるなどの支援をしていた人もいる。

一時、メディアでは、外国人が日本から脱出を急いでいるとしきりに報じていたが、特に日本人と結婚して地域や家に根付いている結婚移住女性の場合、帰国は容易ではない[★5]。帰国をめぐっては、Sさんのように留学生の場合でも、「申し訳ない」という感覚をもった人が少なくない。

地域コミュニティや家族の人間関係の中で実践された外国人による人助けは、周囲の人たちと共振しあっている。その共振は、外国人と日本人というカテゴリーとは無関係に生じている。自分自身が体中に傷を負っていることを忘れ、ケガの手当てしている教員の姿を見ると、とっさに手伝いをしようとしたGさんの行動は、「韓国人男性の行動」として枠づけられるものではない。社会的カテゴリーを用いて表象することは、現実から遊離している。同じことは、Gさんにとっさにその行為をとらせた顔見知りの教員についても言える。二人の共振は、日本人と外国人の共振ではない。もっぱら人間同士の共振である。

「悲惨な状況を放っておけない」という感覚は、外国人と日本人の文化的差異を絶対視する本質主義的な多文化共生ではなく、共に生存することを目指す根源的な共生の実践を促す。聞き取りやアンケート調査からは、この根源的な共生が、被災地のいたるところで実践されていたことをうかがい知ることができる。

しかし、根源的な共生の実践が、震災時の外国人と日本人の関係の一側面に過ぎないことも事実である。石巻市のアンケート調査によれば、避難所で生活をしている間に、「他の避難生活者はあなたが外国出身者であることを知ったとき、あなたに不快な言動をとった」という項目で、「とてもあてはまる」「まあまあてはまる」を選んだ人は二六％である。「外国出身であることをなるべく他の人に知られないようにしていた」という項目で、「とてもあてはまる」「まあまあてはまる」を選んだ人も二六％である。避難所で外国人に対する差別的なまなざしを経験している人が、少なくとも四分の一程度はいたのである。自由解答欄には、日本人の排他的な態度を指摘する記述が少なくなかった。いくつか拾い上げておく。

私たちフィリピン人のイメージは日本人にとって、とてもよくない。私たちをホステスだとすぐ決め付けるからです。

日本人の排外主義が根強い。特に東北の農村地域。客観的には願望があっても、変えられないと思う。郷に入っては郷に従え、平凡に生き、日本の文化に合わせないと生存できない（横浜華人街に住めばもっと楽でしょう）。

一般的に、日本人は外国人を奇抜だ、変わっている、怖い、悪人だというようにみることをやめる必要があると思います。

外国人に対する日本人の人種差別的な態度を改めてほしいと思います。

外国人ですと言うと、人々が顔色をかえることがありますので、直してほしいと思います。平等がない。

日本のメディアは、外国人に対して、マイナス面のニュースが多く、そればかり見ている日本人は外国人に対して、悪いイメージしか残らないのです。今後、日本のマスコミに理性的、そしてもっとプラス面から外国人に関したニュースを報道してほしい。

石巻市のアンケート調査では、「石巻市のことを他人から悪く言われると、自分が悪く言われた気がする」という項目を設けているが、これに「とてもあてはまる」と答えているのは四〇％、「まああてはまる」は二九％と、極めて高い値を示している。「避難生活を通して地域の人たちへの連帯感や一体感が増した」という項目で、「とてもあてはまる」が四五%、「まあまああてはまる」が三〇%だったことを考え合わせると、災害という逆境を経ることで、地域に強い愛着が湧くようになったと考えて差し支えないと思われる。[★6]

ほとんどの外国人が地域に対して一体感を覚えている一方で、日本人住民の中には依然として差別的なまなざしを向ける人がいるのが現実である。自由記述欄にこう書いた人がいる。「どんな不幸な出来事や災難にも覚悟する。皆は力を合わせればいい。外国人に丁寧な対応を」。災害を含めて他のことは耐えられても、差別的なまなざしや待遇だけは耐えられないという声である。

日本人と外国人が実際に接する被災地の現場は、一方で根源的な共生が実践されつつも、他方で依然として外国人が差別的まなざしを受けるリスクが残る両義的な場である。「鬼は外」と「単一民族国家」という現実離れした通念に基づく外国人犯罪流言は、接触の現場の二つの側面を共に不可視化する。外国人と日本人の間の根源的な共生が垣間見せる、ナショナリズムの時代の先にある未来を不可視化すると同時に、耐え難い差別の現実も不可視化するのである。

第二節　外国人犯罪流言と言説間構造

『読売新聞』は、地震発生から二日後の三月一三日の朝刊で「「日本人の秩序に敬服」／中国紙が震災大扱い」という記事を出している。記事は、中国メディアが地震を大々的に報じていることなどを伝えたのち、「国際問題専門紙「環球時報」は、「多くの中国人が、地震発生後の日本人の秩序（のある行動）に敬服している」「日本人の冷静さが世界を感動させた」などと伝えた」と報じている。

海外の人々が日本人の冷静さや秩序正しさを称賛しているとする言説は、新聞のみならず、あらゆるメディアに繰り返し登場している。『読売新聞』は一七日朝刊でも、「被災後の困難な状況にも耐え、互いに助け合いながら秩序だった行動を維持している日本国民の対応を称賛する論調も出ている」と伝えている。

三月一四日の『毎日新聞』朝刊は、「危機に際して発揮されている日本人の美徳が、国際社会に感銘を与えている」と、イギリスの新聞記事を紹介する。二五日には日本在住外国人の見方を紹介する中で、アメリカ人タレントの「他の国なら暴動が起きてもおかしくない。日本人は冷静だし、底力もありますよ。特に東北人は忍耐強いですから」という言葉を紹介している。

一六日の『朝日新聞』朝刊のコラム「逆境のジャパン／立ち向かう姿に賛嘆のまなざし」は、

「海外の人々は、日本の被災者たちの沈着で節度ある態度に賛嘆を惜しまない。苦境にあっても天を恨まず、運命に耐え、助け合う。日本の市民社会に対する世界の信頼は少しも揺らいでいない」と書いている。二五日の週刊誌『週刊朝日』は、「世界が絶賛！　和の国ニッポンの助け合い精神」という記事を出している。

海外が称賛しているという言説に対しては、勇気づけられたとする市民の声がメディアに寄せられた。一九日の『朝日新聞』朝刊の投書欄には、「元気の出る震災報道を期待」という見出しで、「整然と行動し、相手を思いやる多くの日本人を、アメリカのメディアは「高潔」とたたえている。混乱時にもかかわらず冷静に行動する様に感動したとする中国のメディアもあった。〔……〕これらの報道に接する度に胸が熱くなり、誇らしく、うれしく、「頑張ろう」という気持ちが湧き起こってくる」との投書が掲載されている。二〇日の『朝日新聞』朝刊には、「日本人称賛のニュースに誇り」という見出しで、インターネットで「称賛のニュース」を見たという若い投稿者が「未曽有の大災害を受けた日本で略奪などが起こらず、マナーを守る日本人の秩序のよさを称賛するものだった。このニュースを見るまで、これほど日本人であることを誇りに感じたことはなかった」と書いている。二三日『朝日新聞』朝刊にも、海外メディアが驚嘆の目で伝えていることを受けて「これが本来の日本人なのだ」と感じているとの投書が掲載されている。

他紙の投書欄にも、日本を称賛する海外の声に励まされるという趣旨の投書が少なくない。二〇日の『毎日新聞』朝刊の投書欄には、「国内総生産では我が国を抜いた中国人が、被災した日本人が規律を保って行動し協力し合っている姿に、驚きと敬意を払っているという。阪神大震災で見事な復興を果たしたように、さらに困難な事態だが、日本国民の心の強さと優しさを示すときだ」との投書が掲載されている。二一日の『毎日新聞』朝刊には、「今回の巨大地震は世界中が注視している。平和と安全のために、懸命に身を削る日本人の不屈の精神を世界に見せようではないか」との投書が掲載されている。この投書では、「政財界をはじめ全国民が心を一つにして協力すべき時である」と主張されている。二三日の『読売新聞』朝刊には、「巨大地震に見舞われながら落ち着いて行動する人たちの姿は世界で大きな感動を呼んでいるといい、同じ国民として誇らしく思う」とし、「国民が力を合わせ、被災地を支援し、困難を乗り切ろう」と結ぶ投書が掲載されている。

被災地の『河北新報』は、三月二一日朝刊の社説「祈り、称賛を誇りに変えて」で、海外メディアの震災報道で目に付くのが「わたしたちの行動」の「冷静」「整然」「譲り合い」であると述べ、「少し面はゆい気持ちにもなるが、しかしこれはもちろん、誇っていいことに違いない」と論じている。また結末部分で、「一部によからぬ者がいて、あるまじき行為が起ることももちろんあり得る。しかし、私たちの暮らしの慣わしや行動様式に根付いた良き振る舞いが、必ず東北のこの古里をよみがえらせる源になる。そう信じよう」と呼びかけている。

ここまで見てきた言説は、読者に向かって、「皆で頑張ろう」と呼びかけることが主旨の、呼びかけの言説である。「頑張ろう」と明示されることはまれであるが、日本人または東北人が粘り強く、モラルがあり、秩序正しいと事実を確認する形で述べている場合でも、「頑張ろう」というメッセージが含まれていることは明らかである。これらの言説が想定している受け手は、基本的に日本人や東北人である。[★7] 以下では、このタイプの言説を日本人鼓舞言説と呼んでおく。先に確認した投書は、メディアの呼びかけに応答する形になっている。

ここまで見てきたように、日本人鼓舞言説には、海外の人々が日本人を称賛しているとする海外称賛言説が極めて高い頻度で組み込まれている。『河北新報』の社説のタイトル「祈り、称賛を誇りに変えて」が示しているように、海外称賛言説は、日本人鼓舞言説に説得力を持たせるために用いられている。

日本人鼓舞言説のための海外称賛言説は、阪神淡路大震災のときにはほとんど見当たらない。『朝日新聞』の場合、一九九五年一月一六日から二月一六日までで、「震災」と「日本人」で見出しと本文を検索すると、九四件がヒットするが、海外称賛言説に属すると考えられる報道は、一月二一日夕刊の論説記事「韓国人の驚き」のみである。

論説記事「韓国人の驚き」は、「被災者たちの整然とした行動」について、韓国の『朝鮮日報』

の社説が、「日本人が子供のころから「他人に迷惑をかけるな」と「和の精神」を教えられているためだろう」と書いていることと、同じく韓国の『中央日報』が、あの虐殺をした同じ民族とは信じ難いとし、「むしろ恐ろしいほど沈着だ」と驚きをもって伝えていることの二点を紹介している。注意すべきは、論説記事「韓国人の驚き」が「被災者の中には多くの在日韓国・朝鮮人も含まれているが、七十二年前の事態とは隔世の感がある。それが、せめてもの救いではないか」と書いていることである。「韓国人の驚き」という海外称賛言説は、日本人や神戸人を鼓舞するために用いられているのではなく、単に関東大震災時の惨禍が繰り返されなかったことに救いを見出しているに過ぎない。海外称賛言説を道具的に用いた日本人鼓舞言説が支配的な言説になったのは、東日本大震災後のことだと考えられる。

被災地が広範囲で、原発事故まで重なった東日本大震災に際して、日本人鼓舞言説が大量に書かれたことは、不思議なことではない。メディアが伝える被災地の現実は、人の心を砕きかねないようなものだったからである。津波浸水地域の衝撃的な様子は、新聞やテレビだけではなく、インターネットの動画によっても伝えられていた。

注意すべきは、日本人鼓舞言説のほとんどが、危機を乗りこえるための力や資源を、人間に普遍的なものとしてではなく、日本人または東北人に固有のものとして示していたことである。日本人鼓舞言説は、災害後に暴動が起きるのは世界的にもまれであることと、そのまれな暴動が実際に発生して、多大な犠牲者を生んだ国が日本であることの二点を忘れている限りで成立する。そして、忘れるように促す。

その一方で、ガソリンの抜き取りや店舗荒らしや事務所荒らしなどの犯罪が被災地で発生していることが、報道によって明らかにされていた。また、第六章で確認したように、少なくとも仙台市三区では、半分以上の人が被災地の犯罪について一部に事実を含み、一部に虚構を含んだ様々な言説（以下、被災地犯罪言説と呼ぶ）を聞き、九割以上の人が信受していた（新宿区でも四割程度の人が聞き、九割以上の人が信受していた）。

以上のように、震災直後において日本人鼓舞言説と被災地犯罪言説は共に支配的な語りとなっていた。二種の語りはメディアでも生活世界でもたびたび語られていたし、広く受け入れられていたのである。問題は、二種の言説が明らかに矛盾することである。日本人のモラルが他国とは異なり特別に高いとする日本人鼓舞言説が正しいなら、被災地で窃盗や婦女暴行が起きるはずがない。被災地犯罪言説が正しいなら、日本人のモラルが高いとは言えない。二つの言説は客観的に矛盾し、意識の内部でも両立し得ないために、心理学のいう認知的不協和[★8]を引き起こす。

二つの歯車を噛み合わせれば、必ず相互に逆向きに回転する。接する二つのうちの一方の歯車が時計回りなら、他方の歯車は反時計回りである。ともに時計回りにしか回らない歯車を接触させれば、どちらかが壊れるか、両方が壊れる。日本人鼓舞言説と被災地犯罪言説もこれと同じである。噛み合わせれば片方、あるいは両方が破壊される言説である。

注意すべきは、現実にはその二つの言説が共に維持されたことである。被災地で犯罪が発生しているのだから、日本人のモラルが高いとは言えないと説く言説が、メディアで支配的な地位を占めることはなかった。

多くの人の意識の中でも、双方が維持されていた。そのことは、第六章で確認した東日本大震災後のアンケートからもわかる。次節で再度論じるが、アンケート回答者のほとんどは、非常時に日本人は秩序正しいと考えている。仙台市三区で「非常事態において日本人は秩序正しい」と考えている人の割合は、六六・八％である。仮に被災地犯罪言説を信受したとすれば、この考えに同意しない傾向が現れるはずである。被災地犯罪言説は、アンケートでは非外国人犯罪流言に相当する。「被災地で窃盗が横行している」などの、非外国人犯罪流言の自由回答欄に記述されている事柄は、被災地犯罪言説にほかならない。しかし、非外国人犯罪流言の信受と、非常時の日本人の秩序正しさの信受との間に、統計的に有意な関係は見られない（相関係数は、〇・〇一一）。非外国人犯罪流言＝被災地犯罪言説を信受しながら、同時に非常時の日本人の秩序正しさを信受しているのである。

なぜなのか。相互に矛盾する日本人鼓舞言説と被災地犯罪言説は、どのように両立していたのか。ここで、非外国人犯罪流言と外国人犯罪流言との間に、他に比べてすこぶる高い相関性があったことを思い出してほしい。相関係数は仙台市三区で〇・五八四である（第六章表6―18）。この結果を考え合わせれば、両立するはずのない日本人鼓舞言説と、被災地犯罪言説とが両立していたのは、外国人犯罪流言が発生したことによってであると考えることは理に適っている。外国人を犯人だと信じておけば、日本人はモラルが高いと考えたまま、被災地で犯罪が起きていると信じられるからである。背反する二つの言説の間に外国人犯罪流言が組み込まれることで、背反する言説が共に機能したのである。

外国人犯罪流言は、外国人の現実ではなく、日本人の意識を反映する。このことを前提にすれば、外国人犯罪流言は、意識の中で一定の役割や意味をもち、何かの要求に応えていたからこそ発生し、拡散したと考える必要がある。したがって、日本人鼓舞言説と被災地犯罪言説との認知的不協和を解消する機能こそが、外国人犯罪流言の発生と拡散の要因であると考えることできる。アンケートの自由回答欄にあった次の記述は、被災地の犯罪が人々の間で語られている中で、外国人を犯人に仕立てあげる流言が発生し拡散した社会心理的なメカニズムを端的に示している。「石巻、女川へボランティアへ行った時、民家から家電がなくなったと言っていた人が居たので、日本人がしたとは信じたくなかった」。外国人による災害便乗犯罪の流言は、日本人が日本人による災害便乗犯罪の現実に向き合い、日本人のモラルが日本人鼓舞言説で言われるほどに高いわけではないと認識することを拒むために生み出された虚構である。日本人の美名を守るために、外国人に汚名が着せられたのである。

東日本大震災時の言説間の構造は、図終―1のように図式化することができる。四つの大きな歯車は、震災時の主要な言説または流言を示している。N1からN3は、各々の言説を後押ししたと考えられる報道を示している。

「N1：被災地の犯罪に関する報道」は、第六章で述べた遺体確認の遅れやガソリン抜き取り、店舗荒らしなどの報道である。この

図終-1　外国人犯罪流言のメカニズム

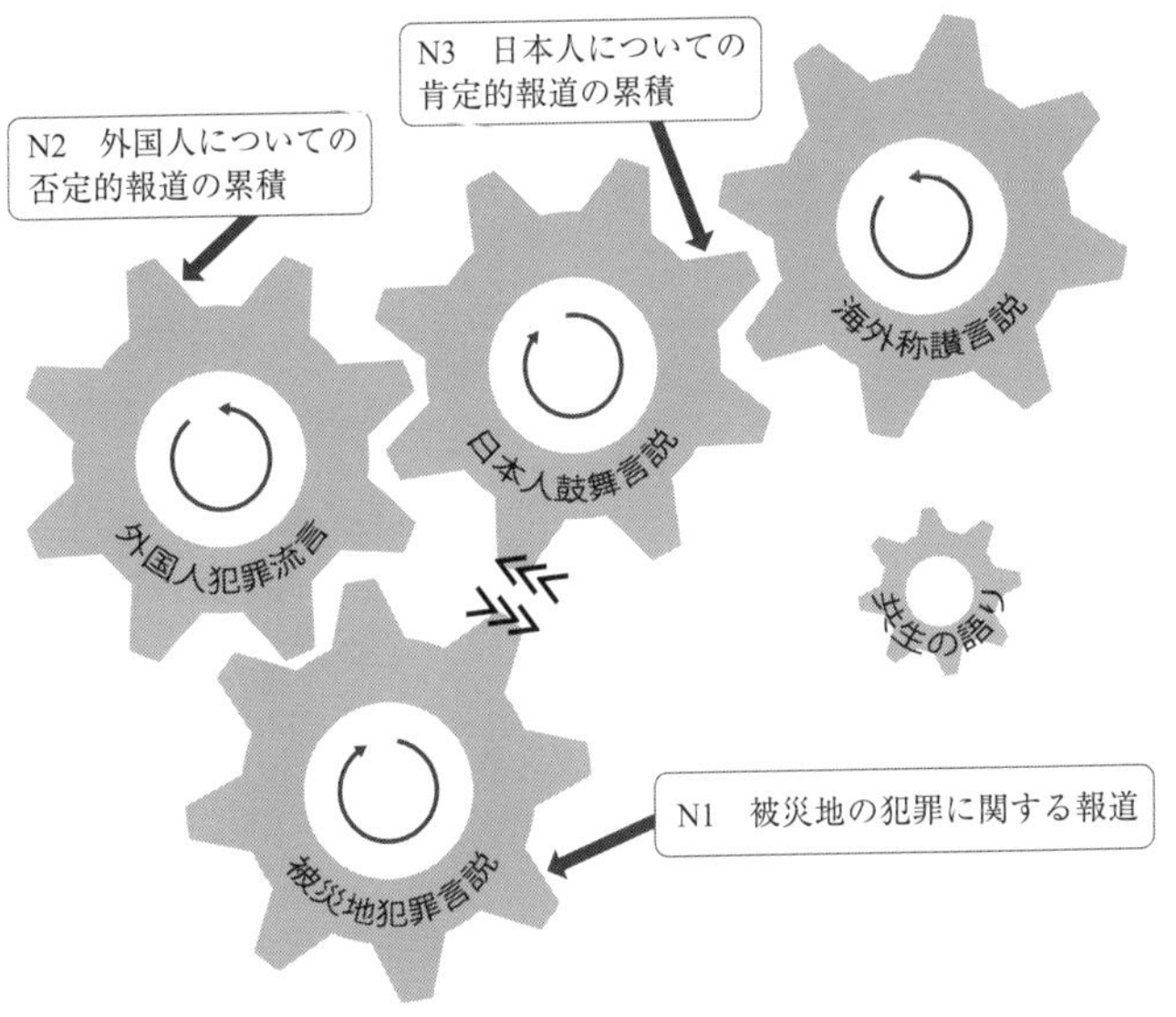

N1報道が、被災地犯罪言説の歯車の回転を後押しする。被災地犯罪言説は、アンケートでは非外国人犯罪流言の自由回答欄に書かれている内容であり、虚実混交の情報である。「N2：外国人についての否定的報道の累積」は、主に尖閣諸島問題に関する報道であり、中国人を標的とする外国人犯罪流言の回転を後押しする。「N3：日本人についての肯定的報道の累積」は、本書で扱わなかったが、主に「先進国の日本」という表象を伴う諸報道のことを指している。日本人鼓舞言説と被災地犯罪言説の間にある二つの三重矢印は、両言説が接すれば機能不全になることを示している。この二つの言説の間に外国人犯罪流言が組み込まれることで、全ての言説の歯車が噛み合いながら回転を続けることが可能になる。逆にいえば、どの言説の歯車も停止させることが困難になる。このメカニズムが、被災地にある遺体から指輪を盗むという、犯人扱いされた外国人の尊厳を傷つけることの甚だしい、荒唐無稽な流言を含む外国人犯罪流言が、なぜこれほどまでに人々の間に深く浸透していったのかを説明する。言説間の構造が外国人犯罪流言を必要とし、稼働させていたのである。

孤立し、回転していない小さな歯車は、四つの歯車のうちのいずれとも噛み合うことがないために主要な言説にならなかった、本章第一節で述べた共生の現場の語りを示している。

日本人鼓舞言説と外国人犯罪流言、海外称賛言説の三つの言説は、日本人と外国人が本質的に異なるという表象を共有している。注意すべきは、この表象に基づく言説の中では、共生の現場の両義的な現実（根源的な共生と日本人の差別のまなざし）が聞き取られる余地がないことである。

津波の渦から脱出するなり、自分の負傷を忘れて、他者の手当てをしたGさんのとっさの利他的行為は、どこかの国の文化に帰属させられるものではない。また、フィリピン人女性をホステスだと決めつけるまなざしへの怒りは、社会生活上のモラルの高さを誇る日本人や東北人の、人間としての普遍的なモラルの欠如を突いている。共生の語りは、日本人鼓舞言説や海外称賛言説に対して破壊的であり、そうであるために、ほとんど聞き取られることのない語りである。

第三節　まとめ

本書は、関東大震災から東日本大震災までに拡散した外国人犯罪流言を、様々な角度から検討してきた。次のようにまとめることができる。

第一に、日本では非常事態が訪れるたびに、極めて高い頻度で外国人を犯人に仕立てる犯罪流言が発生している。関東大震災時には、社会主義者なども犯罪流言の対象となったが、早い段階で急減している。戦時下においては、警察や軍人を標的にした流言が発生しているが、放火や窃盗などの一般的な犯罪と結びつける流言ではなかった。東日本大震災の際には、ボランティアが犯罪をしているという流言が発生しているが、拡散の範囲はかなり限られている。緊急事態下で広がる犯罪や反社会的行為に関する流言のほとんどは、外国人を犯人に仕立てあげる。非常時には外国人が犯罪をするという、現実から乖離した集団的な思い込みが、日本社会に深く染み込んでいる。

第二に、外国人犯罪流言で語られる外国人は、ほとんどの場合、中国人や朝鮮人、韓国人という近隣諸国の人々である。日本が侵略し植民地支配をしたアジア地域の人々を、戦前も戦後も、火事場泥棒の犯人に仕立て上げてきたのである。非常時の外国人犯罪流言は、語られている外国人が何者であるかではなく、語っている日本人が何者であるかを物語っている。

第三に、どの国の人が主要な標的になるかは、非常事態発生時までの数か月間の、外国人に関する報道の仕方に大きく左右される。

第四に、ひとたび拡散した流言について、事後に虚偽情報だったという認識が社会全体で共有されたことは一度もない。非常時に近隣アジアの人に犯罪者の汚名を着せたあと、その汚名を放置しておく無責任が、一〇〇年近く繰り返されてきたのである。

本書を閉じるに当たり、第六章で紹介した流言のアンケートで、非常事態に際しての日本人と外国人それぞれの態度についての見方を尋ねた結果を示しておく。

表終—1の通り、日本人と外国人に対する見方には、大きな落差がある。落差は、災害時の日本人と外国人の現実の姿ではなく、根も葉もない外国人犯罪流言を反映している。

この落差が埋まらない限り、次に災害が起きたときにも外国人犯罪流言が発生することは確実である。また、図終—1で示した言説間の構造は、東日本大震災後もそのまま維持されている。テレビのバラエティ番組で、海外称賛言説を利用した日本人称賛言説が語られることは、日常的な景色となっている。ネットでは、嫌韓や反中の言説が飛び交っている。その一方で、日本人住民と外国人住民が実際に接するミクロな場における共生と差別の現実が語られることは少ない。災害時の言説間の構造が平時の現在にも継続しているとすれば、今まさに非常時の外国人犯罪流言を準備していると言わなければならない。

表終-1　非常時における日本人と外国人の態度に対する見方

		日本人は			外国人は		
		信頼できる	親切である	秩序正しい	信頼できる	親切である	秩序正しい
仙台市3区（N770）	とてもそう思う	12.3%	15.6%	15.1%	2.1%	3.1%	2.1%
	ややそう思う	44.8%	49.6%	51.7%	19.5%	22.6%	14.3%
	そう思う(計)	**57.1%**	**65.2%**	**66.8%**	**21.6%**	**25.7%**	**16.4%**
新宿区（N174）	とてもそう思う	8.0%	8.6%	12.1%	0.6%	0.6%	0.0%
	ややそう思う	39.1%	45.4%	48.9%	20.1%	24.7%	14.9%
	そう思う(計)	**47.1%**	**54.0%**	**60.9%**	**20.7%**	**25.3%**	**14.9%**

聞き取られなければならない語りは何なのか。批判されなければならない言説は何なのか。近代以降の日本の非常時における外国人犯罪流言の歴史を踏まえた、根本的な対策が必要である。

★1　Oさんへの聞き取りは、震災後、何度かにわたって行っており、各種媒体で紹介している。東日本大震災在日コリアン被災体験聞き書き調査プロジェクト（二〇一五）『異郷被災――東北で暮らすコリアンにとっての3・11　東日本大震災在日コリアン被災体験聞き書き調査から』荒蝦夷、二〇一―二〇七頁。郭基煥（二〇一三a）「災害ユートピアと外国人――あのときの「共生」を今、どう引き受けるか」『世界』八三九号、岩波書店。郭基煥（二〇一三b）「長く続く非常事態の中で――生き残るための文化の創出」『現代社会学理論研究』第七巻。

★2　東日本大震災在日コリアン被災体験聞き書き調査プロジェクト（二〇一五）前掲書、三三五―三四三頁。

★3　調査結果は、東北学院大学郭基煥研究室・外国人被災者支援センター編（二〇一二）『石巻市「外国人被災者」調査報告書』参照。調査は、石巻市の協力を得て行われた。調査票は、市が当市在住の外国籍住民全員に対して郵送した。配送数は、宛先不明で市に返送されてきたものを除くと、ちょうど四〇〇票であり、有効回答数は九二である。アンケート回答者の基本的な属性は、年齢の平均が四二歳、女性が約八五％を占める。女性の割合が高いのは、この地域に居住する外国人の多くが結婚による移住であるという背景があるためである。

★4　石巻市の調査では、聞き取り調査に応じてくれる場合は、連絡先を教えてくれるよう依頼してあり、何人かの回答者に聞き取り調査を行っている。

★5　東北の漁村や農村に暮らしている外国人は、結婚移住女性が多くの割合を占める（★3も参照）。背景に地域の女性配偶者不足の問題がある。多くの日本人の夫は、結婚移住女性よりも高齢であり、地域全体の高齢化も進んでいる。このため、震災時には多くの移住女性が、地域のための諸々の支援を担うことになった。この事情が、帰国をためらうことにも繋がった。郭基煥（二〇一三a）前掲論文参照。

★6 金明秀は、東北学院大学郭基煥研究室・外国人被災者支援センター編（二〇一二）前掲報告書の、外国籍住民の地域への愛着の度合いに関する調査を、京都市を母集団とした他の調査と比較し、単純な比較はできないと断りつつも、「石巻市の外国籍住民が地域に感じている一体感の強さは否定しようもないだろう」と述べている。金明秀（二〇一四）「東日本大震災と外国人――マイノリティの解放をめぐる認識の衝突」『三・一一以前の社会学――阪神・淡路大震災から東日本大震災へ』生活書院、一八九―一九一頁参照。

★7 三月一六日の『朝日新聞』の「ザ・コラム」や二一日の『河北新報』の社説は、在日外国人の存在を意識してか、「日本人」という言葉の使用を意図的に避けているように思われる。

★8 第六章★39参照。

あとがき

私は東日本大震災を仙台で経験した。縁もゆかりもなかった仙台の大学に就職をして二年が経った年である。地震発生時刻には大学の九階建ての建物の八階にあった同僚の研究室にいた。思わず床に座り込んだ私たちの周囲で、おびただしい数の書籍と椅子や机、本棚、プリンターなどが右に左にと滑っていた。私たちの体もなすすべもなく滑り続けた。巨大地震を前にすれば、人間も椅子や机と変わるところがない。助からないかもしれないという思いが、一瞬頭をよぎった。

私は、本文で言及した災害時ユートピアを、書物を通して知る以前に、経験を通して知ることになった。最初の揺れが収まった瞬間に同僚と共に研究室を出ると、廊下では一人の教員が他の教員の研究室のドアを叩いて、在室かどうかを確認していた。人付き合いのいい人ではなかったが、驚いたことに八階の確認を終えると、さらに上階の確認に行こうとしていた。私と同僚は危険だからと彼を制していた。また、オール電化だったために地震発生後も湯を沸かすことができていた隣の家の夫婦は、その時点では知り合ってから一週間程度に過ぎなかったにも関わらず、震災後から毎日のように、私たち家族を風呂に入れてくれた。他者の命に無関心ではいられず、共に生きようと文字通り懸命に奮闘する姿や、自分のものを他人と分け合おうとする姿を、地震発生後に私は至る所で見た。日本人住民と外国出身住民の間でも共生や共有を志向する関係が結ばれていたことは、聞き取り調査をしていく中で、ほぼリアルタイムで知ることになった。

大学内のボランティア組織の立ち上げと被災外国人のための支援に関わり始めていた頃、仙台市内を自転車で走っている途中で、私は「この地を助けてほしい」と妙に激しく思った。特定の誰かに対してではない。当時の実感でいえば、頭上に広がる空に対してである。いつ消えてなくなるかもしれない命に等しいものとしての「この世」を私たちは生きている、という感覚に私は包まれていた。私は在日朝鮮人の三世で韓国籍だが、今のところ日本国籍を取得しようとは思わない。その一方で、仮に「東北国籍」なるものがあるとすれば、すぐにでも取得したいと思っている。東日本大震災を仙台で経験することがなかったら、こんな考えをもつことはなかったと思う。

外国人が犯罪をしているという流言は私自身、何度か聞いた。津波浸水地域に民家の泥出しのボランティアに一緒に出かけた人から聞いたこともあるし、自宅の近所の人から聞いたこともある。そんなことが本当にあるのか。それを在日朝鮮人の私に言うのか。そう感じつつも、口にすることはなかった。口にすれば場の雰囲気が悪くなると、どこかで恐れていた。

震災後の共生や共有を志向する人々の実践と外国人を犯罪者扱いする人々の語り。人々の姿の両面を間近で経験したことが、東日本大震災時の外国人犯罪流言についてのアンケート調査を実施するきっかけになった。私には、この仕事は自分がやらなければならないという使命感に似た気持ちが生まれていた。震災後に知り合った仙台在住の韓国人の留学生の中には、避難をしている間に、関東大震災後の朝鮮人虐殺事件を想起したと語った学生がいた。東京にいた在日朝鮮人の知り合いの一人は、ソウルで生まれ育った私の妻が娘を連れてソウルに一時避難しようとした際、一人で仙台に残ろうとしていた私に対して、何度も一緒に行くようにと言っていた。空港に移動するまでに関東大震災後の朝鮮人虐殺のような目に妻や子が遭遇したらどうするのだ、という心配からだった。東日本大震災後に外国人への暴行が起きた事実は確認されていない。しかし、そのリスクがなかったと言い切れるのか。この問いは、仙台で震災を経験した在日朝鮮人の研究者である私が取り組むべき問いだと思ったのである。

アンケート結果の一部はすでにいくつかのメディアで紹介されている。そのあとから、ネットの一部では、「デマが発生したというデマを垂れ流して、日本を侮辱する反日教授」という類の、私への中傷が広がった。日本に対して批判的な議論を展開した人に対して、むやみに「反日」のレッテルを貼りたがる人たちが理解していないと思われることは、社会の現実への批判は常に社会の可能性に対する信頼に基づいている、ということである。批判の激しさは信頼の深さの現れでもある。外国人犯罪流言を繰り返していると私が日本社会を批判するのは、日本社会が実態と乖離した流言から自らを解放する潜在的な可能性を信じているからである。可能性を信じなければ、批判するより沈黙するはずであろう。

本書の執筆に当たり、多くの方から研究上の協力や支援をいただいた。特に東日本大震災後のアンケート調査では、武蔵大学の曺慶鎬さんに調査票の作成から分析に至るまで貴重なアドバイスと多大な協力をいただいた。他に関西学院大学の金明秀さん、東北大学の李善姫さん、宮城学院女子大学の兪幜蘭さんからも協力をいただいた。謝意を表したい。

刊行に至るまでに編集者の夏目裕介さんには、たいへんお世話になった。東日本大震災時の流言について言及した第六章を除く本書の大部分は書き下ろしであるが、当初の原稿に対して夏目さんからは相当量の修正案が示された。自分の書いた原稿にこれほどまでに多く赤を入れられたことは、過去に経験のないことだった。私に繰り返し求められていたのは、読者の視点を意識して文章を書くことだった。読者を忘れて暴走しがちな私の文章が少しでも読むに堪えるものになっているとすれば、夏目さんという実直で繊細な編集者のブレーキがあってのことである。心から感謝したい。

日本人による朝鮮人虐殺事件から一〇〇年目の九月一日が目前に迫っている。異郷の地で経験した未曽有の火災の渦中に、いわれのない犯罪者の汚名を着せられて殺害された人たち。当時、法的に「日本人」にされていた彼ら、彼女らは殺される瞬間に何を思ったのだろう。永遠に知ることのできない問いの前に立とうとする日本人が少しでも増えることを願ってやまない。

参考文献

愛知県編（一九四四）『昭和十九年十二月七日震災記録』愛知県

オルポート、ゴードン・ウィラード／ポストマン、レオ・ジョセフ（一九五二）『デマの心理学』（Gordon Willard Allport and Leo Joseph Postman, 1947, *The Psychology of Rumor*）南博訳、岩波書店

アルチュセール、ルイ（一九九四）「矛盾と重層的決定——探究のためのノート」『マルクスのために』（Louis Althusser, 1965, *Pour Marx*）河野健二・田村俶・西川長夫訳、平凡社

千葉県における関東大震災と朝鮮人犠牲者追悼・調査実行委員会編（一九八三）『いわれなく殺された人びと——関東大震災と朝鮮人』青木書店

鄭永寿（二〇一六）「敗戦／解放前後における日本人の「疑心暗鬼」と朝鮮人の恐怖——関東大震災との関連を中心に」『コリア研究』第七号

朝鮮人強制連行真相調査団編著（二〇〇二）『朝鮮人強制連行調査の記録　関東編1』柏書房

中央防災会議（二〇〇六）『一九二三関東大震災報告書　第一編』中央防災会議災害教訓の継承に関する専門調査会

中央防災会議（二〇〇九）『一九二三関東大震災報告書　第二編』中央防災会議災害教訓の継承に関する専門調査会

中央気象台（一九四五）『昭和十九年十二月七日東南海大地震調査概報』中央気象台

フェスティンガー、レオン（一九六八）『認知的不協和理論』（Leon Festinger, 1957, *A Theory of Cognitive Dissonance*）松永俊朗監訳、誠信書房
外国人地震情報センター編（一九九六）『阪神大震災と外国人――「多文化共生社会」の現状と可能性』明石書店
東日本大震災在日コリアン被災体験聞き書き調査プロジェクト編（二〇一五）『異郷被災――東北で暮らすコリアンにとっての3・11：東日本大震災在日コリアン被災体験聞き書き調査から』荒蝦夷
廣井脩（二〇〇一）『流言とデマの社会学』文藝春秋
兵庫県編（一九二六）『北但震災誌』兵庫県
兵庫県編（一九三五）『昭和九年風水害誌』兵庫県兵庫県警察本部（一九九六）『阪神・淡路大震災警察活動の記録――都市直下型地震との闘い［本編］』兵庫県警察本部
兵庫県武庫郡住吉村編（一九三九）『昭和一三年大水害誌』兵庫県武庫郡住吉村
池内一（一九五一）「太平洋戰爭中の戰時流言」『社会学評論』第二巻第二号
今村仁志（二〇〇七）『アルチュセール全哲学』講談社
岩手県教育会編（一九三四）『昭和八年震災資料――附・学事関係救恤報告』岩手県教育会
岩手県編（一九三四）『岩手県昭和震災誌』岩手県
カプフェレ、ジャン＝ノエル（一九九三）『うわさ――もっとも古いメディア〈増補版〉』（Jean-Noël Kapferer, 1987, *Rumeurs.Le plus vieux média du monde*）古田幸男訳、法政大学出版局
郭基煥（二〇一三ａ）「災害ユートピアと外国人――あのときの「共生」を今、どう引き受けるか」『世

界』第八三九号、岩波書店
郭基煥（二〇一三b）「長く続く非常事態の中で――生き残るための文化の創出」『現代社会学理論研究』第七号
郭基煥（二〇一七）「震災後の「外国人犯罪」の流言」『震災学』第一〇号、荒蝦夷
姜徳相・琴秉洞編（一九六三）『関東大震災と朝鮮人（現代史資料6）』みすず書房
姜徳相（一九七五）『関東大震災』中央公論社
函南村編（一九三三）『函南村震災誌』函南村警察庁刑事局捜査支援分析管理官（二〇一四一月訂正）『犯罪統計資料平成二三年一～一二月分【確定値】第五〇二号』（https://www.e-stat.go.jp/stat-search/files?page=1&layout=datalist&toukei=00130001&tstat=000001078615&cycle=0&tclass1val=0）
警視庁（一九二五）『大正大震火災誌』警視庁
金明秀（二〇一四）「東日本大震災と外国人――マイノリティの解放をめぐる認識の衝突」、荻野昌弘・蘭信三編著『三・一一以前の社会学――阪神・淡路大震災から東日本大震災へ』生活書院
琴秉洞編（一九八九）『朝鮮人虐殺関連児童証言史料（関東大震災朝鮮人虐殺問題関係資料1）』緑蔭書房
京都府編（一九二八）『奥丹後震災誌』京都府
京都府編（一九三五）『甲戌暴風水害誌』京都府
南博（一九八三）「大戦末期の「流言」と民衆意識――軍関係資料をめぐって」『コミュニケーション紀要』第一輯

南博・佐藤健二編（一九八五）『流言（近代庶民生活誌第四巻）』三一書房
峰山町編（一九二七）『峰山町大震災誌――昭和二年三月七日』峰山町震災誌発行所
宮城県警察本部刑事部刑事総務課（各年）『犯罪統計書』宮城県警察本部刑事部刑事総務課
宮間純一（二〇一七）「近代日本における災害のアーカイブズ化――行政組織による「災害誌」編纂事業」『国文学研究資料館紀要』第一三号
モラン、エドガール（一九七三）『オルレアンのうわさ――女性誘拐のうわさとその神話作用』（Edgar Morin, 1969,*La Rumeur d'Orléans*）杉山光信訳、みすず書房
森武麿（一九九三）『アジア・太平洋戦争（日本の歴史20）』集英社
名古屋市総務局調査課編（一九六一）『伊勢湾台風災害誌』名古屋市
内務省警保局経済保安課（一九四四年）「昭一九・六・一〇・食料不足を繞る流言蜚語の概要」（アジア歴史資料センター：A06030021400）
並松信久（二〇一八）「戦時体制下の食糧政策と統制・管理の課題」『京都産業大学論集社会科学系列』第三五号西崎雅夫編（二〇一八）『証言集　関東大震災の直後　朝鮮人と日本人』筑摩書房
日本消防協会編（一九九六）『阪神・淡路大震災誌』日本消防協会
西崎雅夫編著（二〇一六）『関東大震災朝鮮人虐殺の記録――東京地区別一一〇〇の証言』現代書館
日朝協会豊島支部編（一九七三）『民族の棘――関東大震災と朝鮮人虐殺の記録』日朝協会豊島支部
野口道彦（二〇〇〇）「鈴鹿市の流言と外国人差別」『同和問題研究　大阪市立大学同和問題研究室紀要』第二二号
ニューズワーク阪神大震災取材チーム（一九九五）『流言兵庫――阪神大震災で乱れ飛んだ噂の検証』

碩文社
小田貞夫（一九九五）「災害放送の評価と課題――被災地アンケート調査の分析から」『放送研究と調査』第四五巻第五号
大畑裕嗣・三上俊治（一九八六）「関東大震災下の「朝鮮人」報道と論調（上）」『東京大学新聞研究所紀要』第三五巻
大阪市編（一九三五）『大阪市風水害誌』大阪市大槌尋常高等小学校等編（一九三三）『昭和八年三月三日大槌海嘯略史』大槌尋常高等小学校
朴慶植編（一九七六）『在日朝鮮人関係資料集成　第五巻』三一書房
박한용（二〇〇〇）「혁명의 길은 파괴부터 개척할지니라――신채호의「조선혁명선언」『내일을 여는 역사』（제1호）
シュッツ、アルフレッド（一九八五）『アルフレッド・シュッツ著作集第二巻　社会的現実の問題Ⅱ』（Alfred Schutz, 1962, *Collected Papers I: The Problem of Social Reality*）渡部光・那須壽・西原和久訳、マルジュ社
『宣戦ノ詔勅』（アジア歴史資料センター：A01200759500）
シブタニ、タモツ（一九八五）『流言と社会』（Tamotsu Shibutani, 1966, *Improvised News: A Sociological Study of Rumor*）広井脩・橋元良明・後藤将之訳、東京創元社
清水幾多郎（二〇一一）『流言蜚語』筑摩書房
震災共同基金会編（一九三〇）『十一時五十八分――懸賞震災実話集』東京朝日新聞社
静岡県警察部編（一九三一）『駿豆震災誌』静岡県

初等教育研究会編（一九二四）『子供の震災記』目黒書店
ソルニット、レベッカ（二〇一〇）『災害ユートピア――なぜそのとき特別な共同体が立ち上がるのか』（Rebecca Solnit, 2009. *A Paradise Built in Hell : The Extraordinariy Communities That Arise in Disaster*）高月園子訳、亜紀書房
多賀城市史編纂委員会編（一九九三）『多賀城市史　第二巻』多賀城市
高野宏康（二〇一〇）「「震災の記憶」の変遷と展示――復興記念館および東京都慰霊堂収蔵・関東大震災関係資料を中心に」『年報 非文字資料研究』（第六巻）
東北学院大学郭基煥研究室・外国人被災者支援センター編（二〇一二）『石巻市「外国人被災者」調査報告書』東北学院大学郭基煥研究室
十勝岳爆発罹災救済会編（一九二九）『十勝岳爆発災害志』十勝岳爆発罹災救済会
外村大（二〇一一）「日本における朝鮮人危険視の歴史的背景――関東大震災時の朝鮮人虐殺の前提とその後」『日本学』（韓国・東国大学校文化学研究院日本学研究所）第三二輯
外村大（二〇一二）『朝鮮人強制連行』岩波書店
東京市編（一九二四）『十一時五十八分――震災記念』帝都復興叢書刊行会
東京市学務課編（一九二四）『震災記念文集――東京市立小学校児童（尋常一年の巻～尋常六年の巻、高等科の巻）』培風館
鳥取県（一九四四）『鳥取県震災小誌』鳥取県
海野福寿（一九九二）『日清・日露戦争（日本の歴史18）』集英社
山中速人（一九九三）「エスニック・イメージの形成と近代メディア（二）――近代日本の新聞メディ

アにおける朝鮮人イメージの形成過程（戦前期）」『放送教育開発センター研究紀要』第八号
山田昭次（二〇〇三）『関東大震災時の朝鮮人虐殺──その国家責任と民衆責任』創史社
山田昭次（二〇一六）「日本人民衆は関東大震災時朝鮮人虐殺事件の歴史的意味をどのように受け止め、今日の日本の政治的思想的状況にどのように対処すべきか」、姜徳相・山田昭次・張世胤ほか『関東大震災と朝鮮人虐殺』論創社
山本すみ子（二〇一四）「横浜における関東大震災時朝鮮人虐殺」『大原社会問題研究所雑誌』第六六八号
山本有造（二〇〇〇）「植民地統治における「同化主義」の構造──山中モデルの批判的検討」『人文学報』第八三号
吉河光貞（一九四九）『関東大震災の治安回顧』法務府特別審査局

著者略歴

郭基煥（カク・キファン）

1967年愛知県生まれ。東北学院大学国際学部教授。名古屋大学国際開発研究科博士課程満了。名古屋大学博士（学術）。

主な業績に『差別と抵抗の現象学——在日朝鮮人の〈経験〉を基点に』(新泉社)、「震災後の『外国人犯罪』の流言」『震災学』10号、「巨大災害とナショナリズム：震災時の〈共生文化〉の継承可能性」『災害復興研究』8号、「在日コリアンに対するヘイトスピーチとイデオロギーへの呼びかけ——ジュディス・バトラーによる「主体化」論を手引きに」『日本社会学理論研究』8号がある。

災害《さいがい》と外国人犯罪流言《がいこくじんはんざいりゅうげん》
——関東大震災《かんとうだいしんさい》から東日本大震災《ひがしにほんだいしんさい》まで

2023年9月1日初版発行

定価はカバーに
表示しています

著　者　郭　基煥
発行者　相坂　一

〒612-0801　京都市伏見区深草正覚町1－34
発行所　㈱ **松　籟　社**
SHORAISHA（しょうらいしゃ）

電話　075-531-2878
FAX　075-532-2309
振替　01040-3-13030
URL：http://shoraisha.com

装丁　安藤紫野（こゆるぎデザイン）
印刷・製本　モリモト印刷株式会社

Printed in Japan

ISBN 978-4-87984-442-2 C0036